PLAZA & JANES
P & J
EDITORES

ANTONINA RODRIGO

MARIANA DE PINEDA

HEROINA DE LA LIBERTAD

Edición corregida y ampliada

PLAZA & JANES EDITORES, S. A.

Foto de la portada
© COVER

Primera edición en esta colección: Agosto, 1984

Editado por PLAZA & JANES EDITORES, S. A.
Virgen de Guadalupe, 21-33. Esplugues de Llobregat (Barcelona)

Printed in Spain – Impreso en España

ISBN: 84-01-37168-6 – Depósito Legal: B. 26.033 - 1984

A mis padres.

PRÓLOGO

Esta *Mariana de Pineda*, de Antonina Rodrigo, sorprenderá la curiosidad de los lectores. Era la heroína de Granada una sombra histórica que no levantó parte de su niebla hasta casi el momento trágico y triunfal de su muerte en el patíbulo. Siendo una figura de gran relieve histórico, que representó, desde su muerte, el anhelo imperioso de libertad; exaltada por los españoles como ejemplo culminante de lealtad a unos principios morales y políticos, no fue posible, sin embargo, darle una exacta dimensión humana, porque, hasta ahora, era ignorada casi toda la documentación que pudiera concretar su corta y apasionante vida, y la trama policial que puso término a su existencia una mañana de primavera de 1831.

Un político e historiador tan compenetrado con los sucesos del siglo XIX, como fue Natalio Rivas, escribió: «No se puede hablar con extensión de Mariana Pineda, porque, salvo las referencias nominales que se encuentran en las crónicas de la época, y alguna cita de las escasas Memorias que sobre la década sangrienta se han escrito, sólo existe el folleto del señor Peña y Aguayo, que, por su brevedad, no es suficiente para constituir la base de un estudio completo. Parece que la fatalidad ha querido que desaparezcan todas las huellas que señalaran el paso por el mundo de tan valerosa dama. Hasta el proceso desapareció misteriosamente, y apenas se han encontrado cartas ni documentos que ofrecieran, de haber sido hallados, detalles y pormenores de su actuación admirable y desinteresada» (1).

¿Cómo ha sido posible, tras tantos intentos fallidos, manejar la asombrosa —en número y calidad— documentación que hizo realidad esta biografía? El prodigio fue obra de una voluntad femenina, puesta al servicio de una ilusión. Antonina Rodrigo, comenzó por el principio. Intentando, en una continua quema de horas y de esfuerzos hallar toda clase de antecedentes en los archivos principales del país y en los más humildes, enclavados en algunos pueblecitos andaluces. Así, durante años de continua labor, la escritora indagó en los archivos y centros culturales madrileños: Archivo Histórico Nacional, Archivo del Ministerio del Ejército, Archivo de Protocolos, Museo Naval, Academia de la Historia, Patrimonio Nacional (Palacio Real), Biblioteca Nacional, Cortes Españolas, Hemeroteca Municipal; Archivo General Militar de Segovia; en los granadinos de la Chancillería, Municipal, Curia Eclesiástica, Protocolos, Casa de los Tiros, y en algunos parroquiales y particulares de la región andaluza.

Con todo este arsenal de datos —inesperados y sorprendentes algunos— se formó el bien tejido cañamazo en que Antonina Rodrigo bordó su narración, no sólo exhaustiva respecto a la vida de Mariana de Pineda, sino también interesante para quienes sientan la atracción hacia esa época, tan extremada y aventurera, del primer tercio del siglo XIX. En que Granada vivía unos días especiales, cargados de efluvios revolucionarios, que si bien muchas veces no se reflejaban en la faz de la ciudad, caminaban bajo ella, soterradamente, cruzándose y entrecruzándose misteriosamente con susurros emocionantes, al igual que sus brazos de agua, que se enlazaban por el subsuelo con ansias de alcanzar la luz y cantar la libertad en la alegre sinfonía de las fuentes.

E. MOLINA FAJARDO

(1) Natalio Rivas. Prólogo a *Doña Mariana Pineda.* C. G. Ortiz de Villajos. Madrid, 1931.

I. LA SITUACIÓN POLÍTICA EN GRANADA EN 1831

Algo importa
que en la vida mala y corta
que llevamos,
libres o siervos seamos.

A. MACHADO

Den por Dios para misas,
una mujer perece ajusticiada...

Era la voz de los hermanos de la Caridad que, como un latigazo, recorría las antiguas y empinadas calles granadinas. El toque alegre de una campanilla hacía salir a las gentes a las puertas, ventanas y balcones. Previo anuncio del crimen de traición por el que se condenaba a una mujer joven a morir en garrote vil, con confiscación de sus bienes, y poniendo la amenaza en pie, en nombre del rey, a cualquiera que se opusiese a que se cumpliera la sentencia. La voz quejumbrosa repetía la cantinela:

Den por Dios para misas,
una mujer perece ajusticiada...

Esta mujer era Mariana de Pineda, de veintisiete años por cumplir. Y el «crimen de traición» el haber encontrado en su casa una bandera a medio bordar, con los lemas: Igualdad, Libertad y Ley, que sería el airón tras el cual se alzaran los liberales granadinos, de acuerdo con los de Gibraltar, en un nuevo intento por derrocar al régimen absolutista de Fernando VII.

Era el 26 de mayo de 1831. La joven mujer llegó al patíbulo montada en una caballería preparada con jamugas. En atención a la ascendencia noble de la reo, era conducida al cadalso en mula, en lugar de asno. Del ronzal de la bestia tiraba el verdugo, precedido del pregonero y de un piquete de caballería. La condenada iba rodeada de frailes; seguían los hermanos de la Caridad y «un receptor a caballo, vestido de serio, con espadín y sombrero de picos; en seguida dos alguaciles de negro, con golilla, chupa, calzón, medias de seda, zapatos con hebillas, capilla corta, sombrero de canal y un junco en la mano; y luego un piquete de caballería con cajas destempladas». De cuando en cuando, el pregonero tras un redoble de tambor, leía la sentencia. El patíbulo se levantaba sobre un tablado de madera, de cinco pies de altura, cubierto de bayetas negras. La distinción de estar enlutado el cadalso la concedían las leyes a los nobles o hijosdalgo.

Hasta el último momento esperaron las autoridades absolutistas granadinas romper la muralla de silencio de la reo y obtener de ella, a cambio del indulto, la confesión de los nombres de sus cómplices en el proyectado levantamiento. Pero la lealtad hecha silencio iba a ser el gesto legendario de la sublime mujer. Al conocer la sentencia había dicho: «El recuerdo de mi suplicio hará más por nuestra causa que todas las banderas del mundo.»

Entremos en esta Granada llena de fermentos, de temores, de contención y disimulos, en el transcurrir del año

1831. Creemos que sus doce meses son los más representativos en la vida de una ciudad española tradicionalmente liberal y constreñida en todas las manifestaciones de su espíritu por el régimen policial del más acusado absolutismo. Eran los últimos años del reinado de Fernando VII en el forcejeo feroz de las más contradictorias políticas, y en el tiempo en que el monarca suprimió cualquier leve muestra de piedad para sus opositores descubiertos. En mayo, se ejecutó en Granada, sin la menor vacilación, a una mujer que no descubrió a los liberales que conspiraban. En diciembre se fusiló a José María Torrijos y al medio centenar de sus compañeros, atraídos a las playas de Málaga por un traicionero lazo realista. El año 1831 es, pues, una buena plataforma para observar la vida granadina, inquieta y misteriosa; para contemplarla desde una altura que costó montar sólo ciento ochenta reales, y en la que se levantó el tantas veces usado árbol del patíbulo.

Granada era una ciudad de sólo 18.079 vecinos, con 65.169 almas (1). Una población un tanto recoleta, de acusado espíritu religioso, en la que se levantaban 23 parroquias, 3 monasterios y 16 conventos de frailes, 19 conventos de monjas, una importante colegiata y media docena de ermitas. Una población de contrastes ya que al propio tiempo era extremadamente librepensadora y cuna de sociedades secretas desde el siglo XVIII, existiendo ya en 1772 dos logias masónicas —«La Vigilante» y «La Discreta»— que unían estrechamente al elemento militar, canónigos de la catedral y destacados comerciantes (2).

La Granada de 1831 corría su vida entre grandes estrecheces económicas, y una aplanante persecución política, con la atonía de gran parte de sus ciudadanos que, a los ocho años del triunfo absolutista, no querían aparecer en puestos representativos; siendo difícil el nombramiento de regidores

(1) Archivo Municipal de Granada. Leg. 1.868. «Expediente sobre la división de partidos y Alcaldes Reales del distrito de esta Chancillería.» Datos de 16 de julio de 1829.

(2) Nicolás Díaz Pérez: «Datos para escribir la Historia de la orden de los caballeros francmasones en España; desde su origen hasta nuestros días.» *Revista España*, año 1891, pág. 293.

para completar su Ayuntamiento, ya por negarse los principales caballeros, con excusas a regentar los cargos, o por haber aparecido en las listas, bien largas de la Milicia Nacional (1). Quizá fuese también causa del desvío hacia las funciones públicas el que Fernando VII hubiese impuesto una fuerte multa de mil ducados al corregidor e individuos del Ayuntamiento por no haber asistido al solemne acto de la publicación de la Santa Bula en el año 1829, por lo cual se les embargaron por la Justicia sus sueldos y asignaciones mensuales.

Las familias se divertían poco en estos meses. Las representaciones dramáticas que tanta atracción ejercían, entraron en tal período de crisis que el capitán general convocó una reunión «...en virtud del deplorable estado en que se hallaba el teatro por falta de concurrencia, en términos de no alcanzar el producto de sus entradas para cubrir los gastos, sin hacer mención de los diarios de los cómicos», siendo preciso estudiar arbitrios para «ayudar al sostenimiento de esta diversión pública por ser útil y precisa en las actuales circunstancias». Era autor de la compañía cómica que representaba, Pedro Romeu (2).

Todo era descuido en el transcurrir diario. Tanto, que hasta en detalle tan precioso como el altar en la plaza de Bibarrambla para la procesión del Corpus Christi, hubo que expedientar al asentista del decorado, porque las estatuas de los apóstoles «insultaban a la Divinidad y santos a quienes han querido representar, bastando decir, que hasta sin orejas están», amén de «unas indecentísimas figuras, abominables e inmorales»; y todo ello con colores en que «el rojo que debió ser hecho con carmín lo han sustituido con barro de jarras» (3).

Los fondos municipales estaban tan exhaustos, que desde 1823 no habían podido ser abonados los 150 reales del «cos-

(1) La dificultad de completar el número de Caballeros Veinticuatro y Jurados se percibe continuamente en las 226 hojas del *Libro de actas del Cabildo, de 1831.* Archivo Municipal de Granada.

(2) Archivo Municipal de Granada. *Libro de actas del Cabildo, 1831.* Folios 69 v, 72, 73.

(3) Archivo Municipal de Granada. Festejos, 1831; Legajo 1.194.

to de quitar y blanquear los letreros que habían puesto en las esquinas de las calles de la capital y sus arrabales el Ayuntamiento llamado Constitucional» (1). Por otra parte, el armamento del paisanaje afecto al absolutismo y los gastos que ocasionaban los voluntarios realistas se tuvieron que cargar a la población mediante un nuevo arbitrio de dos maravedís en libra de nieve vendida, impuesto exclusivamente para el pago de los tambores y atenciones de las tropas irregulares (1).

¿Quiénes regían en esta época la ciudad? Era capitán general del Reino y presidente de la Real Chancillería don José de la Serna, conde de los Andes, teniente general de los Reales Ejércitos. Su nombramiento, en el mes de febrero, privó de la interinidad en el cargo a don José O'Laulor, comandante general de Granada. El conde de los Andes era considerado como simpatizante del liberalismo y, aunque recién incorporado tuvo que exterminar las facciones constitucionales que habían desembarcado en el territorio de su mando, se mantuvo siempre reacio a emplear las tropas ostensiblemente en favor de los realistas.

El cargo de corregidor político lo desempeñaba el marqués de Altamira, don José Valdivia Legovien, hombre de avanzada edad que no estaba acorde con las difíciles circunstancias que vivía la ciudad. Antes de transcurrir mes y medio del ajusticiamiento de Mariana de Pineda —y no por otra causa— fue separado del cargo por Fernando VII, tras recibir informes granadinos de su incapacidad e ineficacia. El regente de la Chancillería había denunciado «el estado de ineptitud en que por su edad y achaques se hallaba el corregidor».

En la sombra, operaba como comisario regio don Tadeo Ignacio Gil, quien expresó al monarca «los males y perjuicios que se seguían de continuar el marqués de Altamira en

(1) Fueron abonados por mandato del capitán general del Reino. Archivo Municipal de Granada: *Libro de libranzas pagadas, 1831.*

(2) Archivo Municipal de Granada. *Libro de actas del Cabildo, de 1831,* folio 180 v.

el Corregimiento; cuya absoluta ineptitud la ha hallado bien comprobada» (1).

Como alcalde mayor primero actuaba don Blas José de Martos, quien tuvo que hacerse cargo de la Regencia del Corregimiento político por la jubilación del marqués de Altamira. Un acompañante continuo de las últimas horas de Mariana de Pineda fue el alcalde mayor segundo, don Rafael Ansaldo, que recibió el cargo por orden real a comienzos de año, tras la multa de 200 ducados que le fue impuesta a su antecesor, don Luis Antonio del Campo, «por expresiones injuriosas a la Augusta Persona del Rey Nuestro Señor».

Pero la figura central de la política granadina en 1831 era don Ramón de Pedrosa y Andrade, subdelegado principal de Policía, alcalde del Crimen de la Real Chancillería, y desde ese año, alcalde de Casa y Corte y comisionado especial para entender en las causas «por conspiración contra la seguridad del Estado y los legítimos derechos del trono». El alcalde Pedrosa montó un eficaz tinglado policíaco con extendidas ramas de confidentes hasta Gibraltar y que en el año 1831 hizo posible el desajuste de los planes revolucionarios y la muerte de Manzanares, Mariana de Pineda y Torrijos.

Sin la presencia de Pedrosa en Granada, posiblemente hubiese variado la dirección política del Reino. Fueron unos meses extremadamente difíciles, en que el anarquismo de las sociedades secretas, las partidas de bandoleros engrosadas también por los furibundos liberales, fundían su actuación contra los realistas parapetados tras los métodos de terror. Mariana de Pineda según la convicción de la Policía granadina, estaba en íntima conexión con los anarquistas que operaban desde Gibraltar. Sólo su criado, José Antonio Burel, tenía preparada una docena de hombres decididos para lanzarlos a la calle. El mismo día de la aprehensión de la bandera en la calle del Águila, Pedrosa enviaba a Madrid varios pasquines revolucionarios fijados en parajes públicos (2). Un mes más tarde mandó al ministro de Justicia,

(1) Archivo Municipal de Granada: *Libro de las Juntas de Propios y Arbitrios, 1831. Libro de Actas del Cabildo, 1831,* folio 125 v.

(2) Archivo Histórico Nacional. «Pasquines enviados por las Subdelegaciones de Policía.» 1831. Leg. 12.202, núm. 15 de Consejos.

Francisco Tadeo Calomarde una comunicación sobre los pliegos con sellos explosivos que remitían los anarquistas extendiendo el pánico mediante obleas con pólvora y arsénico.

Los juramentados, los masones, los miembros de distintas sociedades secretas granadinas no permanecían inactivos a pesar de las terribles represiones llevadas a cabo por Pedrosa.

Desde la llegada de éste a Granada había logrado disminuir las actividades de la masonería, tan pujante en la ciudad. Ninguna otra población española tenía mejor organizadas sus sociedades secretas. No en balde a la Alhambra había ido a parar, recluido por orden de Godoy, el conde de Aranda, primer Gran Maestre del Grande Oriente español. Le sucedió en el poder masónico el conde de Montijo, segundo Gran Maestre de la Gran Logia, granadino que ocupó la Capitanía General del Reino, y que trasladó el Gran Oriente a Granada, con prudencia basada en la existencia de numerosos partidarios. En la logia «Concordia», que inició sus actividades en 1817 estaban representados los personajes más cultos de las letras, las armas y las ciencias... y gran cantidad de eclesiásticos.

Don Ramón de Pedrosa se movilizó prontamente contra ellos. El 24 de febrero de 1825 tomó posesión de su cargo, y antes de quince días, el 7 de marzo, fue sorprendida una logia en el momento de la iniciación de un nuevo adepto. Fernando VII redactó personalmente el decreto de represión, en cuyo preámbulo dice: «Habiendo sido aprehendida en la ciudad de Granada, por la actividad y celo de la Policía del Reino, una Logia de Masones en el acto de estar en tenebrosa sesión, revestidos de sus ridículos ropajes y circundados de los instrumentos y emblemas de que usa esta reprobable secta, enemiga del Altar y del Trono; y debiendo castigarse con prontitud y ejemplaridad...» El Venerable Maestro y los miembros que la componían fueron ahorcados con urgencia: y el que iba a ser iniciado fue enviado a galeras con doce años de condena.

Las medidas contra los conjurados se intensificaron. El monarca instó al Cabildo de la Catedral de Granada, para que diese cumplimiento eficaz a la Bula de León XII condenando las sociedades secretas, lo que motivó un edicto del arzobispo (1). En julio de 1828 ordenaba a «todos los que hayan de obtener grados académicos, licenciaturas, honores, o destinos públicos de cualquier clase que sean, sin excepción alguna, presten juramento de no haber pertenecido ni pertenecer a ninguna de las asociaciones clandestinas reprobadas por las leyes, ni admitido el absurdo principio de que el Pueblo es árbitro en variar la forma de los Gobiernos establecidos».

Tras todo ello, se comenzó en Granada, Málaga y Almería una caza inflexible de los miembros de estas asociaciones, facilitada por las delaciones de antiguos comprometidos que intentaban granjearse el favor real. Una de las delaciones más bochornosas que conocemos en el Reino granadino fue la de don Ramón de Sendra, regidor perpetuo del Ayuntamiento de Almería, que envió una completa relación de los miembros de la sociedad clandestina a la que él pertenecía, con nombres y cargos: el alcalde mayor, deán de la Catedral, jefes y oficiales de Voluntarios Realistas, regidores, canónigos, frailes, abogados... Todo, para ganar la real consideración «sigilando en el público esta manifestación pues que de saberse que he llegado a los pies del trono con ella, se me imposibilita de poder ser útil en adelante con cuantas noticias y conocimientos pueda adquirir de esta o cualquier conspiración que se intente» (2).

La horca granadina, levantada ahora casi exclusivamente en el Campo del Triunfo, no quedaba inactiva: en el año 1825 fue ajusticiado don Vicente Galarreta, a quien siguió Juan Abad, conocido por *Chaleco,* el 6 de mayo de 1828, el marqués de Labrillana; en 1829, Palacio fue ahorcado por francmasón. Y en 1831, dos oficiales del Ejército sorprendidos mientras sobornaban a su tropa.

(1) Archivo de la Catedral de Granada. Leg. 318-1. «Real Cédula sobre cumplimiento de la Bula de León XII condenando las sociedades secretas.» 1827. «Edicto del arzobispo de Granada en que comunica a los fieles y manda observar la Real Cédula...» Granada, 1827. En 4.º, 65 págs.

(2) Archivo Histórico Nacional. Leg. 1.153.

Junto a este sombrío panorama, la existencia de numerosas cuadrillas de bandoleros que, al socaire de una situación tan anormal, recorrían la provincia, bastantes veces ayudadas por partidarios constitucionales en huida y por desertores del ejército realista. Es significativo el formar una somera lista de las personas ejecutadas en Granada públicamente en los cinco años que transcurren de 1827 a 1831.

A más de los ya mencionados y los que no conocemos, murieron en horca o en garrote, en el Campo del Triunfo, en 1827, 30 de enero: Diego González y Pedro Pérez Aldana; en febrero, don Cristóbal Ruiz Gamarra; 4 de abril, Juan Rosales y Manuel Rodríguez; 7 de mayo, Juan Muñoz Pilambreras y Diego León; 17 de mayo, Domingo Pérez (a) Clavellino; 7 de junio, Matías Fernández; 26 de noviembre, Gabriel Navarrete, Francisco Zurita, Manuel Pérez, Antonio Luis Calderón, Cristóbal Miranda, Francisco del Arca y José Díaz Priego; el 29 de noviembre, Francisco Ximénez (a) Bolo.

En 1828, 21 de febrero, Francisco Reina y Antonio Ximénez.

En 1829, 25 de junio, Francisco Ruiz Polo.

En 1830, 9 de diciembre, Francisco Bancell.

En 1831, 26 de enero, Miguel del Peso; 26 de mayo, Mariana de Pineda; en agosto, Pedro Gil; 12 de setiembre, Manuel López Gil; 22 del mismo mes, Diego Bernedo, con otros compañeros.

En realidad, el ejecutor de la Justicia, José Campomonte se ganaba cumplidamente su sueldo, pagado por el Ayuntamiento, de doscientos ducados anuales, y hacía suficientes méritos para que le diesen en propiedad la plaza de verdugo, que ocupaba de manera interina.

Puede decirse, pues, sin mezcla de fantasía, que los granadinos de 1831 estaban habituados al trágico espectáculo del patíbulo, y a edictos dramáticos, como el que se fijó en las esquinas principales de la ciudad el 7 de octubre: «Reputamos como rebeldes contumaces y bandidos públicos a Gaspar, Manuel y Miguel López, alias *los Botijos*, y a todos cuantos componen esta cuadrilla y banda criminal o anden agregados a ella... y los condenamos a ser arrastrados, ahorcados y hechos cuartos y puestos en los caminos y lugares donde han delinquido...» (1).

En esta atmósfera macabra de la Granada de 1831, se acentuaba el pesimismo de las autoridades realistas ante la posibilidad de un levantamiento, que se creía inminente. El temor, según los datos filtrados del campo revolucionario, a través de los confidentes, era más que justificado. Don Ramón Pedrosa y la numerosa policía a sus órdenes extremaron todas las medidas de precaución. El 3 de enero se dirigió al corregidor quejándose del mal alumbrado de la ciudad y de que a las 10 de la noche estuviesen ya apagados muchos faroles «atribuyéndose parte de los excesos que se cometen a la oscuridad de las calles, que siempre es un estímulo para los criminales». Un mes más tarde, las Salas del Crimen de la Real Chancillería prohibieron el disfrazarse de máscaras durante el Carnaval, «para evitar las consecuencias que puedan resultar de las actuales circunstancias». A la presidencia de la Chancillería llegaba un oficio «muy reservado» comunicando que «un asturiano llamado Baquero, que fue comandante de Cazadores de Montaña, ha estado en Londres, y piensa trasladarse a Francia; estuvo en La Habana y al presente se halla en España y se disfraza de varios modos, y entre ellos de albañil...». Igualmente, y anunciando que estos importantes servicios policíacos los «recompensará S.M. muy generosamente», se mande la búsqueda de «José Corral y Valverde, revolucionario capitán de bandidos refugiado en Londres y siempre unido a la banda de Torrijos. Estos dos malévolos se asegura que son dispuestos para cualquier crimen, por horroroso que sea, y por lo tanto quiere S.M. se redoble la vigilancia para aprehenderlos...». Mientras tanto, el capitán general, conde de los Andes comunicaba al Ayuntamiento se reparasen dos habitaciones de la casa de los Miradores en la Plaza de Bibarrambla, «interesando sobremanera al servicio del rey N.S.

(1) Archivo Municipal de Granada: Leg. 1.868: «Antecedentes sobre condenados a muerte.» 1827 a 1841. Íd., íd. *Libro de Juntas de Propios y Arbitrios, 1831*. Íd., íd. Leg. 1.868: «Consejo de Guerra Estado que comprehende las causas seguidas por dicho Tribunal.»

el que en el día de hoy, precisamente, se pongan en estado de custodiar a un reo de consideración» (1)

El temor de una invasión partiendo desde Gibraltar y de un levantamiento en los Reinos de Andalucía y Granada, se hizo realidad. Primero, la fracasada intentona de Torrijos, en Algeciras, en el mes de enero. Luego los sucesos de marzo, mes que tanto influiría en la vida local.

Era ya el esperado momento del desquite liberal. Los conspiradores granadinos extremaron sus contactos secretos y Mariana de Pineda encargó el bordado de la bandera que había de izar los sueños constitucionales. Desde Gibraltar se esparció la consigna del levantamiento que tendría como núcleos centrales la ocupación de Cádiz y la serranía de Ronda, desde donde irradiaría la insurrección a las principales ciudades de los Reinos de Granada y de Andalucía.

El 2 de marzo, comenzó la operación. El gobernador de Cádiz, don Antonio de Hierro y Oliver, fue asesinado por los conspiradores que no lograron levantar totalmente a la población, y fueron dispersados. En la isla de san Fernando se sublevaron tropas de la brigada de la Real Marina, a las que se unió parte de la guarnición, deponiendo a las autoridades, y dando suelta a los presos; pero ante el temor de ser atacados, abandonaron la isla y tras importantes deserciones 400 hombres se rindieron al ejército de Andalucía.

Al mismo tiempo, un grupo de exiliados en Gibraltar, al mando de un héroe de la Independencia, el general Manzanares, se dirigía hacia el Reino de Granada. Lo componían unos doscientos revolucionarios a los que se unirían luego cuadrillas de bandoleros y partidas de desertores, intentando llegar a la serranía de Ronda en donde, parapetándose en sus quebraduras, formarían una «cabeza de puente» para avanzar hacia las capitales próximas, auxiliados por los juramentados. Manzanares midió mal sus posibilidades. La expedición saltó en tierras malagueñas, en las cercanías de Estepona, donde fueron atacados por los Voluntarios Realistas, obligándoles a huir hacia Sierra Bermeja, siendo batidos por las tropas acantonadas en Gaucín.

(1) Archivo Municipal de Granada. Leg. 1.141. «Correspondencia con las autoridades.»

Al conocerse estos hechos, se extremaron las medidas policíacas y militares en Granada. La guardia de la Cárcel Real fue duplicada en evitación de fugas o asaltos, y el capitán general salió al frente de las tropas regulares granadinas, hacia Ronda. El 6 de marzo llegó a la ciudad, tras una marcha penosísima a través de las montañas. Ese día, y desde aquella población, el conde de los Andes comunicaba al ministro de Estado y Guerra su llegada con doscientos hombres maltrechos por la caminata. Desde allí, al conocerse el desconcierto de los invasores en Sierra Bermeja, marcharía hacia Casares. Pero no tuvo que hacerlo. El general Manzanares, al verse perdido en su huida con sólo 20 partidarios, intentó que un cabrero serrano avisase a una nave, en Marbella, para el reembarco. Pero fue traicionado; y al comprobarlo, mató al traidor y se suicidó de un pistoletazo.

Cuando el conde de los Andes, el 8 de marzo, llegó al lugar de la lucha, encontró a una partida de realistas que portaban el cadáver del revolucionario y a 16 prisioneros, que fueron fusilados de modo sumarísimo, en Gaucín.

Mientras tanto, en Granada se vivían unas jornadas de pánico. Al quedar la ciudad sin guarnición y en trance de alzamiento liberal, el capitán general accidental, don José O'Laulor, ordenó la movilización de todos los Voluntarios Realistas y su concentración en los cuarteles. Allí el paisanaje estuvo dispuesto para la acción, desde la noche del 8 de marzo hasta la del 18, en servicio extraordinario, que costó al Ayuntamiento una gratificación de 21.330 reales de vellón. Derrotadas las facciones desembarcadas y vueltos los voluntarios a sus domicilios, fueron felicitados por los 10 días que tuvieron «el honor de estar vigilantes con objeto de defender al rey N.S. y sus soberanos derechos para en el caso que los enemigos intentasen alterar tan caros objetos».

Fernando VII, al día siguiente, dictó un Real Decreto en que hacía notar que «las temerosas y temerarias incursiones que la facción rebelde ha tenido la osadía de verificar por varios puntos del reino, los inesperados acontecimientos de Cádiz y de la Isla y otra multitud de hechos altamente criminales, ocurridos simultáneamente en distintos pueblos, han convencido plenamente mi Real ánimo de la existencia de un foco revolucionario que poniendo por obra los planes que en otros países trazan los corifeos y directores de las sectas tenebrosas, nada omite de cuanto entiendo puede convenir para llevar adelante la obra de iniquidad que aquellos se han propuesto...». Y en el articulado daba orden para el establecimiento, en las capitales en que los capitanes generales creyesen oportuno, de comisiones militares ejecutivas y permanentes que de manera sumarísima entendiesen en tales delitos (1).

Ocho días después de la muerte del general Manzanares, en la misma fecha en que los Voluntarios Realistas abandonan la vigilancia en los cuarteles, y sólo a una jornada del Decreto de Fernando VII, la Policía del subdelegado Pedrosa descubrió en el domicilio de doña Mariana de Pineda la bandera revolucionaria a medio bordar. Triste coincidencia que la dama valoraría exactamente en su espíritu crítico y sensible a los acaeceres políticos. Este mes de marzo de 1831 fue fatídico para los liberales granadinos; y la triste hora de la ejecución, dos meses más tarde, empezó a batir sus minutos de angustia en tan temerosos instantes. Mariana de Pineda comenzó a morir —sin soñar con posibles ayudas— al mismo tiempo que los ajusticiados de las tierras gaditanas, de Gaucín, de la Sierra Bermeja.

(1) *Gaceta de Madrid.* Números de 15 y 22 de marzo de 1831. Archivo Municipal de Granada y Hemeroteca Municipal de Madrid. *Libro de Actas del Cabildo, 1831,* folios 49 v, 50 v, 55, 59, 60. Íd. *Libro de Libranzas pagadas, 1831.* Íd. Legajo 1.141: «Correspondencia con las Autoridades, 1831.»

pueblos, una convención [illegible] de la que al [illegible] de la [illegible] de un voto [illegible] primero por que los [illegible] que en otras [illegible] y [illegible] de las [illegible] siguió [illegible] puede convenir para [illegible] de [illegible] que aquello se han propuesto, [illegible] el artículo [illegible] orden para el establecimiento [illegible] en que los agitadores [illegible] de comisiones [illegible] tares ejecutivas y [illegible] autorizadas [illegible] tales delitos» (1).

Ocho días después de la muerte del conde [illegible] en la misma fecha en que [illegible] la vigilancia de los [illegible] y sólo a [illegible] Fernando [illegible] del [illegible] desde [illegible] la bandera [illegible] que [illegible] 1834 fue [illegible] para [illegible] y la [illegible] de la [illegible] dos [illegible] empezaron hasta [illegible] de [illegible] comenzaron [illegible] das —al mismo tiempo que los [illegible] Guerra de [illegible]

(1) *Gaceta de Madrid*, números de [illegible] de marzo de [illegible] [illegible] y [illegible] del [illegible] [illegible] 1834.

II. NACIMIENTO Y ASCENDENCIA

El día 1 de setiembre de 1804 nacía, en Granada, Mariana de Pineda. Veinticuatro horas después la bautizaba, en la parroquia de Santa Ana (1), el reverendo fray Juan María Hinojosa, quien, andando el tiempo, habría de proporcionarle, también, los últimos auxilios espirituales, al pie del patíbulo. Mariana era la segunda hija de doña María de los Dolores Muñoz y Bueno, natural de Lucena (Córdoba), y de don Mariano de Pineda y Ramírez, capitán de navío, retirado.

Descendía don Mariano de una familia de arraigado abolengo español. Había nacido el 6 de mayo de 1754 (2) en la ciudad de Guatemala, en donde su padre ejercía el cargo de oidor de aquella Chancillería desde 1744 (3). Más tarde, en 1756, fue nombrado por Fernando VI alcalde del crimen de la Real Chancillería de Granada (4). Desde entonces, el apellido volvió a vincularse a esta ciudad, pues su padre, don

(1) Partida de bautismo; véase el apéndice I.

(2) Partida de bautismo; véase el apéndice II.

(3) Archivo General de Simancas. Nombramiento de oidor de la Chancillería de Guatemala. Catálogo de títulos de Indias, pág. 248 (181-235).

(4) Archivo Histórico Nacional. Nombramiento de alcalde del crimen de la Real Chancillería de Granada. Leg. 1.186.

Antonio de Pineda y Capdevilla, bisabuelo de nuestra biografiada, había servido al Rey durante varios años, como oidor de la misma Chancillería y como alcalde de casa y corte.

Contaba don Mariano dos años cuando se trasladaron a Granada estableciéndose en el entonces nobilísimo barrio de la Carrera de Darro, en una casa que hacía esquina con la callejuela de Lavadero de Santa Inés, según los padrones de la época, y en su portada podemos contemplar todavía el escudo de armas.

A los catorce años ingresó en la academia de guardias marinas, y dos años más tarde prestaba su primer servicio a bordo del jareque *Lebrel,* a corso contra los moros en el Mediterráneo, prosiguiendo brillante carrera a pesar de su temprano retiro del servicio. El expediente personal nos informa de la precaria salud del marino. A lo largo de los veintiocho años de servicios prestados, solicitó numerosas licencias por motivos de enfermedad, lo que en 1795, acentuada la afección de reumatismo gotoso que padecía, le obligó a solicitar licencia definitiva, a los cuarenta y ocho años de edad, siendo capitán de navío.

Granada había sido invariablemente la ciudad elegida por don Mariano para su curación y reposo, pues en cada una de las recaídas queda registrado el nombre de la bella ciudad como lugar de retiro para su restablecimiento. Y cuando el hombre tiene que detener el barco de su vida en un lugar previsto, echa las anclas en Granada, y a ello accede Carlos IV en la licencia concedida (1).

Y don Mariano vuelve a la ciudad de la Alhambra. Sería éste un retorno penoso. Más que el sufrir de la enfermedad, sentiría la nostalgia de abandonar, para siempre, el mundo flotante de su navío, algo empezaba a morir. Se acabaron las prórrogas, cuando perseveraba la enfermedad, y tenía que dilatar el tiempo concedido a su licencia, como ocurrió años atrás. En aquella ocasión tuvo que solicitar de S. M. ampliación al plazo previsto, pues: «...habiendo obtenido Real Licencia para pasar a Granada, a restablecer su salud, no

(1) Archivo-Museo de don Álvaro de Bazán. El Viso del Marqués. Expediente personal de don Mariano de Pineda.

sólo no lo ha conseguido sino que sigue en el mismo o peor estado» (1), por lo cual los médicos le aconsejaron que pasara una temporada en los baños de Granada.

En Granada se instaló en la casa solariega de sus padres, donde vivía su hermano don José, ciego desde la edad de tres años. No podemos determinar el curso de la enfermedad de don Mariano durante los años que siguen hasta el 1800. Por ese tiempo, el ex capitán marchó a Lucena a resolver asuntos económicos. Parece que para su buena administración era inminente la venta de las tierras heredadas de su madre en esta ciudad. Pero, por esas sopresas imprevistas que depara el destino, el negocio quedó truncado. El amor irrumpió triunfante en su vida. Este hombre que cruzó infinidad de mares, que había conocido interesantes mujeres en las cortes europeas, que había vivido aventuras exóticas, encontró en el pueblecito cordobés la aventura definitiva de su vida. Era allí donde estaba la mujer capaz de aflorar toda su soterrada ilusión de tantos años. No fue obstáculo que María de los Dolores fuera para él casi una niña; no importaron las diferencias sociales que los separaban; también dejó de tener interés la proyectada venta. Para María de los Dolores no fue inconveniente que el amor le llegase en un hombre mayor y enfermo. Don Mariano, hombre de mar y de batallas, sería el personaje de su ensoñación juvenil. Un capitán que había cruzado los océanos, que participó en lejanas guerras, que había vencido a los moros y a los corsarios ingleses. En sus ojos contemplaría por primera vez la mar, ese mar presentido, que aún no conocía. Su propio nombre sería evocación del misterio marino.

¿Quién era María de los Dolores? Tenemos escasas referencias. Había nacido el 15 de febrero de 1784 (2), en Lucena, y era hija de Francisco Muñoz y de María Francisca Bueno. Peña y Aguayo dice que sus padres eran «honrados, aunque no hidalgos». Todos coinciden en la humildad de su nacimiento, dato esencial, ya que más tarde fue el gran obstáculo para su legítima unión con don Mariano.

(1) Archivo-Museo de don Álvaro de Bazán. El Viso del Marqués. Expediente personal de don Mariano de Pineda.

(2) Partida de bautismo; véase el apéndice III.

El capitán Pineda, sin preocuparse de los prejuicios sociales de la época, huyó de Lucena con María Dolores. Se instalaron en Sevilla; de la estancia en esta ciudad no tenemos más noticias que un acontecimiento feliz: en este mismo año les nacía su primera hija, a la que pusieron de nombre Luisa Rafaela.

III. LITIGIO JUDICIAL ENTRE LOS PADRES

En 1803 se establecieron en Granada. Su residencia la tenemos localizada desde el momento que adquirieron vecindad. Los padrones de la parroquia de Santa Ana nos designan concretamente el lugar. La calle se llamaba de la Academia y la casa estaba señalada con el número 111 del censo. Don Mariano no aparece empadronado junto a María Dolores, a quien tan sólo acompaña una criada llamada Ana Madueño; las dos aparecen en la relación con la denominación de «mancebas», calificativo que recibían en el padrón las solteras. No conocemos de este tiempo más que un suceso doloroso: en el mes de noviembre de este mismo año moría su primera hija, Luisa Rafaela. El día 7 queda registrado el enterramiento de la pequeña (1).

En el año de 1804, doña María Dolores habita la misma casa. En el padrón sigue apareciendo como «manceba». Ha cambiado de criada, que se llama ahora María Teresa Vereas. Tan sólo han pasado dos meses escasos de la pérdida de la hija cuando María Dolores queda de nuevo embarazada.

La salud de don Mariano estaría restablecida, pues el 15 de junio de este año le proponía el director general de

(1) Archivo parroquial de Santa Ana. Libro 11 de Entierros, folio 106 v.

la Armada «como sujeto imparcial», «para desempeñar la visita de montes de la comprensión de la ciudad de Baza» (1), con la asignación de un sueldo de 30 reales diarios.

No sabemos si llegó a aceptar este cargo, porque antes de que transcurriesen dos meses, la enfermedad del ex marino se recrudeció tan virulentamente que el 6 de agosto, hallándose en el lecho de muerte, otorgó testamento ante don Pedro María Plazas, escribano de S. M., protocolando el oficio el de número, don Félix Vesarano Martínez. En este definitivo momento, declara rotundamente para descargo de su conciencia: «Hace más tiempo de dos años saqué de mi casa y llevé en mi compañía... a doña María de los Dolores Muñoz, siendo soltera..., y hoy está avecindada en Granada, en la Parroquia de Nuestra Señora Santa Ana..., he tenido con ella amistad tan íntima, que ha producido dos hijos, el uno llamado Rafaela, que nació en Sevilla y falleció en Granada y está sepultada en Santa Ana, y el otro es el que tiene en el vientre, por cuanto se halla embarazada y próxima a su parto, y por ser yo también de estado soltero, lo declaro por mi hijo o hija natural» (2).

Pero el señor Pineda no muere, y puede asistir al nacimiento de su hija, que ocurre veinticinco días más tarde de su grave crisis, imponiéndole a la niña el nombre de Mariana.

En el año 1805, María Dolores no vivía ya en la calle de la Academia, la casa estaba vacía; tampoco aparecía mencionada en las restantes casas del padrón. Parece ser que a raíz del reconocimiento de sus relaciones María Dolores vivió junto al capitán Pineda en la casa de la Carrera de Darro, donde nacería Mariana.

Hasta principios de noviembre de este año no volvemos a tener noticias de sus vidas. En este mes, don Mariano otorgó un escrito a María Dolores, mediante el cual le cede los derechos que como padre le competen sobre la hija, aduciendo: «que su penosa enfermedad incurable lo imposibilita de la recta educación y crianza, que como padre na-

(1) Archivo-Museo de don Álvaro de Bazán. El Viso del Marqués. Expediente personal de don Mariano de Pineda.

(2) Testamento de don Mariano de Pineda; véase el apéndice IV.

tural debe dar a la referida su hija doña Mariana de Pineda» (1). Para que recibiera «completa y sabia» formación de la madre, a la que creía facultada para inculcarle los más cristianos sentimientos, no dudaba en cederle la «acción y derecho» que como padre le concernía sobre su hija. Quedaba imposibilitado el otorgante, mediante la escritura, a «en tiempo alguno pedir a la susodicha su hija, ni poner pleito para ello; y para mayor validación, fuerza y firmeza, hace entrega en este acto el señor otorgante a la referida doña María de los Dolores, de la expresada su hija natural doña Mariana de Pineda; y dicha su madre, que se halla presente, la recibió y dio por entregada y aceptó en todas sus formas» (2).

Este documento evidencia la cordialidad de las relaciones entre ambos. Al leerlo tenemos la seguridad de que se llevaría a cabo de común acuerdo, ya que los dos sabían de antemano que no podían legitimar su situación íntima, ni por supuesto la de su hija. La concesión de esta escritura no debería variar en absoluto sus circunstancias; era tan sólo una medida preventiva, para en caso de fallecimiento, debida a su precaria salud; era una formalidad, ante la carencia de derechos que les ofrecía la situación a la madre y a la hija. Todavía durante unos días continúa la normalidad; pero apenas han transcurrido dos semanas, cuando don Mariano presenta en el fuero de su jurisdicción una demanda contra María Dolores, en la que alega que teniendo a la referida en su casa, «soltera y en quien tuvo una hija natural», con la que ha tratado de contraer legítimo matrimonio, impidiéndolo la condición de noble del demandante, «aprovechándose la doña María del sumo amor del exponente a su hija y de los estorbos que al bien de ésta podían ocasionar las dificultades en verificar el matrimonio, lo sedujo a otorgarle escritura, cediendo a la niña una hacienda de viña, en la villa de Monturque; unos créditos contra vecinos de la ciudad de La Habana, y aun el sueldo de retirado que goza el exponente; en cuyo punto resplandece más la

(1) Cesión de derechos sobre Mariana a favor de su madre; véase el apéndice V.
(2) Véase el apéndice V.

maldad de la doña María; pues habiendo de permanecer con el exponente e hija, era inútil la cesión de dicho sueldo y verificada esta cesión por escritura de su satisfacción»; «pero lo que no puede mirar con indiferencia y a lo que excita la superior de vuecencia, es el robo y hurto de la hija natural del exponente, partícipe de su honor y fuero y digna de educarse al lado de un padre ilustre y de ningún modo abandonarla a los desastres e inconsecuencias de una madre precipitada» (1).

¿Qué había ocurrido? Con tanta sutileza persuadió María Dolores a don Mariano a otorgarle el documento, que no tuvo la menor sospecha de la maquinación que tramaba, lo que nos evidencian los términos en que está concebido. Reconocería con desaliento que todo había sido un ardid para llevar a cabo la huida con la posesión de los bienes; tuvo que consumarse toda la intriga para percatarse de la vileza que había sido objeto toda su confianza y prodigalidad. Tarde comprendía que «lo sedujo a otorgarle escritura». Pero ni una sola vez tiene un reproche para la actitud de la enamorada de ayer; su infidelidad le producía una deprimente indiferencia. No pide la nulación de la escritura por haberle abandonado, «llevándose ropas, muebles y cuanto ha querido y alhajas» y dinero, ni porque se haya instalado en otra casa para casarse, «con uno que estaba preso al fiado», del Río de Almanzora. «Ningún estorbo» pone don Mariano; lo que verdaderamente le exaspera es la desaparición de la hija. En apremiantes términos exige de la superioridad la inmediata entrega de la niña, pues su hija ha «de educarse al lado de un padre ilustre, y de ningún modo abandonarla a los desastres e inconsecuencias de una madre precipitada, de extracción igual al padrastro que intenta darle» (2).

La impaciencia del padre tiene proporciones insospechadas. En la denuncia cuida hasta el más mínimo detalle, no deja el menor resquicio por donde la madre pueda recurrir judicialmente. Refiriéndose a la lactancia, previene que aun-

(1) Demanda de doña María de los Dolores Muñoz contra el señor Pineda; véase el apéndice VII.
(2) Véase el apéndice VI.

gado las ansias maternales, pues presentiría que quedaba eximida de la administración de los bienes de la pequeña. No obstante el mal ambiente que se había creado pretendió María de los Dolores los bienes relictos del capitán Pineda, aparte los vinculados, que intentó pasasen a su hija. Así terminó este pleito en el que Mariana de Pineda, a sus quince meses de edad, fue la protagonista del litigio en el cual los padres se disputaron el derecho de su posesión.

¿Qué pasó después? A los pocos días, y ahora definitivamente, Mariana abandonó la compañía de su madre, para pasar al lado de su tío José, a quien su padre había nombrado tutor en el testamento. A partir de este instante, la figura de María de los Dolores se eclipsa de la vida de su hija sin dejar el menor rastro de su existencia.

IV. SUS TUTORES

Don José de Pineda, tío y tutor de Mariana, era invidente desde los 3 años (1). Cuando le confían su sobrina tiene 47. Vivía en la casa blasonada que heredó de sus padres, en la Carrera de Darro, una mansión enorme, atendida por diez sirvientes que convivían con él, como era costumbre en la época (2). El padrón parroquial nos da a conocer sus nombres y el estado civil de cada uno. En este año de 1806 apareció por vez primera la pequeña Mariana reseñada. La casa hacía el número 302 en el censo. Encabezaba la relación el señor Pineda, seguido de su sobrina; al lado del nombre de ésta se consignaba la edad: dos años.

A don José de Pineda le tendría que pesar esta responsabilidad que de repente cayó sobre sus hombros de hombre disminuido y no joven en el contexto de la época. Paradójicamente, él, que necesitaba, como cualquier niño, cuidados

(1) Archivo parroquial de Santa Ana. Libro 9 de Bautismos, folio 90 v.

(2) La familiaridad con que se trataba a los criados en España llamaba la atención de los viajeros. Dice por ejemplo Gautier: «A la servidumbre se les suele tratar de una manera familar, muy distinta a nuestra falsa cortesía, en la que a cada momento recordamos con nuestras palabras a los criados la inferioridad de su posición.» Teófilo Gautier. *Viaje por España.*

entrañables, tiene que brindar protección a su sobrina. Pero esta situación tampoco sería definitiva para Mariana. Tan sólo pasa un año, cuando tiene que abandonar la compañía de su tío. El tutor decidió contraer matrimonio y la presencia de la pupila era un obstáculo. La futura señora de Pineda se negaba a aceptar responsabilidades. No quería saber nada de esta niña de tres años escasos; no le interesaba que, después, le quedasen reliquias familiares. El señor Pineda decidió complacer a su amada, renunciando a su misión de tutor. Traspasó su acción a un matrimonio sin hijos, dependiente suyo (1).

La mujer que aceptaba por esposo a don José de Pineda, se llamaba Tomasa Guiral y Salazar y eran parientes (2). En el expediente matrimonial, hemos encontrado el árbol genealógico de los contrayentes, que nos informa del parentesco.

Doña Tomasa Salazar, futura madre política de don José de Pineda, vio en esta unión el restablecimiento de su economía, y concertó la boda de su hija. Como la novia era menor de edad, fueron necesarias varias formalidades; cinco testigos prestaban declaración asegurando que la novia se casaba «por voluntad propia, sin haberla inducido nadie a ello» (3). Pero las manipulaciones de la viuda de Guiral no terminaron aquí; era preciso asegurar económicamente a su hija durante el tiempo que durase el matrimonio, para lo que, antes de celebrarse, exigió se llevasen a cabo capitulaciones matrimoniales. El novio ofreció «mandarle en arras *propter nupcias* tres mil ducados», quedando obligado, en la cuarta condición de la escritura, a darle «quinientos ducados anuales durante el matrimonio, para alfileres y demás usos

(1) José de la Peña y Aguayo. *Doña Mariana Pineda, narración de su vida, de la causa criminal en la que fue condenada al último suplicio y descripción de su ajusticiamiento*, pág. 13. Obra a la que necesariamente tendremos que referirnos en numerosas ocasiones en el curso de esta biografía.

(2) Por este motivo tuvieron que pedir dispensa a Roma para poder efectuar el matrimonio. La novia era huérfana de don Fernando Guiral y Gámir, caballero del hábito de Calatrava y coronel de los reales ejércitos.

(3) Archivo de la Curia Eclesiástica de Granada. Expediente matrimonial. Sig. 88-C.

que tuviese por conveniente» (1).

Todo resultó un subterfugio de la viuda de Guiral, para obligar al novio a otorgar escritura a su hija, ofreciendo ella en dote «bienes y alhajas» en justa correspondencia, para cubrir apariencias de legalidad. Pero don José, con su intensa vida interior de invidente, y quizá conociendo las circunstancias, no cayó en la trampa como su hermano Mariano, y abstúvose de dar cumplimiento a lo acordado, ante la retractación de la otra parte, por no haber «tenido efecto el percibo de dichos bienes y alhajas, tampoco se realizó el otorgamiento de la referida escritura» (2).

No obstante, cinco años más tarde, próximo a su muerte, al efectuar su testamento, recuerda esta escritura y ordena su cumplimiento: «Pero no habiendo entregado cosa alguna desde el día de nuestro desposorio hasta la presente, éste sería un crédito que debería satisfacerse inmediatamente.»

El matrimonio se celebró el día 6 de diciembre de 1807, en la iglesia de San Justo y Pastor (3), parroquia de la contrayente. Esta extraña unión de una mujer de veinte años y un invidente de cuarenta y ocho, pertenecientes ambos «a una de las más distinguidas familias de la ciudad» (4), sería el comentario del día en aquella Granada de principios del 1800. Los desposados continuaron viviendo en la casa de los Pineda, en la Carrera de Darro. Con tan tardío acontecimiento en la vida del ex tutor, se cierra otro capítulo de la azarosa infancia de Mariana de Pineda, corriendo por nuevos rumbos como consecuencia de esta boda.

A la edad de tres años es fácil adaptarse a un cambio de ambiente, y encariñarse con todas aquellas personas que estén dispuestas a ofrecer la precisa ternura. Una nueva vida empezó para Mariana. Definitivamente iba a tener un hogar. La accidentada infancia de la huérfana entró en un período

(1) Archivo de la Curia Eclesiástica de Granada. Expediente matrimonial. Sig. 88-C.

(2) Archivo de la Curia eclesiástica de Granada. Expediente matrimonial. Sig. 88-C.

(3) Archivo parroquial de San Justo y Pastor. Libro 11 de Desposorios, fol. 55-59 v.

(4) Archivo de la Curia Eclesiástica de Granada. Expediente matrimonial. Sig. 88-C.

de sosiego, de normalidad. Fue como si el destino le ofreciera una tregua, para después lanzarla nuevamente al torbellino de los acontecimientos.

Los padrones parroquiales nos dan a conocer su nuevo domicilio. La familia Mesa se instaló en una casa ubicada en la calle Posada de las ánimas, número 241 del censo, en la misma feligresía de Santa Ana. La componían siete personas: los tutores, José de Mesa y Úrsula de la Presa; dos hermanos de ésta, Miguel y María de la Presa; les sigue Mariana y dos niños, de un año y de tres, sobrinos.

Al llegar a este punto, debemos esclarecer un criterio erróneamente divulgado. Se ha repetido hasta la saciedad que Mariana, desprovista de todos sus bienes, tuvo una infancia de privaciones. Esta penuria, cuya causa se atribuyó a su tío, el ciego Pineda, como despectivamente lo llamaban, está comprobado que no existió. Cierto es que la heredera no percibió todos los bienes que legalmente le pertenecían, pero esto no implica que fuese totalmente despojada y desatendida, como insinúan unos y atestiguan otros. Este criterio de pobreza y privaciones en que afirman se desarrolló la infancia de Mariana, fue falsamente divulgado por su primer biógrafo (1), y al aceptarlo todos los que después han estudiado a esta figura, hizo que la investigación en este sentido fuese difícil, pues todos los indicios, por donde llegar a un esclarecimiento de la verdad, se habían desvanecido. A este respecto, dice el autor citado: «fue tal la comportación de este inhumano tío, que prevalido de la orfandad de la sobrina y de su tierna edad, se alzó con todos los frutos pendientes y recolectados a pretexto de desmejoras de las vinculaciones, ocultó los créditos, alhajas y dinero, y hasta la viña donada por escritura pública a la pupila en vida de su padre, la usurpó también y la detenta hoy su viuda; hizo aún más este hombre de infausta memoria: renunció la tutela cuando ya había consumado el despojo de los bienes, y procuró recayese el nombramiento, en 6 de octubre de 1806, en un dependiente suyo llamado don José de Mesa».

Evidente inexactitud, pues este año de 1806 y el siguien-

(1) Peña y Aguayo. *Obra citada.*

te fue el tiempo que Mariana convivió con su tío, en calidad de tutor, como nos informan rigurosamente los padrones parroquiales. Prosigue el mismo autor diciendo que el matrimonio Mesa se quedó con la niña, «sin recibir ni reclamar jamás del desnaturalizado tío el menor socorro». Infundada afirmación. La actitud de don José de Pineda no puede ser totalmente encomiada, pero podemos asegurar que el abandono material no existió, y que en todo momento reflejó una preocupación entrañable por su sobrina. Respecto a que Mesa no recibió nada en atención a su ministerio, es falso. Él mismo dice en una ocasión, refiriéndose a su cometido: «como tutor y curador *ad bona* de doña Mariana Pineda, se me han conferido unos autos en posesión, de la que a nombre de ésta tomo el mayorazgo o vínculo que heredó por fin y muerte del señor Pineda, su padre» (1). Pero no solamente recibiría los beneficios que le pudiera proporcionar esta administración, sino que también percibió una pensión diaria del señor Pineda hasta el año 1813.

El matrimonio Mesa eran personas de conocida reputación y de entera confianza de don José de Pineda. Sus relaciones fueron cordiales hasta el último momento, como demuestra el hecho de que después de confiarle amistosamnte a su sobrina en 1807, lo nombre al final de sus días, en 1813, albacea testamentario, lo que evidencia que su amistad continuaba, sin que hubiese habido entre ellos disentimiento.

Interesa destacar a este respecto, que no fue el interés lo que movió al matrimonio Mesa a tutelar a Mariana, ya que su situación económica les permitía prescindir de toda ayuda. Peña y Aguayo se contenta con afirmar que don José de Mesa era de ejercicio confitero, sin especificar nada de su negocio. La firma de Mesa la ostentó una de las sociedades más importantes de la ciudad. La compañía estaba formada por cuatro socios bajo el nombre de «Mesa y Compañía». El negocio era heterogéneo, abacería, confitería y ferretería (2).

Los almacenes abrían sus puertas en el Arco de las Cucharas. En 1818, esta sociedad inauguró nuevas sucursales

(1) Archivo General Militar de Segovia. Expediente personal de don Casimiro Brodett.

(2) Archivo de Protocolos de Granada. Sig. 2-56-4, folio 248-251.

con el arrendamiento de dos casas situadas en la calle de Boteros, números 6 y 7 de la manzana 540. Esta firma comercial llegó a ser tan importante, que no sólo de la provincia de Grana, sino también de la de Almería y Jaén, venían a proveerse. Los precios de legumbres y especies establecidos por el Alcalde Mayor, en Granada, en el año 1814, eran los siguientes:

	Quartos		*Quartos*
Libra de Arroz	17	El guadernillo de papel	07
Libra de Lentejas . . .	06	El de ínfima calidad . .	04
La de Culantro	12	El celemin de Cañamon	48
La de Mostaza	34	El cuartillo	12
La de Matalauba	32	El cuartillo de Alazor .	10
La de Alcaravéa	12	Libra de Piñones	30
La onza de Azafrán. . .	30 Rs	Libra de Habichuelas .	08
El adarme	17	La de judiguelos	07
La onza de Pimienta . .	06	Celemin de habas Cuchureras	51
La onza de Clabo. . . .	25 1/2	El cuartillo	12
La onza de Canela . . .	42 1/2	Cuartillo de Garbanzas buenas	42 1/2
El adarme de Idem . . .	03	El de Garbanzas de media cochura	25 1/2
La libra de Ajonjolí . .	34	El de ínfima calidad .	17
Libra de Pimiento dulce	30	Libra de Azucar blanca	42 1/2
La de Pimiento picante.	25 1/2	La de Morena	34
Libra de Ajengibre . .	85	Celemin de Linaza . .	48
Libra de Cola	28	El cuartillo	12
Cada Escoba	03	Libra de Abellanas . .	21

(1)

En el año 1813, la familia Mesa cambia de domicilio. Siguen siendo feligreses de Santa Ana, pues la nueva vivienda quedaba dentro del término eclesiástico de la parroquia, en

(1) Eduardo Díaz Lobón, *Granada durante la crisis del antiguo régimen 1814/1820*. Granada, 1892. Pág. 179.

la Carrera de Darro. La casa estaba situada junto a la de don José de Pineda (1). No sabemos si este cambio fue deseo del señor Pineda, para vigilar más de cerca la educación de su sobrina, que ya había cumplido ocho años. Si así fue, no hubo lugar a ello; la vecindad duró pocos meses, pues fallecía el día 8 de mayo de este año (2). En los cinco años escasos que duró su matrimonio, tuvo dos hijos, de los que sólo vivió el segundo, María de la Encarnación Pineda y Guiral (3), a quien nombró heredera universal en el testamento otorgado en 19 de enero de este año, y a su esposa, tutora y curadora *ad bona* de su hija.

La segunda persona por quien se interesa el testador es su sobrina. Declara que su hermano «don Mariano de Pineda, en su fallecimiento, dejó una hija natural llamada doña Mariana de Pineda, la cual se halla en las casas de don José de Mesa, su curador *ad bona,* y sus negocios están pendientes en los competentes tribunales, de los que resultará en justicia lo que corresponda» (4).

Las condiciones de la curadoría estipuladas por don José de Pineda respecto a su sobrina, proseguían en el mismo estado. En la cláusula undécima del testamento, al enumerar sus deudas, entre sus acreedores se encuentra don José de Mesa, al que debe «un mil cuatrocientos treinta y uno reales de vellón, resto de cierta cuenta», procedente de la pensión diaria que percibía de su función de tutor de Mariana de Pineda. El testador no modifica en ningún sentido el acuerdo establecido amistosamente con Mesa, al cederle a su sobrina, por lo que deducimos que su voluntad era que continuasen

(1) En este año el padrón parroquial señaliza a unos nuevos vecinos en el barrio. Es la familia del Excmo. Sr. conde de Montijo, nombrado capitán general de Granada, a la salida de los franceses de la ciudad. En el censo aparecen así relacionadas: «Casa 303: señor conde de Montijo»; «Casa 304: Familia de don José de Mesa» y la siguiente «305: Sr. Don José de Pineda». Archivo parroquial de Santa Ana. Padrón del año 1813.

(2) Archivo Parroquial de Santa Ana. Libro 12 de Entierros, folio 3 y v.

(3) Archivo parroquial de Santa Ana. Partida de Bautismo. Libro 11 de Bautismos, fol. 164 v.

(4) Archivo de Protocolos de Granada. Testamento de don José de Pineda. Sig. 2-56-2, fol. 55-59.

las cosas tal y como estaban concertadas. Pero estas condiciones no deberían satisfacer plenamente a su esposa, pues tres meses más tarde de efectuado el testamento, el 26 de abril, rectificó mediante un codicilo la cláusula referente a su sobrina, acordando «que con respecto a que desde que murió su hermano don Mariano de Pineda se hizo cargo de su hija natural doña Mariana, trayéndosela al otorgante a su casa, asistiéndola en un todo con la decencia correspondiente, hasta que celebró su matrimonio con doña Tomasa Guiral y Salazar, desde cuyo entonces tuvo a bien pasarla amistosamente a las casas de don José de Mesa, que son inmediatas a las suyas, en donde le ha estado contribuyendo con cierta pensión diaria, de que dimana el crédito que declara a favor del Mesa en la cláusula undécima de dicho su testamento; en prueba del amor que profesa a la referida, su sobrina, y no pudiendo gravar a su heredera con la continuación de dicha pensión, es su voluntad que luego que se verifique su fallecimiento se restituya a su casa, como lo estaba anteriormente, la expuesta doña Mariana, para que en unión y compañía de su prima y heredera del otorgante, disfrute las proposiciones de ésta; lo que quiere se observe y ejecute puntualmente, por ser así su deliberada voluntad» (1).

En todo ello parece verse la influencia de doña Tomasa Guiral, que encontró oportuna la convivencia con Mariana, para romper, en un futuro próximo, el compromiso de la pensión establecida con el tutor.

Cuando creíamos que la accidentada infancia de la pequeña Mariana había encontrado un hogar definitivo, su tío determinó que a su muerte abandonase la compañía de los tutores para convivir en su casa, con su esposa e hija. Esta decisión debió causar consternación al matrimonio Mesa. Mariana de Pineda iba a cumplir nueve años, y a esta edad no es fácil desarraigar y arraigar de nuevo; ya no era aquella niña de tres años que un día se llevara el matrimonio; entonces tan sólo había cambiado de escenario; su vida la seguían llenando las mismas personas que la habían cuidado.

(1) Archivo de Protocolos de Granada. Codicilo del testamento de don José de Pineda. Sig. 2-56-2, fol. 246-247 v.

Pero ahora, este cambio podía influir gravemente; la niña llamaba padres a sus tutores, ya que en «toda su infancia vivió con la dulce ilusión de que lo eran» (1). Pero estos angustiosos temores del matrimonio no pasaron de inquietudes, pues acaecido el fallecimiento del señor Pineda, no se llevó a cabo lo estipulado en el codicilo. Su viuda (2) debió de llegar a un acuerdo con don José de Mesa, pues Mariana no abandonó la compañía de su tutor, quien se preocupó de proporcionarle una especial educación «en las primeras enseñanzas de la ciudad».

¿Qué ocurrió con la herencia de Mariana? Según palabras de su tío en este año de 1813, estaba «pendiente en los competentes tribunales». Habían pasado siete años del fallecimiento de su padre y aún no estaban sus bienes declarados. Por un documento fechado un año más tarde de esta aseveración, deducimos que los bienes de Mariana ya le habían sido adjudicados. Don José de Mesa, como tutor y curador *ad bona* de Mariana de Pineda, daba poder especial y general a don Francisco Antonio Arévalo, vecino de Loja, para que administrase la herencia que en dicha ciudad y su término poseía la citada menor. Se trataba de dos casas situadas en la calle de Bodegones, números 49-50. Estos bienes pertenecían al vínculo fundado por doña Guiomar Maldonado. La parte concedida a la huérfana fue de escasa importan-

(1) Peña y Aguayo. *Ob. cit.*, pág. 14.

(2) Este mismo año abandonó la casa de la Carrera de Darro, en que por espacio de 50 años habían vivido los Pineda. Al año siguiente la ocupaba el oidor de la Chancillería don José López Cózar. La viuda de Pineda actuó rápidamente. Diecisiete días más tarde de la muerte de su marido, desplegó toda su actividad como tutora y curadora *ad bona* de su hija. El 25 de mayo dio poder especial y general a don Antonio Pérez, vecino de Baza, «para que a su nombre y en representación de sus acciones y derechos, tome posesión y amparo de los mayorazgos fundados por don Gaspar Ordóñez de Tarifa, don Antonio y doña Úrsula Tarifa». Igualmente, tres días más tarde, dio poder a don Antonio Moreno, de la ciudad de Lucena, para la fundación de doña Guiomar Maldonado, y en este mismo día extiende otro poder a don Juan Ortiz, presbítero, de la ciudad de Loja, para que administrara los mayorazgos fundados por don Miguel Ramírez, don Juan Fernando Ramírez Pérez del Pulgar, don Juan Fernando Ramírez de Aguilar y doña María Josefa Maldonado. Archivo de Protocolos de Granada. Sig. 2-56-2, fol. 298-308.

cia; por el contrato de arrendamiento de las citadas casas podemos valuar su importancia: cada una rendía anualmente 62 ducados, con el agravante de que no debían de hallarse en buenas condiciones, ya que al terminar el alquiler, concertado en 1816 con Tiburcio Ortiz (1), por un espacio de nueve años, se hallaban en ruinoso estado. Estas casas fueron los únicos bienes que disfrutó Mariana de la herencia paterna, pues en 1820, don José de Mesa, como tutor y curador de Mariana, otorgó un poder a don Pedro de Córdoba, agente de negocios de Madrid, para que cobrara los «réditos de una imposición de las cisas de palacio en los créditos de la villa» (2), que correspondieron a Mariana en la vinculación; pero habría de frustrarse este intento, pues de nuevo, en 12 de diciembre de 1827, confirieron poder a otro agente de Madrid, don Ramón Puello, para que gestionase y percibiese la reivindicación de los «réditos vencidos desde el año de 1809, hasta el presente, de la imposición hecha por doña Guiomar Maldonado, de 110 reales sobre cisas de la obra de palacio» (3). No tenemos constancia de que llegara a percibir estos réditos.

Escasos fueron los bienes que después de tan prolongados autos judiciales correspondieron a Mariana de Pineda de la crecida herencia paterna, debido a la codicia de la viuda de Pineda, amparándose en el concepto de ilegitimidad de su nacimiento. Peña y Aguayo dice que estaban «por las fundaciones excluidos de la sucesión los hijos naturales» (4). Pero esta aseveración está en íntima discordia con los hechos, pues precisamente los bienes que los tribunales adjudicaron a Mariana, formaban parte del vínculo fundado por doña Guiomar Maldonado, en Loja, mientras que los bienes libres otorgados por su padre, mediante escritura, en el año 1805, quedaron en poder de doña Tomasa Guiral.

(1) Archivo de Protocolos de Granada. Arrendamiento de las Casas de Mariana de Pineda. Sig. 2-56-3, fol. 373-76 v.

(2) Archivo de Protocolos de Granada. Sig. 2-56-2, fol. 446-47.

(3) Archivo de Protocolos de Granada. Protocolo de don Mariano Caldas. Sig. 2-68-2, fol. 200 y v.

(4) Peña y Aguayo. *Ob. cit.*, pág. 21.

V. BODA A LOS QUINCE AÑOS

En 1818, Mariana de Pineda tiene catorce años. Su belleza iba despertando admiración: «No rayaba en los catorce años, cuando ya se la consideraba como a un portento de hermosura», dice Peña y Aguayo. Todas las descripciones físicas de Mariana son unánimes al celebrar su atractivo. Una semblanza de la adolescente nos la describe así: «Era tan linda, tenía una fisonomía tan expresiva, eran tan bellos los contornos de su rostro, tan extremadamente azules y animados sus ojos, tan rubios claros sus cabellos, tan igual, tan limpia su dentadura, tan proporcionadas sus formas, tan blancas sus manos...» (1).

Mariana conoció pronto el amor; a los catorce años era novia de Manuel de Peralta y Valte, de veinticinco años. Era natural de Huéscar, un pueblecito de la provincia de Granada. Su padre era regidor perpetuo de esta villa y representante de la real jurisdicción ordinaria (2). Manuel vivió en Granada desde la edad de catorce años. En su expediente matrimonial hace su propia presentación diciendo: «Que es de edad de veintiséis años cumplidos, hijo legítimo

(1) Peña y Aguayo. *Ob. cit.*, pág. 14-15.
(2) Partida de bautismo; véase el apéndice IX.

de don Fermin de Peralta y Bafger y de doña Juana Valte, natural de la ciudad de Huéscar, Obispado de Almería, bautizado en su iglesia Mayor de Santa María, vecino de ésta de Granada, desde su menor edad, habiendo permanecido en ella, y feligresía del Sagrario, hasta de presente, excepto el tiempo que ha servido a S. M. en las Compañías de Infantería de la Costa, de que se retiró hace más de dos años, con la competente licencia absoluta» (1).

Manuel de Peralta llegó a Granada en 1802. En 1810 ya lo encontramos prestando servicio en el Ejército, según nos informa la única hoja de servicios (2) que hemos podido encontrar de su vida castrense. Esta hoja recoge un período brevísimo de sus tareas militares, que va del 3 de abril al 31 de mayo de 1810; pero por otros documentos sabemos de su permanencia en la vida militar hasta 1818. Perteneció al regimiento de Vélez Málaga, de infantería ligera. Su hoja de servicios lo describe como «cadete; su edad, veintiún años; su ciudad, Huéscar; su calidad, noble; su salud, robusta; sus servicios y circunstancias, los que se expresan». Aunque dice tener veintiún años, en realidad sólo eran diecisiete, pues había nacido en 1793. Un informe de un coronel, superior suyo, dice de él: «Valor: se ignora. Aplicación: se halla en el colegio de Murcia. Conducta: regular. Estado: soltero.»

Conocemos otro documento de la vida castrense de Manuel de Peralta, que acaba de perfilar su figura, y con el que reconstruimos plenamente la personalidad del eterno cadete que fue el marido de Mariana de Pineda. Se trata de la licencia de retiro absoluto, que cierra su vida militar en 1818. Este documento confirma el concepto de mediocridad de las notas del coronel en la hoja de servicios.

Advertimos que a pesar de haber transcurrido ocho años, de los cuales algunos fueron en guerra, permanece en la graduación de cadete, sin haber alcanzado siquiera el grado de subteniente, mientras en época normal no permanecían más de dos o tres años en tal categoría.

El día 20 de julio de 1818 solicitó Manuel la licencia de retiro. Licencia que firmaba dos días más tarde el propio

(1) Licencia de retiro; véase el apéndice X.
(2) Hoja de servicios; véase el apéndice XI.

don Eugenio Eulalio Portocarrero, conde de Montijo, a la sazón capitán general de Granada, con el concepto de: «para que pueda retirarse a su casa, o a donde más le convenga» (1).

Antes de lo que tenían previsto, se celebra la boda. Los preparativos son acelerados con toda la rapidez que permiten los trámites, incluso evitando algunos indispensables que presentaban considerable morosidad. El día 4 de octubre de 1819 se inician los preparativos; en este día don José de Mesa, como tutor y curador *ad bona* de Mariana, le otorga permiso para contraer matrimonio, requisito inexcusable, por ser la novia menor de edad y estar bajo su tutoría, alegando que Manuel de Peralta, el novio, no ofrecía «reparo alguno que oponer, por concurrir en el susodicho todas las buenas cualidades que deben apetecerse» (2).

Al día siguiente de obtener el permiso, Manuel de Peralta elevaba al señor provisor de la vicaría, don Antonio Martín Montijano, una solicitud en apremiantes términos: «Tengo tratado contraer matrimonio según orden de nuestra santa madre iglesia, con doña Mariana Rafaela de Pineda, de estado soltera, de esta vecindad, para el cual ambos nos hallamos habilitados según previenen las reales órdenes, como aparece en estos documentos que presento; pero debiendo celebrarse sigilosamente por las gravísimas causas que intervienen y reservadamente se han comunicado a V. S., le suplico se sirva mandar se practiquen las diligencias previas y correspondientes, concediéndonos licencia para el desposorio; y dispensando de las tres amonestaciones que deben preceder» (3).

Así lo comprendería el señor provisor a quien reservadamente lo habían participado, pues en la misma instancia de Manuel, en nota marginal, les otorgó licencia para que prescindiesen de las amonestaciones, teniendo en cuenta las circunstancias de urgencia que concurrían.

Este mismo día, don Antonio Martín Montijano le tomó confesión a la contrayente, «lo cual hizo estando en las casas

(1) Véase el apéndice X.
(2) Archivo de la Curia de Granada. Expediente matrimonial.
(3) Solicitud de don Manuel de Peralta; véase el apéndice XII.

de su morada, ofreciendo decir verdad en lo que fuese preguntada», confiesa no haber hecho voto de castidad, religión, ni haber dado palabra de casamiento a otra persona que no fuese Manuel, y que con licencia de su tutor judicial quiere casarse, ya que no existe impedimento alguno que lo estorbe (1). Al pie de este documento aparece por vez primera la firma de Mariana de Pineda, como firmaba, por tradición de familia hidalga. Es una firma clara, correcta y de trazo seguro. Su firma es el único testimonio escrito que conocemos hasta ahora. A lo largo de su vida la estampó numerosas veces en documentos notariales. Se firmaba «Mariana de Pineda» y alguna vez «Mariana Rafaela de Pineda».

El novio declaró en su confesión que, «sin embargo del defecto con que se halla [la novia] de no ser hija legítima de matrimonio, se la quiere cumplir y casarse con la susodicha, con quien no tiene impedimento alguno que se lo estorbe» (2). El día 9 de octubre de 1819, en la iglesia parroquial de Santa Ana, se celebró la boda (3), actuando de padrinos don José de Mesa y don Francisco Gutiérrez. Mariana continuó viviendo en la Carrera de Darro, en la casa de sus tutores.

La vida de Mariana de Pineda evolucionó desde su primera infancia, bajo el signo de la conflictividad, tanto en el plano íntimo como en el político. Tras las vicisitudes familiares, cuando su infancia empieza a sosegarse en el hogar de sus padres adoptivos, estalla la Guerra de la Independencia, en 1808. En Granada, el levantamiento contra el invasor francés provoca la creación de una Junta Provincial que se arroga la Capitanía Oriental, la cual, con la Occidental de Sevilla, formarán las huestes que harán frente a las tropas enemigas por tierras andaluzas. Este ejército, puesto en pie por la Junta granadina, importante en hombres y pertrechos, lo manda el general Redig, que será el vencedor en la célebre batalla de Bailén, la primera y más restallante victoria contra los franceses, derrotando al general Dupont, en julio de 1808.

(1) Confesión de la contrayente; véase el apéndice XIII.
(2) Confesión del contrayente; véase el apéndice XIV.
(3) Archivo Parroquial de Santa Ana; véase el apéndice XV.

Este triunfo permitió mantener a raya a los franceses, en Andalucía hasta 1810, fecha en la que los invasores lograron romper la resistencia de los andaluces. Granada sería ocupada por las tropas del general Sebastiani y la ciudad conocería entonces un período de sordas luchas contra el invasor.

Mariana de Pineda, niña de seis años, oiría hablar a menudo en su casa de las arbitrariedades cometidas por el general Sebastiani, el cual, entre otras exigencias, obligaba a los comerciantes a pagar toda suerte de impuestos de los que no estaba exento su padre adoptivo José de Mesa. La niña, inconscientemente, en aquel período aprendió a vivir en su propio hogar la resistencia contra el invasor. Muy cerca de su casa, en Plaza Nueva, escenario vital de la ciudad, lugar de encuentros multitudinarios, mítines, revueltas populares, celebraciones y otros acontecimientos sociales, Mariana presenciaría el estallido de alegría que produjo la proclamación de la Constitución, en 1812, por las Cortes de Cádiz. Había nacido en la capital gaditana inmersa en las críticas circunstancias por las que atravesaba el país, ocupado por las tropas napoleónicas. Dos años más tarde, la Regencia, que desde los inicios de la invasión había dirigido la lucha del pueblo español contra los franceses, mientras Fernando VII y sus hermanos felicitaban a Napoleón por sus triunfos en España, recibía un comunicado del monarca desde su exilio dorado en Valençay, en el que anunciaba su regreso a España con esta promesa: «En cuanto al restablecimiento de las Cortes de que habla la Regencia, como todo lo que pueda haberse hecho durante mi ausencia que sea útil al Reino, siempre merecerá mi aprobación como conforme a mis reales intenciones.»

Pero sus reales intenciones eran muy otras. El comunicado, fechado el 10 de marzo de 1812, ocultaba los proyectos del taimado monarca que pondría al descubierto mediante un decreto-manifiesto el 4 de mayo del mismo año, hecho público en la ciudad de Valencia: «Declaro que mi real ánimo es no solamente no jurar ni acceder a dicha Constitución ni decreto alguno de las cortes generales y extraordinarias actualmente abiertas, a saber los que sean depresivos de los derechos y prerrogativas de mi soberanía establecidos por la Constitución y las leyes que durante largo tiempo la nación ha vivido, sino el de declarar aquella Constitución y tales decretos nulos y de ningún valor y efecto, ahora ni en tiempo alguno, como si no hubiesen pasado tales actos y se quitasen de en medio del tiempo y sin obligación en mis pueblos y súbditos de cualquier clase y condición a cumplirlos y a guardarlos.»

El 11 de mayo de 1814, el general Eguía, nombrado capitán general de Madrid por Fernando VII, detenía y encarcelaba a los diputados doceañistas. Los prohombres liberales son enviados a los presidios de Ceuta y el Peñón por decisión personal de Fernando VII, sin que medie ningún tipo de juicio o proceso, entre ellos se encontraba Argüelles, Muñoz Torrero y el granadino Francisco Martínez de la Rosa. Se pone en marcha el patíbulo que se nutre de los presos liberales que hacinan las cárceles. Miles de ellos emprenderán el camino del exilio. Los españoles se dividen en «blancos» y «negros», liberales y absolutistas. No faltan historiadores que opinan que la crisis de identidad nacional de nuestros días tiene su origen en aquellos ominosos años. Exponente de la lucha clandestina de los liberales, desde 1814 a 1820, son las seis conspiraciones fracasadas de Mina, Porlier, Richard, Lacy, Torrijos y Vidal.

El 1 de enero de 1820 estalla la conspiración en el seno de un cuerpo expedicionario colonial al mando de Rafael de Riego. En Cabezas de San Juan proclama la Constitución de 1812. El valiente militar recorre el sur de España, promoviendo la adhesión de los andaluces. Cuando la sublevación parecía fracasar, se proclama la Constitución en La Coruña el 21 de febrero y después en Zaragoza, Barcelona, Pamplona y Cádiz. Intimidado el monarca por los acontecimientos, el 6 de marzo anuncia su decisión de restablecer la Constitución. Veinticuatro horas más tarde, mediante un decreto declaraba que «...para evitar las dilaciones que pudieran tener lugar por las dudas que al Consejo ocurriesen en la ejecución de mi decreto de ayer para la inmediata convocatoria de Cortes sirviendo la voluntad del pueblo, me he decidido a jurar la Constitución promulgada por las Cortes generales y extraordinarias en el año 1812».

Se abren las puertas de los presidios y las fronteras a los liberales. El monarca jura el Código gaditano y se retracta de todo lo dicho y hecho durante el período 1814-1820. La frase de su célebre manifiesto del 9 de marzo antes de estar formada la nueva Junta constitucional: «Marchemos francamente, y Yo el primero, por la senda constitucional», se ha hecho proverbial para señalar el dolo y el perjurio, dice Bayo.

El nuevo régimen desborda en Granada los diques del entusiasmo popular. Los liberales corean *El Trágala* por las calles, en los cafés y botillerías de la Plaza Nueva:

Tú que no quieres
lo que queremos
la Ley preciosa
puesta en bien nuestro.
Trágala, trágala, perro.
Trágala, trágala, perro.

En Granada los liberales se reúnen en los cafés de la Plaza Nueva, donde en aquella época se tomaba el pulso a la ciudad. La Chancillería y su Real Cárcel y las torres de la Alhambra, constituían su cuadro natural. Allí también se levantaba la esquemática sombra del patíbulo. En 1808, en el lugar en que se montaba el siniestro tablado, los enardecidos granadinos, alentados por curas y frailes aventureros y revolucionarios, quemaron el retrato de Godoy, para manifestar su repulsa al favorito y su odio al francés invasor. El clero, muy abundante en Granada, adoptó una postura decisiva en la acción ciudadana, en sus variantes patriótica y social, actitud que mantuvo desde los comienzos de la Guerra de la Independencia hasta mediado el siglo XIX. En 1820 los ánimos de los constitucionales se exaltan a tal punto que el 13 de marzo se produce un motín, en el cual intentan arrastrar desde Plaza Nueva hasta la Alhambra, a Francisco Ramón de Eguía, a la sazón capitán general de Granada. Era éste un personaje funesto. Ex capitán general de Castilla y ministro de la Guerra fue uno de los más leales servidores de Fernando VII. En 1814, por orden de Eguía fueron sorprendidos en sueño y sacados violentamente de sus lechos para ser conducidos a la cárcel los regentes y diputados doceañistas. En 1819 había sido trasladado a Granada para acabar con los masones del Oriente granadino. Su persecución fue despiadada para los presuntos conspiradores y llegó a descubrir hasta 14 de las llamadas *dignidades* en la orden francmasónica, incautándose de bibliotecas, imprenta, proclamas. Eguía puso en evidencia la correspondencia que mantenía la logia granadina con las de Córdoba, Murcia, Valencia y Barcelona, logrando su desarticulación, con el encarcelamiento de sus miembros.

De Plaza Nueva, en cuyos contornos vivía Mariana de Pineda, surgió también el movimiento revolucionario, alentado por caudillos populares que asaltó el convento de San Antón, donde fue asesinado un fraile agitador realista, acusado de organizar una guerrilla absolutista.

Por aquellos exaltados días, el 18 de marzo de 1820, fallecía en Granada el gran actor Isidoro Maíquez, a donde lo había conducido su actitud contestataria. En el madrileño *Diario de Avisos* se atrevió a escribir: «Los actores no somos esclavos sino ciudadanos, más útiles quizá que nuestros detractores.» Por su parte, los absolutistas habían reprochado al artista el «demasiado fuego» que ponía interpretando *La rebelión de los esclavos*. Su talante, dentro y fuera del escenario, molestaba a los «censores». Pero fue su rechazo a una obra de un protegido del Corregidor de Madrid el que provocó la orden de destierro, por rebeldía, de Maíquez, que firmó el ministro de Gracia y Justicia.

El actor, tras vivir una temporada en Ciudad Real pidió su traslado a Granada, ciudad que admiraba, en la que pensaba encontrar alivio a su ya muy achacosa salud. El gran actor murió al poco tiempo, olvidado y en la mayor indigencia. En 1839, los actores Matilde de la Torre y Julián Romea erigieron un monumento a su memoria, que se alza en la granadina plaza del Padre Suárez.

Los constitucionales granadinos como prueba de gratitud

a Rafael de Riego, a su paso por Granada, en setiembre de 1822, le distinguieron con los grados de Maestro en Artes y Doctor en Leyes de su Universidad. Fue una jornada de exaltación popular. Para entonces, el himno de Riego, canción que entonaron sus soldados en el alzamiento de Cabezas de San Juan, en 1820, se había convertido por decreto de 7 de abril de 1822, en Himno Nacional (1). El héroe liberal, lo escucharía complacido en las voces «jondas» de los granadinos:

Seremos alegres
valientes, osados,
cantemos, soldados,
un himno a la lid.

Y a nuestros acentos
el orbe se admire,
y en nosotros mire
los hijos del Cid.

Soldados, la Patria
nos llama a la lid.
Juremos por ella
vencer o morir.

Se muestran, volemos,
volemos, soldados.
Los veis aterrados
sus frentes bajas.

Volemos, que el libre
por siempre ha sabido
del siervo vencido
su frente humillar.

(1) El himno de Riego alcanzó una popularidad extraordinaria. El pueblo, al correr del tiempo, fue adaptándole a su música letras nuevas, de contenido revolucionario; otras de carácter histórico, como la muerte del general Espartero, defendiendo la Constitución y, a veces, francamente irónicas o chungonas.

VI. LA JOVEN VIUDA

No hay datos de la vida conyugal de Mariana de Pineda. Sabemos que los tres años que duró su matrimonio fue un período de la ilusionada felicidad del primer amor juvenil.

¿A qué se dedicaba don Manuel de Peralta, después de retirarse del Ejército? Peña y Aguayo, al tratar este aspecto, dice tan sólo que era «poseedor de una corta vinculación». Pero por un documento de 22 de febrero de 1820 sabemos que Manuel fue apoderado de don José María Chacón, de Motril, el que en esta fecha confirió poder para la venta de una casa en la calle de Molinos (1). Conocemos también la actividad que desplegó para esclarecer la situación en que estaban los bienes patrimoniales de su mujer. Unos meses después de casados, encontramos el primer testimonio de su investigación. El 27 de enero de 1820 otorgaba poder a tres procuradores de la Chancillería, para que le ayudasen y defendiesen en todos sus pleitos, causas y negocios (2).

(1) La casa estaba demarcada con el número 3 de la manzana 404. En 4 de febrero de 1821 la vendió don Manuel de Peralta, en la cantidad de 11.000 reales de vellón, a Pedro de Águila. Archivo de Protocolos de Granada. Protocolo de don Andrés de San Pedro Saens y Roxas. Sig. 2-56-5, fol. 29-35.

(2) Archivo de Protocolos de Granada. Protocolo de don Andrés de San Pedro de Saens y Roxas. Sig. 2-56-5, fol. 29-35.

«Pero, faltábanle documentos en que apoyar su acción, porque el archivo había pasado con los bienes a poder de don José (el ciego Pineda), y al presente existía en la ciudad de Lucena, en manos de su hija y heredera» (1). Hasta el 20 de abril del año siguiente no consiguió Peralta copia del testamento y codicilo de don José de Pineda, en el que, como sabemos, declaraba que los bienes de su sobrina se hallaban sin adjudicar. Con estos documentos y la escritura de reconocimiento y donación de la viña, hecha a Mariana por su padre en 1805, consiguió Peralta entablar demanda de propiedad de los mayorazgos del capitán Pineda. Dice Peña y Aguayo que doña Tomasa Guiral, prevaliéndose de la escasa fortuna de los demandantes, «les propuso una transacción reducida a que no siguiesen el pleito y recibiesen uno de los mayorazgos fundados por doña Guiomar Maldonado, en la ciudad de Loja, cuya renta sería entonces de seis a ocho mil reales» (2). A pesar del rotundo testimonio de este autor, los resultados debieron ser infructuosos. Nos resistimos a creer en tal reivindicación, ya que años después Mariana volvió a entablar demanda contra su tía, para recuperar la viña. Respecto al vínculo ofrecido, fundación de doña Guiomar Maldonado, Mariana confirió poderes en repetidas ocasiones para que le administrasen un vínculo fundado por esta misma señora, en la ciudad de Loja; pero siempre se trató de la misma propiedad, que la joven poseía desde 1814.

El día 31 de marzo de 1820, la señora de Peralta fue madre de un niño, llamado José María (3). Este año es el último que viven en la Carrera de Darro. En el siguiente, se trasladaron al barrio de la Magdalena, calle de Recogidas (4), donde el 22 de agosto les nacía un segundo hijo, esta vez una niña, a la que se impuso el nombre de Úrsula María, en honor de la madre adoptiva de Mariana (5).

El padrón parroquial de 1822 nos muestra el traslado

(1) Peña y Aguayo. *Ob. cit.*, pág. 20.
(2) Peña y Aguayo. *Ob. cit.*, pág. 22.
(3) Partida de bautismo; véase el apéndice XVI.
(4) Archivo parroquial de Santa María Magdalena. Padrón del año 1821. Calle de Recogidas, núm. 27.
(5) Partida de bautismo, véase el apéndice XVII.

de la familia de don José de Mesa, en unión de Manuel y Mariana. Del número 23 pasaron al 5 en la misma calle de Recogidas.

Manuel de Peralta agotaba los últimos meses de su vida. El 23 de abril hizo testamento, ante don Francisco Aranda, según nos informa la partida de defunción. Quería que le aplicasen a su alma cien misas, las que era su voluntad se pagasen a cinco reales cada una. Eligió por albaceas a su mujer y al matrimonio Mesa. Peralta moría veintiún días más tarde de efectuado el testamento, el 12 de mayo, a los veintiocho años de edad (1). Peña y Aguayo dice que falleció de enfermedad, no especificándola. En el Ejército le habían concedido la licencia de retiro por hallarse inútil para continuar en el servicio, pero no declaraban qué clase de mal le aquejaba.

Tras la inesperada muerte del marido, en plena era constitucional, Mariana fue presa de una gran depresión espiritual, tan intensa, que se llegó a temer por su vida. «Más de un año pasó antes que recobrase su antigua alegría» (2). Aquella imagen adolescente que contemplamos de Mariana a los catorce años, en poco tiempo se había transformado en una bella mujer. Sus rasgos están ya definidos con pureza y seguridad. En sus ojos hay un peculiar misterio seductor, que siembra inquietudes. Mariana es una bellísima viuda de dieciocho años, con dos hijos, de veintiséis y nueve meses. Pero es precisamente esta temprana viudez la que la incita a la vida militante.

Fernando VII, a pesar de los halagos dedicados a los hombres del restablecido sistema constitucional, no dejó de intrigar ni conspirar, desde el primer día. Sembró la inquietud entre los monarcas de la Santa Alianza, poniéndolos en guardia contra el peligro que representaban sus respectivos núcleos de liberales. Hasta lograr que un poderoso ejército, los «Cien mil hijos de San Luis», invada nuestro país y aplasten la soberanía del pueblo. Era su objetivo. Fernando VII vuelve a ser lo que siempre fue: un soberano

(1) Partida de defunción; véase el apéndice XVIII.
(2) Peña y Aguayo. *Ob. cit.*, pág. 25.

absoluto. Se abre entonces la llamada «década ominosa», que sucede al llamado bienio liberal, y como secuela de ella la gran «revancha». Se desata una feroz represión, con su fatídico encadenamiento de detenciones, atropellos, torturas y ejecuciones.

El 1 de octubre de 1823 queda abolida la Constitución y Fernando VII, es proclamado rey indiscutible de los españoles. Son condenados a muerte todos los diputados liberales y las más destacadas personalidades constitucionales. A los liberales no sólo se les perseguirá *oficialmente* sino también con la ayuda de los *voluntarios realistas,* fuerza organizada para oponerla a la Milicia Nacional. Se constituyen Comisiones Militares para condenar a los reos políticos, y las *Juntas,* llamadas *de la fe,* se encargan de perseguir a los liberales y masones. Rafael de Riego, metido en un serón, es arrastrado por un burro hasta la madrileña Plaza de la Cebada, donde es ahorcado el 9 de noviembre de 1823. La misma muchedumbre que vitoreaba en 1820 al héroe, ahora lo acompaña al patíbulo, al grito de «¡Vivan las caenas!» «¡Viva el rey absoluto!» Juan Martín *el Empecinado,* el *Primer Guerrillero* de la Guerra de la Independencia, es detenido por el corregidor de Riva. Durante dos años lo exhibirá en una jaula, los días de mercado. Los absolutistas se burlan de él, lo insultan y apedrean. El 19 de agosto de 1825 es conducido al cadalso. *El Empecinado* logra romper las esposas que sujetan sus manos, arranca la espada al jefe de la escolta e intenta abrirse paso. Cien bayonetas se clavan en su cuerpo, sus despojos son subidos al palíbulo y ahorcados. Fernando VII, «violentando su natural sensibilidad», dispuso:

«Son reos de lesa majestad y quedan condenados al patíbulo los que se declaren contra los derechos del rey o a favor de la Constitución.

»Que la misma pena de la vida se aplique a los escritores de papeles o pasquines que tiendan a aquel objeto.

»Que se castigue con cuatro a diez años de prisión a los que hablen en sitios públicos contra la soberanía real, aunque nada resulte y sea efecto lo dicho de una imaginación ardiente y exaltada.

»Que la pena capital comprenda también a los que procuren seducir a otros para levantar una partida.

»Que se castigue con la pena de la vida, como reos de lesa majestad, a los promovedores de alborotos, si éstos se encaminan a mudar la forma de gobierno; si el tumulto naciese de otras causas, de dos a cuatro años de presidio.

»Que no se pueda alegar la embriaguez como circunstancia atenuante.

»Que la discreción e imparcialidad de los jueces decidan la fuerza de las pruebas.

»Que los masones y comuneros sufran igualmente la última pena, excepto los espontaneados.

»Que ante las Comisiones militares no sean válidos los fueros.

»Que se condene a muerte a quienes griten "¡Viva la Constitución!" o "¡Viva la libertad!".»

curar seducir a otros para levantar una partida.

»Que se castigue con la pena de la vida, como reos de lesa majestad, a los promovedores de alborotos, si éstos se encaminan a mudar la forma de gobierno; si el tumulto naciese de otras causas, de dos a cuatro años de presidio.

»Que no se pueda alegar la embriaguez como circunstancia atenuante.

»Que la discreción e imparcialidad de los jueces decidan la fuerza de las pruebas.

»Que los masones y comuneros sufran igualmente la última pena, excepto los espontaneados.

»Que ante las Comisiones militares no sean válidos los fueros.

»Que se condene a muerte a quienes griten: "¡Viva la Constitución!" o "¡Viva la libertad!"».

VII. NUEVO PROYECTO MATRIMONIAL: CASIMIRO BRODETT

¿Fueron los acontecimientos políticos los que impulsaron a Mariana a salir del letargo melancólico en que quedó sumida a la muerte del marido, y afrontar la realidad? Granada volvió a vivir días aciagos. La sorda lucha entre los dos partidos, liberal y absolutista, se recrudeció. El partido absoluto, envalentonado por la subida al poder; excitado el otro, por las crueles persecuciones que desencadenaron las represalias realistas. Pero muy pronto, el forzoso sometimiento de los liberales se estremecía en restallantes conspiraciones, preparadas al calor de logias masónicas, en secreta comunicación.

Es en este segundo período absolutista cuando Mariana de Pineda empieza a militar activamente en las filas liberales. ¿Hubo antes en su vida iniciativas políticas? Es interesante, aunque difícil, tratar de encontrar las huellas de los primeros pasos. La suponemos influida de las ideas liberales de su marido, pero no disponemos de datos directos. Un autor, al mismo tiempo que nos informa de cómo nacieron sus amores, nos da esta referencia: «Acosados por los hechizos de Mariana, descubiertos por él en el trato frecuente a la casa de sus tutores, a la que concurría para dar rienda suelta a sus anhelos de libertad, en unión de los demás contertulios granadinos...» (1). Vicente González Barberán admitía recientemente este ascendiente, pero con la puntualización: «Mariana Pineda debía su bautismo ideológico a su marido; pero, más que por influencia directa, al hecho de ser éste sobrino del famoso e inquieto clérigo don Pedro García de la Serrana, perteneciente a una antigua e importante familia, que todavía conserva profundas raíces en Huéscar y Orce» (2). De todas formas, con la muerte de Manuel de Peralta, perdieron los liberales granadinos a un leal correligionario.

Mariana de Pineda, como madre, como viuda, como mujer de su época, habría de limitarse, en primer lugar, al entrañable deber de cuidar a sus hijos; como viuda, con el profundo espíritu religioso granadino, a honrar la memoria de su difunto esposo; como mujer, a observar la austeridad y recogimiento que exigían los prejuicios de la intolerante sociedad granadina, sin las influencias de las más libres costumbres extranjeras. No importa que la viuda cuente sólo dieciocho años y se encuentre en la flor de su vida y de su belleza; es viuda y ha de guardar un luto terrible, pero tradicionalmente español.

A pesar de todos los prejuicios de la vida granadina, la mujer, sin soltar las riendas del hogar, cogió las de la resistencia y con infatigable tesón remplazó al marido en las tertulias. La invisible red de liberales tendida por toda Andalucía podía contar con una mano secretamente abierta, en la calle de Recogidas. Ya no era la de un hombre, sino la de una mujer delicada; la de una mujer valiente, hermosa, inquieta. Los políticos granadinos encontraron en la viuda de Peralta una inteligencia conductora y una voluntad firme: a los que pedían ayuda, se la prestaba; a los que necesitaban emigrar, les facilitaba falsos pasaportes.

Tras sus primeros gestos políticos, en su cultivado espíritu se irían arraigando las ideas liberales de ley, libertad,

(1) Miguel Alvarez de Salamanca. *El 26 de mayo de 1831 da gloria a Mariana de Pineda.* «El Defensor de Granada», 23-4-1931.

(2) Vicente González Barberán. «Mariana Pineda estuvo influida por las ideas liberales de su tío don Pedro García de la Serrana.» Revista *La Sagra*, Huéscar, 9-7-1981, núm. 9.

igualdad, que día a día florecían invisibles detrás de cada hombre como un bello poema de esperanza, en oposición al hermético y rígido ambiente del servilismo imperante.

En la vida sentimental de Mariana de Pineda hubo tres hombres que fueron militares liberales. La primera semilla política la sembraría su marido. Después, cuando la conoce Casimiro Brodett y Carbonell, ya comulgaba con las ideas liberales. Y por último, Fernando Álvarez de Sotomayor, con el que más ligado aparece a los ojos del pueblo y la literatura, posiblemente por ser el último y quedar testimonios documentales.

El pueblo ha cantado este romance:

Marianita salió de paseo
y a su encuentro salió un militar
y le dijo: —Ay, mi Marianita,
hay peligro, vuélvase usted atrás.

¿A cuál de los tres militares se refiere el romancillo?

Levantemos el telón para presentar a la curiosidad pública el segundo de ellos. Uno de los datos más inesperados que vamos a aportar a la biografía de Mariana de Pineda, es el descubrimiento de otro hombre en su vida sentimental, amor que ha permanecido secreto. Su aparición puede resolver algunos enigmas. En primer lugar, queda descartado el concepto romántico de los apologistas de viuda inconsolable, recluida en el recuerdo del esposo durante años, que destierra el amor de su vida, a la muerte del marido. Pero nos sugiere algo más significativo este amor. ¿Pudiera ser la clave de esa pasión amorosa que se le atribuye, y que hasta ahora se creyó despertada por su primo Fernando Álvarez de Sotomayor, por el que se afirma llegó hasta el cadalso? Siempre que el pueblo canta, el amor de Mariana llama a su enamorado capitán o militar. Claro está, que también su primo era militar y ostentaba la graduación de capitán.

¿Qué fue Casimiro Brodett en la vida de Mariana de Pineda? ¿Por qué Peña y Aguayo, amigo y biógrafo, silenció este amor? Sentimiento que no pudo ser ignorado por sus coetáneos, pues llegaron a disponer los preparativos para la boda, como sabemos por el expediente matrimonial formado al efecto por los contrayentes, pues los dos, en su calidad de militares (1), tenían que pedir real licencia para la celebración de los esponsales. Se habían conocido en la casa de los condes de Teba: Doña María Manuela Kirpatrik y Crivegée y don Cipriano Guzmán Palafox y Portocarrero, hermano del célebre conde de Montijo, masón y conspirador, tan vinculado a la historia granadina. Los condes de Teba llegaron a Granada en 1823, procedentes de Santiago de Compostela, donde habían sufrido destierro por conspirar en pro de la causa liberal. La casona de los condes, en la calle de Gracia, del barrio de la Magdalena, era una mansión grande, de amplios balcones y enrejados ventanales, con el típico patio granadino, rodeado de columnas y alicatado árabe. En su jardín, en días de terremotos, nacería en una tienda de campaña Eugenia de Montijo, la futura emperatriz de los franceses, en un 5 de mayo de 1826. Los salones de los condes de Teba se convirtieron pronto en punto de reunión de los liberales andaluces y su tertulia en una de las más interesantes de la sociedad granadina. Parece que fue doña Manuela, persona que gozó gran fama de casamentera (de hecho ella fue el artífice de la boda de su hija con Napoleón III), la que presentó a Mariana de Pineda y al capitán Casimiro Brodett y en su casa donde se concertó el matrimonio (2). Con fecha 8 de setiembre de 1824, don Casimiro Brodett dirigía al rey una instancia de solicitud de real licencia para contraer matrimonio con Mariana de Pineda. Nacido en la ciudad de La Valetta, de la isla de Malta, el 10 de julio de 1793, había ingresado en el Ejército en

(1) Mariana, por hija y viuda de militar. Solicitud de real licencia de don Casimiro Brodett para contraer matrimonio; véase el apéndice XIX.

(2) Este dato nos lo ha proporcionado don José Valverde y Piñal, descendiente por vía directa de Mariana de Pineda.

1808, cuando sólo contaba quince años, respondiendo a la llamada de la defensa de la causa nacional, primordial ocupación de todo buen patriota de la época. Su hoja de servicios nos enumera la relación de sus brillantes acciones militares, durante la Guerra de la Independencia. Su nombre está vinculado a grandes acontecimientos gloriosos, en los que se evidencian sus dotes de buen militar (1). Las notas del coronel nos informan elocuentemente de sus valores morales: «Valor: acreditado. Aplicación: tiene. Capacidad: tiene. Conducta: buena.»

Los trámites burocráticos de la boda siguen su curso, y un escrito de 6 de diciembre nos informa de que el fiscal militar ha aprobado los documentos presentados (2). La petición tiene feliz resolución, pues con la misma fecha es concedida la real licencia solicitada para contraer matrimonio, bajo una condición: el novio tiene que purificar su situación dentro de la política imperante (3).

Sin embargo, todo quedó preparado y la boda no se efectuó. Ignoramos lás causas que la impidieron. Es cierto que los tribunales no aceptaron la purificación política del pretendiente. ¿Pudo ser ésta la razón? La que fuese tuvo que ser poderosa para que se malograse el ansiado proyecto, después de concedidas las autorizaciones de rigor. Viene a oscurecer más la situación el hecho de que Mariana desaparezca en esta época del lado de sus padres adoptivos, de los que jamás se había separado. Durante dos años perdemos totalmente su pista, pues su nombre deja de aparecer en los padrones y la ausencia de datos de este período es absoluta.

En el padrón de 1825 desaparece Mariana de junto a sus padres adoptivos, y ya no reaparece hasta el 1827. En este año de 1827 hace el número seis de la lista de familiares, y su hijo no está junto a ella. ¿Estuvo ausente durante este

(1) Hoja de servicios de don Casimiro Brodett; véase el apéndice XX.

(2) Archivo General Militar de Segovia. Expediente personal de don Casimiro Brodett.

(3) Real Licencia para contraer matrimonio; véase el apéndice XXI.

tiempo de Granada? ¿Siguió hasta Burgos, en donde residía con licencia indefinida Casimiro? De una cosa estamos convencidos: y es que algo nos ocultaron quienes, en su época, supieron el idilio frustrado.

Conocemos las actividades políticas de Casimiro Brodett por su madre. En una instancia que con fecha 10 de junio de 1837 dirigió a S. M. Isabel II, solicitando los beneficios del Montepío por la violenta muerte de su hijo, nos informa que por «su firme y constante adhesión al indicado sistema constitucional, se le impurificó en el año de 1829, y se vio precisado en el siguiente año de 1830 a pasar a La Habana, al asilo de su hermano el mayor, y allí permaneció hasta que habiendo tenido noticias del nuevo orden de cosas que V. M. se había dignado adoptar, volvió en el de 1834, e incorporándose al Ejército, hizo la guerra a los rebeldes de las provincias...» (1).

Es importante conocer a los hombres que tomaron parte en la vida de Mariana, para saber su influencia en la firme convicción liberal de esta mujer. Casimiro es militar prototipo de la época fernandina; tomó las armas, como tantos españoles, con motivo de la Guerra de la Independencia. Su vida militar está llena de numerosas acciones guerreras de importancia; estuvo prisionero en Francia, donde se operó en él una gran transformación ideológica.

Por el mismo documento sabemos que la proyectada boda de Mariana con Casimiro no se efectuó, a pesar de la autorización pedida, y concedida con la salvedad a que hicimos referencia, pues la madre solicitaba de Isabel II, «los beneficios del Montepío, puesto que el citado su hijo ha muerto en el estado de soltero», y en su virtud pedía ser agraciada con la pensión que correspondiese por la muerte de su hijo como teniente coronel efectivo, transferible después de su fallecimiento a su hija Manuela Brodett. Casimiro había muerto el día 4 de mayo de 1837, en «la acción de la Senia de Rosell», en tierras catalanas.

(1) Archivo General Militar de Segovia. Expediente personal de don Casimiro Brodett. Solicitud de su madre para percibir el Montepío por la muerte del hijo.

VIII. UN ADMIRADOR: JOSÉ DE SALAMANCA

Mariana de Pineda, físicamente, era una mujer de gran seducción. Su belleza, de rasgos no andaluces, presentaba un contraste doblemente apasionante. Pero no era solamente esta belleza la que cautivaba. Su talante espiritual estaba a juego con su belleza; seducía poderosamente, tanto como su clara mirada, de una limpieza inquietante, la fluidez elegantísima de sus gestos, donde se refleja su ascendencia aristócrata. La presencia de Mariana de Pineda tenía gran aliciente en las reuniones clandestinas liberales, en particular por la rara presencia de la mujer en las conspiraciones políticas. Es cierto que se convirtió en la conspiradora de su siglo, y lo hizo tan sabiamente, que la Policía, que sospechó desde el primer momento, tardó años en encontrar pruebas convincentes para perseguirla y encarcelarla. Sólo, mediante un juego traidor, tendiéndole una trampa de la que no logró librarse, pudieron detenerla.

El conde de Romanones, en la biografía *José de Salamanca,* nos ofrece una visión elocuentísima de la influencia que la belleza de Mariana ofrecía en el campo del proselitismo. José de Salamanca y Mayor había nacido en Málaga, en el año de 1811. En 1825, por deseos de su madre, ingresó en el granadino colegio mayor de San Bartolomé y Santiago (1), donde cursó los tres años de Humanidades, pasando después a la Universidad a estudiar Leyes. Habla el conde de Romanones del inquieto espíritu del estudiante y dice que no conformándose con llevar la vida alegre y desordenada del universitario, procuró a sus emociones nuevas actividades, y para ello entró a formar parte en las reuniones de los políticos granadinos, que, en relación con los de Gibraltar, trataban de destituir el régimen absoluto.

«Salamanca, como nunca hacía las cosas a medias, a la conspiración se entregó de lleno, poniendo en ella todo su entusiasmo. ¿Guiado tan sólo por el impulso de sentimientos liberales? Quizá no, porque después, en el curso de su actividad política, no demostró por la causa de la libertad sus mayores preferencias» (2).

«Cayó locamente enamorado de una mujer de extraordinaria hermosura, inteligente, de ideas exaltadas.» «Figura destacada entre los mártires de la libertad, posible inductora de la fiebre revolucionaria que se apoderó del joven estudiante» (3).

Este amor, no correspondido por Mariana sumió al estudiante en una gran melancolía, que culminó en un estado de indiferencia y apatía por la vida; y dice Romanones que volvió a Málaga «mohíno y entregado a la voluntad del autor de sus días».

Dicha pasión juvenil marcó honda huella en su espíritu, y andando el camino de la vida, que le prodigó fama y poder (4), tuvo siempre un recuerdo de ilusionada nostalgia

(1) En la ciudad de Granada, a 18 de octubre de 1825, estando la comunidad en capilla, practicadas las informaciones y precedido el juramento de costumbre, el señor rector vistió beca de jurista a don José María de Salamanca, natural de Málaga, hijo legítimo de don José María Salamanca, y de doña María Polonia Mayor y lo firmó el Ilustrísimo Señor Rector.» Conde de Romanones. *José de Salamanca*, página 20.

(2) Conde de Romanones. *Ob. cit.*, pág. 21.

(3) Conde de Romanones. *Ob. cit.*, pág. 21.

(4) En 1844 ganó en una jugada de Bolsa 30 millones de reales. Un año después constituía la sociedad del ferrocarril de Aranjuez. En 1847 fue nombrado ministro de Hacienda en el Gobierno Pacheco; en este mismo año le concedieron las cruces de San Juan de Jerusalén y la de Carlos III.

para su «amor de estudiante».

Meses más tarde del ajusticiamiento de su amada, quizás en callado y lírico homenaje a su recuerdo, partió velozmente a caballo, desde Málaga a la Corte, con un memorial dirigido a Fernando VII, pidiendo clemencia para Torrijos. El rey contestó con esta lacónica respuesta, escrita de su real puño: «Que los fusilen a todos. Yo, el rey.»

Este episodio nos confirma la influencia que ejercía Mariana entre los liberales y nos demuestra que su poder de seducción no se debía solamente a su belleza física, sino también a su fina inteligencia y a su carácter resuelto.

IX. RAMÓN PEDROSA

En el año de 1825 irrumpió en la escena de la vida granadina un personaje siniestro, principal figura de la tragedia que lentamente iba cerniéndose en torno a Mariana de Pineda. Se llamaba don Ramón Pedrosa y Andrade, el 8 de enero de 1825 fue nombrado por Fernando VII alcalde del crimen de la Real Chancillería de Granada (1). Debía tomar posesión de su nuevo cargo el 24 de febrero siguiente. Desde entonces, aparece vinculado a la ciudad, donde muy pronto su nombre fue sinónimo de fanatismo, intolerancia y tiranía. En Granada ejerció también los cargos de subdelegado principal de Policía, presidente de la comisión especial depuradora de los delitos de carácter político y más tarde alcalde de casa y corte. Tanto histórica como literariamente, nos han presentado siempre la figura de don Ramón Pedrosa como el verdugo de Mariana de Pineda. No el hombre que ejercía en Granada esta profesión, el que le puso «la gargantilla de hierro en sus bodas con la muerte», pero sí el que, de hecho, la condenó a la última pena (2). Cada generación fue creciendo con una visión siniestra de este persona-

(1) Archivo Histórico Nacional. Título de alcalde del crimen de don Ramón Pedrosa y Andrade. Consejos. Libro 741, fol. 112.

(2) Federico García Lorca. *Los títeres de Cachiporra,* cuadro VI.

je, cuya figura intentamos perfilar.

Del ambiente que el juez tenía en la ciudad nos da testimonio un escritor coetáneo:

«Para las causas de infidencia se había establecido un juzgado especial a cargo del alcalde del crimen, don Ramón Pedrosa, revestido a la vez de carácter de jefe de Policía, cuya circunstancia acabó de turbar el sosiego a los granadinos, pues de las arbitrarias pesquisas de ésta y de los injustos fallos de aquél, nadie se hallaba exento, por muy arreglada que fuese su conducta y su comportamiento. Era secretario de este memorable tribunal don Dionisio Puga, escribano de cámara de la Chancillería, cuyas ideas y sentimientos simpatizaban con sumo grado con las del memorable Pedrosa. El carácter de este ministro era cortés, pero falso, sanguinario e hipócrita; haciéndose temer en Granada de tal modo, que sólo su nombre horripilaba, y era suficiente para arrebatar la tranquilidad a la más limpia conciencia. Las persecuciones fueron continuas durante su ministerio, y sus sentencias, justas o injustas, aprobadas por el Gobierno» (1).

¿Qué relación tuvo este hombre, tristemente célebre, en la tragedia de Mariana de Pineda? La tesis sostenida a lo largo de siglo y medio desde la ejecución de la mujer, es que el juez estaba enamorado de la bella viuda, atribuyendo a una malograda pasión, no correspondida por Mariana, la pena de muerte impuesta. La intuición popular de todos los tiempos se ha ensañado con esta figura, dándole carácter legendario de crueldad, desde los primeros romances que cantó el pueblo. La prueba documental la encontramos en una alusión directa de don José Escalera, defensor de Mariana en el proceso que la condenaría al patíbulo. El abogado hizo explícitas referencias a «no haber accedido a pretensiones» que generaron «resentimiento y venganza, hasta el extremo de arruinarla».

Hoy, con mayor perspectiva histórica, no tenemos la menor duda de la influencia que ejerció Ramón Pedrosa en el proceso de Mariana de Pineda. De hecho, tomó este caso

(1) José Francisco de Luque. *Granada y sus contornos*, pág. 415.

con excesiva pasión, como asunto personal suyo. Se observa, en más de una ocasión, la predisposición del subdelegado para «...buscar una ocasión, que desde su alto cargo no había de faltarle, y convino las cosas de suerte que la Pineda cayese infaliblemente en sus brazos o en los del verdugo» (1).

Por Real Orden de 11 de febrero de 1834, el secretario de Estado y del Cuerpo de Gracia y Justicia, pedía informe de la causa de Mariana de Pineda. Excmo. señor don Pedro Ximénez Navarro, el informante, tras hacer relación de los hechos termina con estas palabras: «Fue pues ésta una de las muchas injusticias que se cometieron en aquella época y doña Mariana una de las víctimas de un celo exagerado, de un temor prematuro o de la ambición» (2).

Desde el año de 1836, en que por vez primera, después del ajusticiamiento de Mariana de Pineda, el pueblo pudo levantar la voz para exaltar su memoria, proclamándola heroína de la libertad, hasta nuestros días, Pedrosa ha sido en todos los tiempos presa de vates y escritores; romances y poemas han captado siempre el odio popular inspirado por el subdelegado de Policía. Una de las primeras publicaciones que salieron a la luz pública en ese año fue un epicedio titulado *Mariana o el último día de la hermosa de Granada*, firmado por R. de R. V. El autor arremete abiertamente contra el juez, señalándolo como principal culpable de la tragedia y calificándolo de verdugo: «El inicuo Pedrosa y algunos otros verdugos fanáticos que aún existen, la exterminaron para adquirir a costa de su vida la gracia de los déspotas.» Su acometida es directa e implacable; más adelante leemos en una estrofa:

Dijeron: y el decir fue lo bastante,
para que un juez de corazón de acero,
e insensible también como su nombre... (3).

(1) Cándido G. Ortiz de Villajos cita esta nota, sin mencionar su procedencia, en su obra *Doña Mariana Pineda. Su vida. Su muerte.* Madrid, 1931.

(2) Archivo de autógrafos y documentos de don Albert Oller. Barcelona.

(3) Pedrosa o cosa de piedra.

El pueblo le dio el calificativo de «verdugo» y con él ha pasado a la Historia.

En el primer discurso que en ese año de 1836, con motivo de la exhumación de los restos de Mariana de Pineda, pronunció el síndico señor Granja, decía refiriéndose al juez: «Una mano impura y homicida firmó su sentencia, y mil esclavos se apresuraron a ejecutarla...» Moreno Bernedo, autor de un himno que se cantó en la velada que se verificó en el «Teatro Cervantes» la noche del 26 de mayo de ese año, aludía a Pedrosa calificándolo de «tigre y fiera», «con pecho de bronce».

Leemos en una estrofa:

Dicta y firma su pluma sangrienta
la sentencia de muerte afrentosa,
y ni aun puede Granada llorosa
el dolor que le aqueja expresar...

Otro poeta, Vicente Alonso, pone en boca de Mariana estas palabras, que Francisco de P. Valladar califica de «verdadera gravedad histórica»:

¡Cuánto de seducción...! ¡Cuánto de vida
el cruel me ofreciera! No es de libres
la infame delación: sellé mi labio;
y mis amigos viven; y se gozan
en la quietud que les compró mi sangre.
¡Débiles fueron! y si entrar pudiera
la amarga queja hasta la tumba fría,
¡Terrible acusación fuera la mía...!

Un poeta anónimo, contemporáneo de la heroína, en un «himno histórico» dice:

Del verdugo Pedrosa y los suyos
la crueldad a los tigres asombre:
y maldigan los siglos el nombre
que Granada maldice también.

Interminable sería la relación de referencias bibliográficas que podemos citar de esta figura, fuente inagotable, como personaje «negro», en todos los tiempos.

Pedrosa fue enviado a Granada por el ministro de Justicia, Calomarde, para sofocar el turbulento ambiente político de la ciudad. No erraba en su elección el ministro, que debía conocer la eficacia de las actuaciones de Pedrosa, pues a los once días de haber tomado posesión de su cargo, el 7 de marzo de 1825, pudo dar cuenta a la Corte de un importante servicio. Menéndez Pelayo, en su *Historia de los heterodoxos españoles,* lo refiere así: «Fue descubierta en Granada una logia de siete adeptos, que se reunía en un carmen no lejano a la Alhambra. El jardinero los delató, y fueron sorprendidos por el juez Pedrosa en ocasión en que recibían a un adepto. Sin darles tiempo ni para quitarse los mandiles, fueron conducidos a la cárcel y ejecutados» (1).

Poco después, Fernando VII firmaba un nuevo decreto en el que prohibía las reuniones en público o en secreto, de palabra, por escrito u otros signos; se declaraban las reuniones o comunicaciones como delitos de «insubordinación, conspiración o trastorno contra el orden legítimo establecido». A partir de este decreto se inauguraba un nuevo período de terror a consecuencia de la sublevación de Bessieres. En el mismo día en que la Gaceta publicaba la pena de muerte de éste y los suyos, sin concederle más tiempo «que el justo para morir como cristianos», anunciaba la pena de horca en el término de tres días a los masones aprehendidos en Granada. El sistema de suplicios y de sangre alcanzaba a todos» (2).

Desconocemos la fecha en que Mariana de Pineda y su criado Antonio Burel fueron procesados por primera vez por causa de infidencia. Debió de ser antes de la llegada de Pedrosa a Granada, ya que años más tarde éste manifestaba, al dictaminar un informe sobre la procesada, la imposibilidad de remitir «testimonio de la culpa que a ambos les re-

(1) Edición Biblioteca de Autores Cristianos. Madrid, 1956, t. II, página 888.

(2) Modesto Lafuente. *Historia de España,* t. V, pág. 475.

sulta, porque está dirigida la causa al Ministerio de G. y J. en conformidad de otra Real Orden». Como es sabido, Pedrosa fue comisionado para juzgar esta clase de causas, como alcalde del crimen, oficiando también de jefe de Policía.

El fundamento de esta primera causa tuvo origen en las declaraciones del revolucionario don Romero Tejada, preso en Málaga, en las que manifestó que la viuda «era muy considerada entre los anarquistas expatriados en Gibraltar por los servicios que había prestado y estaba prestando a los mismos», y la correspondencia que seguía manteniendo con los reos de la causa, comunicándose bajo nombres supuestos. La Policía estableció una estrecha vigilancia, y sorprendió a Antonio Burel (1), criado de Mariana, que viéndose espiado, logró hábilmente deslizar la carta que había recogido; la Policía quedó persuadida del ardid del ex oficial y «al tiempo del arresto se le cayó de la mano un papelito con diferentes nombres y apellidos», coincidiendo uno de ellos con la carta que había pretendido retirar momentos antes. Confrontada la demás correspondencia con los distintos nombres del papel de Burel, comprobaron que coincidían varios de ellos. Se procedió a un minucioso registro en la casa de Mariana, donde encontraron documentos que atestiguaban la relación con los mencionados reos de la causa, comprobando que algunas de las cartas interceptadas hablaban de Mariana con su «nombre y apellidos». Peña y Aguayo dice que en esta causa sólo pudieron probar que a través de la procesada, los presos de la cárcel de Corte habían «elevado por medio de ella varias representaciones a S. M. quejándose de sus jueces, y se había puesto en comunicación con sus familias». A conscuencia de ello, Mariana de Pineda fue procesada, sufriendo prisión en su propia casa por hallarse gravemente enferma; este ardid femenino es un recurso que utilizará en otras ocasiones. Tuvo de abogado a don José María Escalera, el «que se esforzó tanto en su favor, que logró se le alzara el arresto» (2).

A partir de este momento, la sospecha de la actividad po-

(1) Antonio José Burel había servido en clase de oficial a las órdenes del general Riego.

(2) Archivo Municipal de Granada. Leg. 1922.

lítica de Mariana estuvo plenamente comprobada. No obstante, la actitud de las autoridades granadinas fue de gran tolerancia; es evidente el escaso interés con que siguieron este proceso. Tras las acusaciones del revolucionario Tejada, se procedió a las investigaciones de rigor. Después, cuando obtuvieron toda clase de pruebas, incoaron expediente, pero las diligencias fueron paralizadas. Años más tarde, Pedrosa trató de activar la causa. El intento fue inútil, pues en el tiempo en que tuvo lugar, su formación no era de la competencia de esta clase de autoridades.

Este proceso quedó inconcluso, y sobre Mariana no llegó jamás a recaer sentencia.

X. EL CONSPIRADOR ÁLVAREZ DE SOTOMAYOR Y SU FUGA

1828 fue un año trascendente en la vida de Mariana de Pineda. Podemos decir que desde entonces está prácticamente condenada. Pero sus actividades no cesan.

Entre los presos de la cárcel de Corte se encontraban dos parientes de Mariana, su tío, el presbítero don Pedro García de la Serrana y un primo, don Fernando Álvarez de Sotomayor. Al primero lo habían procesado por su exaltada adhesión al sistema constitucional. Dice Peña y Aguayo, del sacerdote, que «viéndose en la cárcel, abandonado de todo el mundo, imploró la protección de su sobrina, y la halló tan propicia, que no tan sólo lo socorría en cuanto necesitaba, sino que luego que estuvo en comunicación, lo visitaba diariamente» (1). Mariana despliega gran actividad. Su presencia allí estaba justificada y «diariamente» podía comunicar con los demás presos: don Pedro Fernández, don Martín Almela, Cecilio Moreno..., procesados por «liberales y estimados conspiradores contra el Gobierno absolutista» (2). A través de Mariana recibían socorros y la correspondencia que, bajo nombres supuestos, llegaba para ellos dentro y fuera de España. El buzón y oficinas de correos estaba en el clausu-

(1) Peña y Aguayo. *Ob. cit.*, pág. 28.

(2) Archivo Municipal de Granada. Expediente informe del Ayuntamiento granadino a las Cortes en el año 1837. Leg. 1922.

rado convento de San Francisco, en la calle de San Matías, frente a la placeta de las Descalzas.

Antes de continuar, presentemos al personaje que comparte con Mariana el romance, la leyenda y la historia: Don Fernando Álvarez de Sotomayor, popularmente vinculado a la vida sentimental de Mariana. Es el tercer militar de ese trío que comentábamos en capítulos precedentes. ¿Qué fue este hombre en la existencia de Mariana de Pineda? ¿Un episodio amoroso? ¿Un correligionario? ¿Sus relaciones fueron puramente políticas o familiares? ¿Qué hay de la tesis literaria, de sus amores? ¿Fue, en verdad, el secreto por el que arrostró la tragedia?

Ni una sola prueba a lo largo de toda la investigación nos testimonia la menor sospecha de esa supuesta pasión que cantó el pueblo y que ha avalado el drama del poeta (1). ¿Ha confundido la intuición popular a don Casimiro Brodett con don Fernando Álvarez de Sotomayor, por las circunstancias de su amor y su condición militar?

Los amores de Mariana de Pineda no necesitan una defensa de «cantares de ciego» para que nos interesen y nos emocionen. A esta mujer debemos verla, ante todo, como un ser humano, con sus virtudes y pasiones, aunque tengamos de deformar un criterio popular exageradamente sublimado. Pero, esas luces y sombras, son las que reflejan su excepcional talante, ante unas circunstancias trágicas, que pudo evitar acogiéndose a un indulto, a cambio de la delación de sus correligionarios.

Don Fernando Álvarez de Sotomayor había nacido en Lucena, en 12 de diciembre de 1795, y contaba, por tanto, treinta y tres años cuando ocurrió la aventura. Fueron sus padres don Juan Álvarez y doña Teresa Ramírez y Valenzuela. Era don Fernando de aventajada estatura, medía «un metro 770 milímetros; frente redonda, ojos pardos, nariz pequeña, boca mediana, barba puntiaguda, cabellos y cejas castaños, cara llena» (2).

(1) Federico García Lorca. *Mariana Pineda. Romance popular en tres estampas.*

(2) Archivo General Militar de Segovia. Descripción del pasaporte de prisionero de guerra. Expediente personal.

Su hoja de servicios, con relación de numerosas intervenciones en campañas y acciones, nos perfila la figura de un buen militar (1). Desde el 26 de marzo de 1823 estuvo Sotomayor en continuas marchas por las provincias de Navarra, hasta el 19 de setiembre, en que fue hecho prisionero en la ciudad de Pamplona, por la capitulación de la plaza, que había tenido lugar dos días antes; y desde allí fue conducido al Depósito de Issoudun, Departamento de l'Indre, en Francia.

En mayo de 1824 regresó a España en virtud de la decisión ministerial de 27 de marzo de este año. Lo acompañaba su esposa, doña María Doménech y su hijo Juan, de un año de edad. Llegaron a Santander el 20 de mayo, según espefica su pasaporte de prisionero de guerra, el cual nos informa que ese día «se presentó y debe fijar su residencia en esta ciudad».

Pero al año siguiente, don Fernando Álvarez de Sotomayor está instalado en la villa de Cabra, junto a su familia, «a costa de la generosidad de sus hermanos», y su tío Martín, alcalde de la ciudad y hombre de ideas liberales. Muy pronto la presencia del inquieto liberal fue motivo de un altercado con unos soldados realistas que conducían presos. A consecuencia de ello se le formó sumaria; en la resolución se prevenía a Sotomayor que no «diese ocasión a ser insultado, oponiéndose al cumplimiento de las órdenes que tienen que observar puntualmente los que conducen presos» (2). Esta reconversión hirió vivamente al agraviado, que en el mismo día dirigió un escrito al capitán general de Andalucía, en el que explicaba detalladamente cómo se produjeron los hechos. Fue evidente la ineficacia de las autoridades realistas, en castigar el agravio infligido a Sotomayor, quien a pesar de estar encubierto en el lugar, no vaciló en rebelarse contra la reconvención de que fue objeto, y con fecha 6 de febrero volvió a insistir en su protesta (3).

(1) Hoja de Servicios; véase el apéndice XXII.

(2) Archivo General Militar de Segovia. Expediente personal de don Fernando Álvarez de Sotomayor.

(3) «Los presos estaban todavía los unos en la cárcel a cargo de un guardia de provinciales, y los otros en las casas del Ayuntamiento,

No sabemos si al final quedaría impune el agravio, pues a primero de junio todavía estaba Sotomayor revolviéndose contra el dictamen de las autoridades realistas (1).

No tenemos más noticias de don Fernando hasta el 22 de marzo de 1827, en que la Comandancia de Voluntarios Realistas de Lucena comunicaba en un oficio dirigido al excelentísimo señor don Vicente de Quesada, lo siguiente: «No puedo dejar de exponer al superior conocimiento de V. E. que en la noche del 26 de ayer fue preso en esta ciudad don Fernando Álvarez de Sotomayor por una partida de Voluntarios Realistas de la villa de Cabra, y en virtud de orden del señor intendente de Policía de esta provincia comunico al alcalde mayor de dicha villa, mediante a ser el Álvarez oficial militar indefinido, aunque no se presentó en esta Comandancia de Armas, de mi cargo, por lo que ignoraba su residencia, aunque después de su captura supe hacía muy poco tiempo su venida» (2). Sería entonces cuando «fue

---

bajo la custodia de unos realistas de aquí; dichos dos edificios están contiguos, el primero a ciento sesenta pasos y el segundo a ciento veintiséis del paraje de la agresión: el ofendido no hizo más que entrar en la plaza por un lado y salir por el otro, sin detenerse la menor distancia a que pasó de los guardias de los presos; no precedieron palabras, ni reconvenciones algunas al ataque repentino de los realistas, que aún no habían tomado sus fusiles, ni entregádose de los presos a los cuales, ni intentó, ni aun pudo intentar aproximarse y hablar el agraviado; objeto que no tuvo y sí sólo el de asegurarse de que iban a trasladarlos fuera, para proporcionar a sus hermanos los auxilios necesarios (...). Por las contusiones se comprueba el hecho ultrajante e indigno que se cometió contra el paciente, y de la herida se deduce la intención pérfida y alevosa de uno de los agresores; pues siendo, como es, una estocada de sable, se ve que no trataba solamente de maltratarlo y vilipendiarlo.» Archivo General Militar de Segovia. Expediente personal de don Fernando Álvarez de Sotomayor.

(1) «Pero las circunstancias arrojan de sí un cargo contra el oficial que mandaba los Realistas y acudió, aunque tarde, a contenerlos, pues debió proceder inmediatamente al arresto de los culpados, con lo que habría excusado también las diligencias que deberán practicarse para descubrirlos y que serán inútiles, si no se verifican con más eficacia e imparcialidad que hasta de presente.» Archivo General Militar de Segovia. Expediente personal de don Fernando Álvarez de Sotomayor.

(2) Archivo General Militar de Segovia. Expediente personal de don Fernando Álvarez de Sotomayor.

conducido entre dos filas de voluntarios realistas a la cárcel de corte de la ciudad de Granada» (1).

Una grave noticia vino a exaltar los ánimos liberales. Don Fernando había sido condenado a la última pena. Lo habían procesado por habérsele interceptado una carta cifrada de uno de los emigrados residentes en Gibraltar, en la que afirmaba que podía contar con Álvarez de Sotomayor, comandante de batallón, para un alzamiento en Andalucía. Sotomayor procedía del Ejército de la isla de León, que en 1820 fue de los primeros que lanzaron el grito de libertad. Peña y Aguayo dice que fue arrestado por una orden del alcalde del crimen y conducido a la cárcel de corte de Granada. Pero en el expediente formado a don Diego de Sola, alcaide de la cárcel de corte, cuando se evadió don Fernando Álvarez de Sotomayor de su custodia, se aclaran más los cargos formulados contra el militar: «Preso por causa de infidencia, conspiración y asesinatos en la Venta de Gamila, provincia de Álava de los que conocía el señor don Ramón Pedrosa en virtud de Real Orden» (2). Pedrosa sabía que era necesario conducirlo pronto al Campo del Triunfo (3); su presencia era motivo de inquietud ya que en todas partes tenía adeptos por su destacada intervención en la época constitucional. Agravaron la situación de Sotomayor las declaraciones aportadas por los cabecillas de las facciones perseguidas por éste, en el trienio constitucional de 1820 a 1823.

Tras un simulacro de vista judicial, rápido y teatral, fue pronunciada la última pena para el procesado. Su esposa partió para la Corte a implorar al monarca suspensión de la condena impuesta. Mariana de Pineda, por expreso deseo de doña María Doménech de Álvarez de Sotomayor, quedó encargada para atender, en la medida de sus posibilidades, a su familiar.

Mariana sabía que eran inútiles todas las tentativas de indulgencia en favor del procesado; en esos tiempos la pa-

(1) Peña y Aguayo. *Ob. cit.*, pág. 29.

(2) Informe de don Ramón Pedrosa de la fuga de don Fernando Álvarez de Sotomayor; véase apéndice XXIII.

(3) Lugar en donde hasta las cuatro primeras decenas del siglo XIX se celebraron en Granada las ejecuciones de justicia.

labra perdón había perdido su estricto valor. Para librar al preso del patíbulo sólo había un medio: la fuga. Era el único camino de salvación que tenía el condenado, pues sabía que pensar en una posible condonación de la pena era un sueño, cuando se estaba en manos de Pedrosa. De otra cosa era consciente Mariana: si iba a intentar hacer algo, tenía que apresurarse; adelantarse a que la sentencia viniese aprobada de Madrid, porque había decidido salvar al condenado de la única forma que era posible: la evasión. Desde aquel momento, toda su actividad estuvo supeditada a llevar a cabo el plan trazado.

La preparación de la fuga se cuidó en todo detalle. Todo fue discurrido y meditado con precisión. Y la fuga se llevó a cabo de forma magistral, del modo romántico que correspondía al estilo del siglo.

Para tener idea del éxito de la escapatoria, es interesante conocer la descripción que hace del edificio de la cárcel un testigo ocular: «Difícil y aun casi imposible era la empresa de burlar la vigilancia del alcaide don Diego de Sola, y de la multitud de sota-alcaides aferrados de continuo a los golpes y rastrillos de aquella cárcel. Es un edificio construido *ex profeso* para guardar los mayores y más afamados reos de todo el vasto territorio de la Chancillería: sus muros, de piedra de sillería, tienen un espesor de cerca de dos varas; los hierros cilíndricos de sus rejas no podrían cortarse con una lima en un mes de continuo trabajo; las altísimas paredes del patio, ni aun con escalas fuera fácil salvarlas, todavía más difícil descolgarse de sus elevados tejados, sin ser visto o sentido por el cerco de centinelas que rodean día y noche toda la manzana en que está la cárcel y la Chancillería. Tiene una sola salida con tres rastrillos, y está la guardia entre ellos y las puertas exteriores» (1).

¿Podemos imaginar a una mujer tratando de vencer los obstáculos que presentaba un edificio de características semejantes? Mariana de Pineda no se arredra ante ninguna dificultad. En sus visitas se llevaría impreso un croquis ideal de entradas, pasillos, salidas; su espíritu observador sería un

(1) Peña y Aguayo. *Ob. cit.*, págs. 32-33.

reloj que midiese, con sus propios pasos, el tiempo necesario hasta alcanzar la libertad.

El primer desolador descubrimiento fue que la escapatoria tendría que efectuarla por la única puerta que existía en el inmenso edificio, tan severamente guardada por tres rastrillos. Mariana observó que la afluencia de sacerdotes y religiosos de todas las órdenes, hermanos de la caridad y funcionarios de justicia, era numerosa en los días que en capilla había algún reo sentenciado a muerte. Por los pasillos, por los patios, se veían religiosos que se turnaban para acompañar y preparar a los condenados en sus últimas horas. Estos días eran propicios a su plan, pues observaba que a ellos no les era necesario ningún permiso especial, ni otro documento que atestiguase su identidad; tampoco eran determinadas las horas de sus entradas ni salidas.

Por desgracia —aunque esto facilitaba la solución—, eran muy frecuentes en esta época los reos en capilla. La dificultad estribaba en poder introducir las prendas del disfraz, a pesar del detenido registro de llaveros y la vigilancia de sota-alcaides y carceleros.

La vestimenta que más garantía ofrecía era la de fraile capuchino, pues las barbas y la capucha desfiguraban totalmente la expresión del rostro.

Todavía existía otro gran obstáculo. En el tiempo en que los reos estaban en capilla, eran trasladados al costado izquierdo de la cárcel «todos los presos, al callejón interior que conduce a la capilla, situada en el lado derecho; pues una vez colocado en la avenida de ésta, ya no parecía tan difícil atravesar los tres golpes y la guardia, confundido entre algunos de los que salieran a la calle» (1).

Don Fernando Álvarez de Sotomayor fue recibiendo día a día las prendas de fraile capuchino que debía vestir para su fuga: «Acordamos hacer un hábito, y nos valimos de una señora pobre y muy patriota que lloraba la reciente pérdida de un pariente, víctima sangrienta del despotismo, la cual nos sacó del apuro lo menos mal que pudo, haciéndole de paño pardo, y creo se lo cortó un sastre de buenas ideas,

(1) Peña y Aguayo. *Ob. cit.*, pág. 35.

aunque ignorando el objeto.» «También me proporcionó Mariana un gorro negro, un rosario, el cordón y unas barbas, llevándome algunos efectos por sí misma, y remitiéndome los otros por su criado» (1).

Todo estaba preparado; pero para poner en práctica el plan proyectado, era imprescindible la circunstancia de que algún reo estuviese en capilla, lo que sucedió el día 25 de octubre, en que pusieron a «un desdichado para ajusticiarlo por robo de vasos sagrados. Entonces sólo me faltaba el hábito para el completo de mi disfraz, y al fin lo concluyeron el 26; mi buen amigo don Pedro Ambel (...) como tenía en su poder alguna ropa mía, fue el encargado de recoger y remitirme el hábito envuelto en una toalla, con una mandadera que fue de parte mía pidiéndole mi capa, a pretexto de que había refrescado el tiempo, y de este modo se introdujo felizmente a las cuatro de la tarde» (2).

Toda la emoción de esas horas expectantes que vivió Sotomayor el día de su fuga, las supo narrar con gran realismo en un relato que, años más tarde, escribió de la aventura el mismo prófugo, por el que tenemos pleno conocimiento del modo en que llevó a cabo la evasión en la tarde del 26 de octubre:

«Hasta entonces —dice don Fernando— había yo reservado el secreto aun de mis mayores amigos, cuando éstos no podían contribuir al éxito. Siempre que se ponía un reo en capilla, todos los presos estaban encerrados en sus calabozos o habitaciones, sin poder salir a los corredores ni patio; a media tarde abrían las puertas de las salas para limpiar los vasos inmundos y llevarnos agua fresca y la cena; entretanto, salíamos a los corredores. Un realista, preso por cómplice en el asesinato de un liberal, se entró en mi sala, tan luego como la abrieron, y estuvo larguísimo rato hablando con una mujer por la ventana, en términos de apurarme la paciencia. Luego que salió, tropecé con otra dificultad; mis compañeros de sala estaban entretenidos en hacer alfileteros de paja de colores, y no se movían. Eran personas de-

(1) Relato de la fuga de don Fernando Alvarez de Sotomayor; véase el apéndice XXIV.

(2) Véase el apéndice XXIV.

centes y de bastante honradez, y tuve que fiarles mi proyecto, aconsejándoles se fuesen a otra sala para no estorbarme ni quedar comprometidos. Empezaron a objetarme dificultades, y sin explicarles mis medios, les dije era cosa resuelta, y que me dejasen solo, como lo verificaron. Tuve en el mismo día que descubrirme a otros dos presos por delitos políticos, para lo que diré después.

»Principié a vestirme precipitadamente y a lo mejor entró un criado con los sillicos limpios, sin darme lugar más que para envolverme en la cortina, que tenía puesta en la ventana, que bajaba hasta el suelo, salvando de este modo el peligro. Luego que se fue, acabé de vestirme, y me puse mi gorro para sostener caído el cabello en forma de cerquillo, raspándome lo necesario. A poco rato vino un sirviente (del que tenía motivos para no fiarme) y me entrega un papelito, que no sé por qué efecto de aturdimiento, me lo remitía sin verdadero objeto mi amigo Ambel. Por fortuna, la mujer que lo llevaba me llamó anticipadamente desde la calle, y me dijo de paso a qué venía, lo que me dio lugar a esconder la capucha, abrir mi catre de tijera, descolgar la colcha de mi cama y tenderme cubierto con ella. El criado me preguntó qué tenía, respondíle que mis males ordinarios; puso la esquelita sobre la mesa, y se salió a la puerta de la sala.

»Entró en aquel momento otro compañero de infortunio, preguntándome por mi salud y si necesitaba alguna cosa; viéndole que insistía en sus preguntas, le manifesté la necesidad de que se retirase al momento, y de que alejase bajo cualquier pretexto a aquel testigo importuno. En efecto, salió y mandó al criado que le subiese un cántaro de agua fresca. Los otros dos, de quienes antes hablé, suscitaron una disputa y aportaron algún vino, que de antemano habíamos introducido, convidaron a beber a todos los demás presos de las salas, y se fueron a la de la torre de Santiago; entretanto, había yo completado mi disfraz poniéndome además un pedacito de caña entre el labio superior y la encía, y una bolita de cera en cada ventanilla de las narices, lo más gruesas que pude, para contribuir a desfigurar la cara y la voz.

»La cárcel tiene dos departamentos que por el piso inferior se comunican solamente por la jaula. Así se llama una pequeña división formada de fuertes rejas y rastrillos con tres puertas de golpe, una a la sala de entre puertas, otra al departamento inferior contiguo a la Chancillería, en cuyos bajos está la galera y otros aposentos destinados a la clase ínfima, y a la extremidad de los altos, la capilla y la otra puerta va al departamento superior, cuyo piso alto forman las salas donde, a costa de buen dinero, colocan a los presos de distinción. Por el piso alto había comunicación a los corredores del departamento inferior, y daba la puerta cerca de la capilla, pero había otras cinco puertas intermedias cerradas. Intenté abrirlas con un pedazo de alambre muy grueso, cuyas puntas dobladas me servían maravillosamente al intento, según tenía probado, y aprovechando los momentos en que la golosina del vino tenían desiertos los corredores, me dirigí a la primera, quedándome sorprendido al encontrármela abierta, y viendo allí al sota-alcaide, que no estaba de guardia. Retrocedí, pues, y medité un momento sobre la dificultad de salir de un paraje adonde no tenían que entrar los religiosos, y si bien mi salida por aquella puerta desusada junto a la capilla me ofrecía mucho riesgo, era mayor la dificultad presente. Se me ocurrió que algunas veces entraba uno u otro reverendo con motivo de visitar a cualquier preso conocido suyo, y que podía sorprender bajo esta idea a mis celosos guardianes; salgo, pues, saludando a los muchos presos que paseaban ya los corredores; doy mi mano a besar a un devoto muchacho que me la pidió en la escalera, llego a la jaula y mando abrir los rastrillos para pasar a la capilla. Todo me salió perfectamente, pero me detuvo en el camino la idea de que los capuchinos que asistían al reo me harían preguntas, al desconocerme, y descubrirían el fraude. Esperé con el fin de hacerme encontradizo con el primero que bajase para salir, fuese eclesiástico, hermano de la caridad, etcétera, y entretanto empezaron a cerrar las salas habitadas, que eran cuatro, y ya debían notar mi falta. Entonces me dirigí solo a la jaula, murmurando de lo mal alumbrada que estaba una escalera de malísimo paso, que era necesario subir para llegar a ella, y mandé al jaulero que me abriese; obedeció mirándome con atención, y llamé al rastrillo de la entrepuerta; franqueómela el sota-alcaide de guardia, y se quedó tan perplejo al verme, que se me puso delante observándome de pies a cabeza, como asombrado; yo me detuve muy sosegado, hablándole del abatimiento del reo, tan diferente de la entereza que el día anterior mostraba, y haciéndole reflexiones sobre el caso, y al fin, para evitar que acabase de reconocerme, o que bajase buscándome el otro sota que cerraba las salas, mandé que me abriese la puerta para retirarme a rezar el oficio divino y descansar un rato, pues que debía volver con el objeto de auxiliar a aquel desgraciado el resto de la noche. Salí sin más dificultad y pasé por delante de la guardia riéndome de los sarcasmos y dicharachos de los soldados...» (1). Ya en la calle, el evadido dirigió sus pasos hacia la plazuela de San Gregorio, que quedaba cercana, en donde le esperaba, desde las cinco de la tarde, un amigo, bien embozado en su capa, que al divisarlo comenzó a andar Calderería abajo, mientras el «fraile» lo seguía a distancia. Se metieron por la izquierda en los callejones de San Agustín y, sorteando callejas, salieron a la plaza de Bibarrambla, por detrás de la catedral, y desde allí a la calle del Águila, casa de Mariana de Pineda, en donde se quitó el disfraz.

Descubierta la rocambolesca escapatosia, se le puso precio a la cabeza del prófugo... ¡Ay de aquel que le protegiese! ¡Ay de aquel que lo reconociese y no lo delatase! Pedrosa puso en manos de todos la orden de detención. Granada entera vivió el espectacular suceso, pues en veintisiete días que permaneció en la ciudad —cuenta Sotomayor— «se desplegó tal energía para buscarme, que todos estaban amedrentados, y nadie se atrevía a darme asilo por más de veinticuatro horas. Mi ángel tutelar, que así llamaba yo al amigo que me esperó a la salida de la cárcel, se ocupaba en proporcionarme nuevo hospedaje, y al anochecer me buscaba, o bien salía yo a buscarle en un paraje determinado».

La cautela del evadido fue absoluta, su actuación fue tan magistral, que más tarde pudo decir: «Los liberales celebraban mi libertad con entusiasmo, y los serviles se reían del

(1) Véase el apéndice XXIV.

ardid, pudiendo asegurar que, con muy pocas excepciones, todo el mundo celebró mi fuga» (1).

La Policía, desde un primer momento, sospechó de la complicidad de Mariana en la fuga de Álvarez de Sotomayor. Lo demuestra el hecho de que apenas advertida la ausencia del evadido, envió Pedrosa a sus secuaces a registrar la casa, suponiendo que el perseguido iría a refugiarse allí; lo que nos ofrece la certidumbre de que el subdelegado de Policía estaba al corriente de la relación política que unía al condenado con Mariana. Porque, Sotomayor, como hemos visto, dirigió sus primeros pasos a casa de su libertadora. Pero el refugio le pareció a don Fernando poco seguro, y así lo manifestó, por lo cual, inmediatamente, salió el criado a buscarle otro alojamiento, y al «poco rato de estar en la calle del Águila» —dice Sotomayor—, regresó el servidor y le «avisó que lo siguiese, guiándome a casa del señor S..., que vivía en la calle de San Antón» (2). Momentos después se presentaba la guardia a registrar la casa de Mariana.

«Este hecho que supo a ciencia cierta la Policía, pero que nunca pudo legalmente justificar, hizo que redoblasen la vigilancia sobre la desdichada Mariana, que se la rodease de espías encargados de venderla traidoramente» (3). A partir de este momento la mujer atrajo sobre sí todas las sospechas, pero a pesar de la minuciosidad con que fueron practicadas las diligencias para descubrir a los cómplices, no llegaron a averiguar el menor indicio; la Policía, aun sospechando firmemente de su intervención, no pudo aportar testimonio para un proceso de acusación.

Evidente prueba de que Pedrosa no dudaba de la complicidad de Mariana en la evasión es el favorable informe que, dos años más tarde, hizo de don Diego de Sola, cuando éste solicitó de S. M. ser rehabilitado en el cargo de alcaide de la cárcel de corte, del que había quedado destituido, por la fuga de Sotomayor, en 1828. Aseguraba Pedrosa que don Diego había sido uno de los más puntuales en el desempeño de su función, pues no había dado jamás el menor moti-

(1) Véase el apéndice XXIV.
(2) Véase el apéndice XXIV.
(3) Peña y Aguayo. *Ob. cit.*, pág. 84.

vo de desconfianza, por lo que estaba plenamente convencido de su inocencia. Avalaba su afirmación una carta recibida del propio prófugo desde la «plaza de Gibraltar», la que había ordenado unir a la causa; en ella aseguraba Sotomayor que el alcaide Sola era del todo «inculpable», puesto que la fuga «había sido meditada y dispuesta con anticipación, auxiliándola algunos amigos suyos que estaban fuera de la cárcel» (1).

Conocemos la existencia de esta carta, por la referencia que de ella hace Sotomayor en su relato. Él nos menciona otro aspecto, el verdadero motivo por el que fue escrita: el de la coartada, para persuadir a Pedrosa que se hallaba fuera del país, y quedara sosegada su persecución, en todos los puntos fronterizos, cuando en realidad no había salido aún de la ciudad de la Alhambra: «En Granada se cambió el sello de sanidad como medida eficaz para atraparme; las partidas de caballería cruzaban por todas partes, y las requisitorias más ejecutivas habían corrido desde Ayamonte al reino de Valencia. Escribí a un amigo que estaba en Gibraltar, incluyéndole una carta muy atenta para el juez Pedrosa, con fecha de aquella bahía, y calculando exactamente el día en que debía salir el correo de allí para Granada, le previne a dicho amigo, dirigiese la carta que le incluía, lo que verificó, y llegó puntualísimamente con todos los requisitos necesarios de fecha, sello, etc., capaces de persuadir me hallaba en salvo.»

Don José de la Vega desestimó la solicitud de don Diego de Sola, pues afirmaba que sin la intervención del «alcaide, el llavero y el jaulero encargado de abrir el rastrillo que da al patio», era imposible que se hubiera verificado la fuga de Sotomayor. En verdad que fue una aventura magistral.

(1) Copia en el archivo particular de don Antonio Gallego Morell.

XI. LA HIJA NATURAL DE MARIANA

Por el relato de la evasión de Álvarez de Sotomayor, sabemos que en 1828 Mariana de Pineda se cambió de domicilio en el mes de octubre, al número 6 de la calle del Águila, pero hasta el año siguiente no registró el padrón el traslado a la nueva casa.

Ya está Mariana instalada en el lugar de la tragedia, en su último hogar. La lista del padrón la integran cinco personas: Mariana, su hijo, una criada y dos criados.

La nueva vivienda se componía de dos plantas. Hacía esquina con la calle Verónica de la Magdalena, donde entonces abría una puerta falsa; la entrada principal era por la calle del Águila (1). Era un edificio de pocos huecos al exterior. Un portón grande flanqueaba la entrada. La disposición de la casa era típicamente granadina; un patio centraba el interior, rodeado de columnas sosteniendo zapatas.

La casa estaba bien emplazada; el lugar era estratégico. La campiña quedaba cercana, al alcance de la mirada; tan sólo unos metros y se estaba fuera de la ciudad, amparado por las tapias de las huertas que rodeaban Granada, y que por este lado daban paso a la Vega.

(1) La casa se conserva aún. En el año de 1870, el Ayuntamiento granadino colocó una inscripción de mármol que lo recuerda.

No sabemos qué causas motivaron la separación de Mariana del lado de sus tutores. Al año siguiente moría don José de Mesa (1), y doña Úrsula volvía junto a Mariana, a la calle del Águila.

¿Cuál era la situación económica de nuestra biografiada en esa época? De 16 de junio de 1826 tenemos un documento que nos lo aclara un tanto. Mariana seguía poseyendo, en Loja, sus tres casas en la calle de Bodegones, pero en estado ruinoso, y su carencia de medios no le permitía sufragar los gastos para la necesaria restauración «por ser muy escasa la renta del vínculo, pues apenas llega a 12 reales diarios, lo que, y mucho más, necesita para su manutención y la de su menor hijo» (2). Por lo que decidió venderlas «a censo perpetuo, pagando de rédito la misma cantidad que en el día ganan de arrendamiento» (3).

No era tan sencilla la venta, y hubo que otorgar dos poderes a Francisco Fonseca —por don José de Mesa, tutor de Mariana, y ésta a su vez como tutora de su hijo José María—, para intentar llevar a cabo tal resolución. Mas ante el estado alarmante de los inmuebles en que se temía «llegue un día en que las casas se desplomen» (4), aceptaron la oferta de unos presuntos inquilinos enajenando la finca a censo reservativo con arreglo a la última pragmática de Su Majestad.

No tenemos referencias posteriores de cómo ni cuándo se llevara a cabo la transacción de estas casas, que tanto urgía solucionar a Mariana para su estabilidad económica y conservación del vínculo a favor de su hijo José María, en quien debería recaer la posesión del mismo.

La hacienda de Mariana seguiría poco equilibrada al año siguiente, pues en 12 de diciembre don José de Mesa, como

(1) El 21 de febrero de 1830 añadía un codicilo al testamento, estando muy enfermo; moría el 28 del mes siguiente. Archivo parroquial de Santa María Magdalena, de Granada. Libro 12 de Entierros, folio 5 v.

(2) Archivo de Protocolos de la ciudad de Granada. Protocolo de don Mariano Caldas. Sig. 2-68-2, fol. 860-862.

(3) Archivo de Protocolos de la ciudad de Granada. Protocolo de don Mariano Caldas. Sig. 2-68-2, fol. 860-862.

(4) Archivo de Protocolos de la ciudad de Granada. Protocolo de don Mariano Caldas. Sig. 2-68-2, fol. 872-873.

Mariana de Pineda despidiéndose de las beatas de Santa María Egipciaca, para entrar en capilla. Cuadro de Isidoro Lozano, cedido por el Ayuntamiento de Barcelona al de Granada, donde actualmente se conserva.

Mariana Pineda marchando al cadalso, obra del pintor sevillano Juan Antonio Vera y Calvo. 1846. (Cortes Españolas.)

Retrato juvenil de Mariana de Pineda, publicado en *El Álbum Granadino,* 1856.

Plaza Nueva de Granada, muy cerca quedaba la casa de Mariana de Pineda, en la Carrera de Darro. Grabado de Girault de Prangey, 1832.

Patio del convento de Santa María Egipciaca (vulgo las Recogías), en donde Mariana sufrió prisión, a raíz de su intento de fuga.

Estatua de Mariana de Pineda, en la plaza de su nombre, en Granada.

Boceto de Salvador Dalí, para el II acto del drama lorquiano *Mariana Pineda*. Mariana despide a los conspiradores ante la inesperada llegada del juez Pedrosa.

«Mariana hablando con Federico García Lorca».
Dibujo de Ontañón.

Mariana de Pineda en el cadalso.
Ilustración de García Lorca.

De "Mariana Pineda"

Canción de las niñas

Música del romance *Canción de las niñas*.

Cartel de Gaya para la representación de la obra *Mariana Pineda,* con la cual el II Congreso Internacional de Escritores Antifascistas, le rindió homenaje a Federico García Lorca, en 1937.

Mariana de Pineda, miniatura pintada por Francisco Enríquez y litografiada por V. Camarón. Reproducida en *El Álbum Granadino,* en 1856. (Sec. de Estampas de la Biblioteca Nacional.)

Catedral de Granada, en donde desde 1856 se custodian los restos de Mariana de Pineda.

curador de Mariana, otorgó poder a don Ramón Puello, agente de negocios de la corte, a «efectos de gestionar y percibir los réditos vencidos, desde el año 1809 hasta el presente, de la imposición hecha por doña Guiomar Maldonado de 110 reales sobre las cisas de la obra de palacio» (1).

En 23 de febrero de 1828, Mariana de Pineda otorgaba un poder a don Pedro García de la Serrana, el que, ya fuera de la cárcel de corte, donde había permanecido por su adhesión al sistema constitucional, vivía en Huéscar, donde ejercía su ministerio sacerdotal. Le concedió Mariana facultades para que, en su nombre, como «madre tutora y curadora de su menor hijo don José María Peralta y Pineda, se interponga a la petición de bienes y capellanías y demás derechos que, muriendo, dejó don José Peralta, presbítero, vecino que fue de esta ciudad y tío de su menor, haciendo cuantas gestiones judiciales fuesen necesarias, hasta conseguir su posesión» (2). No llegamos a tener conocimiento de las actuaciones de don Pedro, ni de la gestión que tres meses más tarde incoaba Mariana por causa similar: el 17 de mayo, como madre, tutora y curadora de su hijo, otorgaba poder especial a don Cayetano Pérez Muñoz y don Manuel Bernardo Roldán, procuradores de número de la ciudad de Toledo, «para que a nombre de dicho su menor hijo se opongan a las capellanías fundadas por doña Teresa María de Acevedo y Obregón, vecina que fue de la ciudad de Huéscar, obispado de Toledo; la cual posee en el día don Manuel Carreño y Peralta, vecino de esta dicha ciudad; y general para que le ayuden y defiendan, así en dicho asunto, como en todos los demás» (3).

La situación económica de Mariana le apremiaría cada vez más; lo demuestra el hecho de que de nuevo vuelve la mirada al enojoso pleito de la viña de Monturque, acallado siempre por su tía doña Tomasa Guiral. Durante varios años,

(1) Archivo de Protocolos de la ciudad de Granada. Protocolo de don Mariano Caldas. Sig. 2-68-2, fol. 200 y v.

(2) Archivo de Protocolos de la ciudad de Granada. Protocolo de don Mariano Caldas. Sig. 2-68-2, fol. 215 v.

(3) Archivo de Protocolos de la ciudad de Granada. Protocolo de don Francisco Ortiz. Sig. 2-53-22, fol. 92 v.

Mariana parece no acordarse o decidirse a entablar nueva reivindicación de su herencia. Con la muerte del marido, el intento promovido por éste para rescatar los bienes quedó suspendido. Pero cuando Mariana se independiza y se queda falta del apoyo económico de sus tutores, intenta de nuevo el rescate. En el mes de julio de 1829 entablaba demanda contra don Fernando Romero para «reivindicación de una viña de diez aranzadas y cuarta, en el partido de los Moriles, término de Monturque» (1). Don Fernando Romero Pineda era el marido de su prima, hija de don José de Pineda y doña Tomasa Guiral.

Alegaba Mariana que, a la muerte de su padre, apoderóse de la viña su tío José, como persona encargada de su tutoría, pero que al salir «de su poder, para entrar en el de un tutor dativo, no le entregaron a ésta la dicha finca, ni los demas bienes que le pertenecían» (2); no habiendo sido posible rescatarlo del poder de doña Tomasa, quien había afirmado que tales bienes se le adjudicaron «por fallecimiento de su marido don José Pineda, para pago de sus haberes dotales y otros derechos» (3).

El abogado don José Ávila Pulido volvió a entablar nueva demanda contra doña Tomasa Guiral; solicitaba que el juez dictara declaración de propiedad a su parte «y en consecuencia condenar a doña María Tomasa Guiral, su detentadora, a que se le restituya con los frutos producidos y debidos producir, desde primero de enero de 1806, en que falleció el coronel don Mariano de Pineda» (4).

Pero esta vez tampoco acompañó el éxito a Mariana. Dos años alargaron el pleito, dos años tardaron en comunicarle su nuevo fracaso hereditario, y esta vez sería el último intento, pues para entonces la vida de la mujer tenía un plazo definitivo y fatal.

En el año 1829 el natalicio de una hija complica la situa-

(1) *Documentos referentes a doña Mariana Pineda*, publicados por José María Caparrós y Lorencio, en *Revista del Centro de Estudios Históricos, Granada y su Reino*. Granada, 1912, año II, núm. 4.

(2) Demanda de Mariana de Pineda contra don Fernando Romero y Pineda; véase el apéndice XXV.

(3) Véase el apéndice XXV.

(4) Véase el apéndice XXV.

ción económica de Mariana de Pineda. A la niña nacida el 9 de enero, la bautizan en la iglesia de San Andrés, parroquia alejada de la propia, y la inscriben con el nombre de Luisa de Pineda, hija de doña Mariana de Pineda y Muñoz. La madre la reconoce como hija natural, poco después, por escritura otorgada ante el escribano Montijano, de Granada. Luisa no debía vivir junto a Mariana, estaría confiada a un ama, ya que de haber estado al lado de su madre, aparecería en los padrones. Y cuando la Policía efectúa un registro en la casa, al ser descubierta la bandera, todas las personas que habitan con Mariana, en la calle del Águila, son relacionadas, y Luisa sigue sin aparecer. Debe tenerse en cuenta los esquemas sociales vigentes de aquella época. Mariana era una señora culta, la cual, por su noble ascendencia frecuentaba las pricipales casas granadinas. Granada, ciudad de acusado espíritu religioso, a merced de los estrictos conceptos morales dominantes, no admitía la maternidad de una viuda. El padre de la criatura, José de la Peña y Aguayo, era un guapo mozo de 28 años, natural de Cabra (Córdoba). Se había doctorado en Leyes en la Universidad de Granada, donde ejercía la abogacía y tenía el cargo de Oficial Letrado en el Gobierno Civil de la ciudad. Hombre de grandes ambiciones políticas cuidó siempre su nombre de la más mínima sospecha constitucional. Durante el período absolutista no se significó políticamente, pese a estar unido a Mariana de Pineda, al parecer por un matrimonio secreto de los llamados de «conciencia», celebrado en la iglesia de Santa Ana (1). Cuando nace su hija se niega a reconocerla. El abogado de Cabra entabla relaciones con Dolores Morales de los Ríos y Escaño, una señorita huérfana y rica heredera, a la cual el novio ofrece, a primeros de abril, en calidad de arras, los regalos nupciales: «Un vestido de blonda francesa negra, por valor de 2.500 reales de vellón. Un velo y una pañoleta de blonda francesa negra. Un vestido de gasa blanca. Dos abanicos. Un berret de gasa y flores. Tres bandejas y tres pañuelos de seda de la India. Docena y media de cubiertos con cucharas de plata, trinchantes y cuchillos de

(1) Archivo particular de don José Valverde y Piñal. Madrid.

acero y puños de marfil. Y una mariposa de amatistas» (1).

Peña y Aguayo fue un personaje extraño y confuso en la vida de Mariana. Este señorito andaluz no daba el tipo de hombre liberal, conspirador, revolucionario, capaz de compartir la vida ni los ideales de Mariana de Pineda (2).

(1) Archivo de protocolos de Granada. Sig. 53-22-26, fol. 88-100 v.

(2) En Cabra (Córdoba) hubo un monumento dedicado a Mariana de Pineda. En la plaza de Abastos había una fuente cuyo pilar coronaron, primero en el año 1931, con una matrona romana tocada de un gorro frigio. El periódico *El Popular de Cabra,* en aquel mismo año de 1931, clamó para que se sustituyera aquel adefesio hecho de molde, por un busto obra del escultor local Maiz Castro. Quien a no tardar tuvo terminada una bella cabeza de Mariana. En los primeros días de la guerra, la heroína, como tantas veces, fue víctima de la vesanía de los españoles y la destruyeron. (Testimonio que agradezco a don Luis Cabello Vannereau. Cabra, 4-2-1983.)

XII. CALMA APARENTE EN LA CIUDAD

En el mes de marzo de 1829 moría la tercera esposa de Fernando VII, la reina María Amalia de Sajonia. El proyecto de una nueva boda puso de relieve la rivalidad de la familia real. Los atractivos de María Cristina, la candidata, lograron interesar al rey viudo, y apenas pasado un mes de la muerte, fue concertada la boda. El paso de la nueva reina por Francia produjo conmoción entre los exilados políticos españoles, que solicitaron su intercesión para que se les permitiera volver a España. De este influjo podía esperarse la inclinación del rey hacia el liberalismo, pero la revolución francesa de 1830 destronó al rey Carlos X, poniendo en su lugar al liberal Luis Felipe de Orleáns, como rey constitucional. Esta situación intimidó a Fernando VII, negándose a reconocer a Luis Felipe, quien, en represalia, toleró las conspiraciones de los emigrados españoles, amparados también por Inglaterra. En diversos puntos de la frontera se sucedieron insurrecciones de los liberales; como reacción se intensificaron las persecuciones, creciendo la actividad de las sociedades secretas y el nerviosismo político de los estudiantes, siendo clausuradas las universidades.

En Granada, donde la situación se iba haciendo cada vez más explosiva y llena de feroces luchas aparentemente contenidas, Pedrosa tomó sus medidas. Por uno de los informes sobre Mariana que remitió a la corte al año siguiente, sabemos que el juez trató de continuar la causa de infidencia que Mariana de Pineda tenía pendiente y que había quedado sobreseída, sin haber llegado a recaer sentencia alguna. Consideraba que la procesada era reputada en la ciudad de exaltada adicta al partido liberal y que desde «el 27 de marzo último», llamaba políticamente «demasiado la atención», por lo que, considerándola «muy peligrosa en las presentes circunstancias, tenía acordado expulsarla de la ciudad y confinarla en un punto distante de ella bajo la vigilancia de un celoso encargado de Policía» (1).

Temiendo un levantamiento granadino en conexión con los gibraltareños, había hecho salir de la población, por sospechosos, a destacados liberales, como eran el señor Pino, de «conducta equívoca»; el señor Borja, exaltado liberal, y el señor Castillo, todos ellos complicados en la primera «causa de infidencia» de Mariana y su criado Antonio Burel. No obstante, Pedrosa sabía que el señor Castillo, desde Málaga, trabajaba en «favor del pronunciamiento revolucionario y tenía comunicación con Granada».

Esta feroz persecución a los implicados en su misma causa, intimidó a Mariana, que tomó medidas ante la peligrosa situación. El día 4 de octubre de este año otorgaba poder especial y general a los procuradores de la Real Chancillería, don Francisco de Paula Méndez y don Pedro García Iglesias, a «ambos y a cada uno *insolidum,* para el seguimiento de la causa de infidencia que contra la susodicha y otros consortes se sigue en el juzgado del señor subdelegado principal de Policía de esta provincia» (2), para que la ayudasen y defendiesen en esta causa y en todos sus demás pleitos.

A pesar de estas tensiones en la vida local, para un observador no adentrado en la intimidad granadina, tan erizada de temores, la vida transcurriría casi normal, salvo el terror del bandidaje y las ejecuciones. La Universidad estaba ce-

(1) Extracto de la causa de Mariana de Pineda. Copia en el archivo particular de don Antonio Gallego Morell.

(2) Archivo de Protocolos de la ciudad de Granada. Protocolo de don Francisco Ortiz. Sig. 2-53-22, fol. 92.

rrada, y suprimidas las Gacetas y publicaciones periódicas.

Un viajero inglés, Henry David Inglis, que llegó a la ciudad en este tiempo, nos dejó un documento costumbrista de lo que percibió en la vida local. Las tertulias amistosas, en que secretamente se charlaría de los acontecimientos políticos, los pequeños detalles cotidianos, la existencia corriente de las señoras granadinas —Mariana era una de ellas—, las diversiones y el gusto por las representaciones teatrales quedaron expresadas así: «Cada cual toma chocolate y va a misa por la mañana. Toda señora se viste y sienta en su sofá, abanico en mano, teniendo a sus pies un cesto, que contiene el bordado, en espera de la llegada de las visitas. Se come *à la cuisine espagnole*: postre de melón y granada. Luego se echa la siesta y finalmente se sale de paseo por la tarde.» El ambiente artístico lo refleja así: «Actuaba una compañía de ópera napolitana, una noche sí y otra no. La *prima donna* haría honor a cualquier ópera europea.» Y se sorprendía de que «la empobrecida España» pudiese «costear ópera italiana en tanto que en Inglaterra sólo Londres (y con dificultad) sostiene una mediana compañía. Esto sólo cabe explicarlo por la ausencia de gusto por la música que existe en Inglaterra. No pude averiguar qué sueldo se pagaba a los cantantes en Málaga y Granada, pero no serían muy elevados cuando se podía tomar un palco completo por siete chelines, y el precio de las butacas no excedía de diez peniques» (1).

En esta Granada aparentemente apacible del año 1830, el viajero inglés, pese a ser muy observador, quedóse sólo con la impresión superficial y grata del ambiente. Bajo esta sensación de tranquilidad social, la Policía a las órdenes de Pedrosa operaba sin pausa, y en los sótanos de las dependencias de la justicia, no se apolillaban por inacción los tablados sobre los que montaban los patíbulos.

(1) Henry David Inglis. *Granada en 1830*. Traducción y prólogo de Alfonso Gámir Sandoval, pág. 61.

XIII. PROCESO, AL DESCUBRIRSE UNA BANDERA

Míralo, míralo, y muérete
vil servilón.
Ya no lo arrancan
del batallón.
....

salve mil veces
Pendón Morado
que ha exaltado
la población.

Canción popular de los Liberales.

Presentemos a las personas que rodeaban a Mariana de Pineda en el año de 1831, pues todas intervendrán en el último acto de la tragedia. El padrón parroquial de Santa María Magdalena, nos las ofrece en este orden:

Calle del Águila. Casa 77, número 6.

Doña Mariana Pineda, viuda.
Don José Peralta, hijo.
María Román, sirvienta.

María del Carmen Sánchez, sirvienta.
Antonio Burel, sirviente.
Doña Úrsula de la Presa, viuda.

Al iniciarse el año, los acontecimientos políticos habían extremado su virulencia, y las esperanzas liberales, tanto tiempo alimentadas, tras audaces intentonas y sublevaciones, comenzaron a desvanecerse. El 28 de enero había desembarcado Torrijos en Algeciras, al frente de 200 hombres, pero inmediatamente fueron atacados por las fuerzas realistas. El cuidado plan culminó en un precipitado reembarco. La tentativa fue toque de alarma para las autoridades, que intensificaron su vigilancia en las personas sospechosas, y se cotizaron mejor las acusaciones de los espías. Un nuevo intento, el del constitucional Manzanares, desbaratado en la serranía malagueña, anuló por el momento el proyecto subversivo de los exilados españoles. Ante el fracaso liberal, Mariana creyó conveniente interrumpir el bordado de una bandera que, por orden suya, confeccionaban dos bordadoras del Albaicín, para un inminente alzamiento de los liberales granadinos, coordinado con los que se habían preparado en distintas ciudades andaluzas.

Desde que Pedrosa ejercía su ministerio en Granada, no había conseguido probar la intervención política de Mariana, aunque las sospechas de complicidad eran evidentes para el subdelegado. El juez esperó mucho tiempo tener testimonio de acusación. Su intento de proseguirle la causa de infidencia se había frustrado. No obstante, es posible que hubiese llevado a cabo su proyectada deportación bajo vigilancia. Pero un día, un azar le pone en las manos la justificación de su complicidad, tanto tiempo asediada, y el subdelegado de Policía procura hacer la acusación procesalmente legal.

A don Ramón Pedrosa le comunican secretamente que en Granada se borda una bandera para un proyectado alzamiento de los liberales granadinos. Detrás de esta labor eminentemente femenina, tendría que existir una mujer. ¿Y quién podría ser, en Granada, sino Mariana de Pineda? En esos tiempos bastaba sólo una delación para abrir un expediente, y la puerta de una celda al acusado. Pero en esta ocasión la técnica de Pedrosa fue más refinada. Tenía que hacer las cosas de forma tal, que la dama no tuviese la menor coartada. Su sangre herviría por encontrarse frente a frente con la mujer. Después de tan larga espera, unas horas más... y se acabaría el juego del gato y el ratón; los términos se iban a invertir, Mariana quedaría convertida en el ratoncillo intrépido, pero indefenso, y Pedrosa, en el gato quieto, frío, con la zarpa levantada.

En la subdelegación de Policía se presentó un hombre. Era el padre de un clérigo que estaba en relación con una de las dos hermanas que bordaban la bandera por orden de Mariana de Pineda. El padre del eclesiástico era un furibundo realista, que clamaba colérico contra los liberales. El hijo, de opinión contraria, advirtió al padre la conveniencia de disimular sus ideales, pues el triunfo del partido liberal era inminente. Habló de la conspiración que se preparaba en Granada, para la que se bordaba una enseña tras la que se alzarían los políticos granadinos. El hombre indujo al eclesiástico a que le confiara el secreto, y el conducto por el que había llegado a su conocimiento. El hijo le confesó que él con sus propios ojos había visto bordar la bandera, pero que por el momento había quedado todo suspendido, sin duda por el fracaso de la tentativa liberal en Cádiz, en la Isla de San Fernando del Campo de Gibraltar.

Rápidamente se dirigió el realista a la subdelegación de Policía, para poner en conocimiento de Pedrosa las confidencias hechas por su hijo, al que de inmediato hicieron presentarse en la Comisaría. El eclesiástico en un principio negó conocer la conspiración; pero «Pedrosa había tenido la precaución de esconder al padre en una alcoba contigua, desde donde pudiera oír al hijo y salir en ocasión oportuna» (1); lo que hizo ante la pertinaz negativa del declarante a confesar el secreto. El sacerdote quedó perplejo al percatarse de la trampa tendida por su propio padre.

Acto seguido llamó Pedrosa a las bordadoras. Ante la intimidación del subdelegado, confesaron que doña Mariana de Pineda les había llevado el tafetán, los modelos de las letras

(1) Peña y Aguayo. *Ob. cit.*, pág. 89.

y las sedas necesarias para el bordado, manifestando que por orden de la señora había quedado suspendido el trabajo, por lo que, sin concluir, había sido descosido del bastidor. Dice Peña y Aguayo que, como esta circunstancia atenuaba la responsabilidad de Mariana, «puesto que si había habido conato de conspiración en la construcción de la bandera, vino el arrepentimiento antes de enarbolarla, cuyo hecho debía ser el verdadero delito», para que recayese toda la responsabilidad en la acusada, evitó Pedrosa que las bordadoras apareciesen complicadas en la causa, pues las declaraciones de las mujeres eximían favorablemente a Mariana. El subdelegado pagó a las bordadoras 400 reales, conminándolas a un silencio inviolable de cuanto sucedía, ordenándolas remitiesen inmediatamente la bandera a casa de la dueña, con los modelos de los letreros, como irrefutable prueba acusadora. Cumplieron puntualmente lo convenido, y en el momento que la persona encargada de llevar todos los efectos abandonaba la casa de Mariana, presentóse la Policía y el escribano de cámara don Mariano Puga.

Sigamos de cerca los hechos. Sean las propias palabras insertas en el proceso las que nos hablen del desarrollo de los acontecimientos de esta jornada del 18 de marzo de 1831; decisiva fecha en la vida de Mariana de Pineda, que daría lugar al proceso, camino angustioso que se abrió ante ella para conducirla al suplicio.

El proceso lo narra, así, con su fría prosa jurídica:

«El 18 de marzo último, un celador y dependiente de Policía, con el escribano de la subdelegación, fueron de orden del señor subdelegado en la casa de la Pineda a practicar un reconocimiento en ella. Principiado en las habitaciones principales, habiendo observado según las criadas manifestaron, que en la alta había una persona, subió a ella el dependiente Juan Díaz. Éste, al subir el celador, el escribano y la Pineda al cuarto segundo referido, entregó al escribano tres letreros escritos con encarnado en papel al parecer de marquilla, que dicen: el uno, Igualdad; Libertad, el otro, y el tercero, Ley, y 13 letras cortadas de papel marquilla, y son L, I, T, A, D, Y, G, V, A, D, J, E, J, todas mayúsculas, expresando en seguida el dependiente Díaz, que la señora mayor que había en el cuarto (doña Úrsula de la Presa, viuda y procesada) trataba de ocultarlas, a lo que contestó se las habían hallado encima de una mesa. Siguiendo el reconocimiento, se pasó a una cocina alta, donde había una cama, y por el celador se sacó de debajo de una hornilla un tafetán morado del ancho de dos paños y largo algo más de dos varas y tercio con un triángulo verde en medio, y en un lado de él, bordadas de carmesí, las letras mayúsculas B, E, y embastada de cartón, una R; en otro lado de él, también bordadas de carmesí, las letras mayúsculas A, L, y a medio bordar, una D; y en las orillas del largo de dicho tafetán, como hacia en medio de él, dos pedazos de vendo embastado. Tratando de continuar el reconocimiento de la cocina del piso principal, se presentó el señor subdelegado y presenció la mensura de dicho tafetán, con una vara de media, que se franqueó en dicha casa y colocada, las letras sueltas entregadas por el dependiente resultó poderse leer, por un lado, Libertad; por otro, Igualdad, y por el otro Ley, todo al lado de dicho triángulo: cuyos letreros fueron compuestos con las letras bordadas y las sueltas que todas son de igual tamaño, todo lo que resulta del testimonio con que principia la causa firmando por él su señoría, por el actuario, celador y dependiente Juan Díaz; y además de la ratificación que en el sumario han hecho de la certeza de este relato, las personas que intervinieron en el reconocimiento.

»Examinada la Pineda acto continuo, se la preguntó por el señor subdelegado de dónde adquirió al tafetán en forma de bandera aprehendido en su casa, y dijo: ignoraba el motivo de hallarse en su casa y creyó estuviese dentro del arca de un factor que tuvo en el almacén y hacía cinco meses se había marchado, dejando la llave del arca a la criada María Román (resulta de la causa, que este arca la dejó el factor Vicente Matute, con una capa y unas ropas de poco valor, a la Pineda, en prenda de siete duros que la debía, quedándose con la llave la criada, que la presentó a la Policía cuando trató de descerrajarla, y que reconocida, no estaba en ella la bandera ni demás emblemas ni cosas sospechosas), que no sabía la procedencia de los rótulos y las letras sueltas, que no los habían visto hasta el acto de presentársela. Que sabe coser, pero no bordar (doña Úrsula dice que de niña bordaba en blanco, y las criadas y concurrentes a su casa, expresan que no la han visto bordar, y sí coser, alguna de ellas conviniendo en que no había bastidor para bordar, y únicamente, según el criado, tenía un bastidor para hacer media), concluyendo con que además de la presente, tiene otra causa de infidencia pendiente.

»Doña Úrsula de la Presa, viuda de cincuenta y cuatro años, preguntada sobre la procedencia de la bandera, rótulos y letras sueltas, refiere que así que entró el celador al reconocimiento, hallándose la declarante en la pieza alta, le dieron una voz, que no sabe si fue de la Pineda o alguno de sus criados, diciendo, quite usted ese lío de ahí y recójalo, y entonces lo tomó y echó debajo de la hornilla de la cocina alta, a cuyo tiempo llegó el dependiente Juan Díaz y toda atolondrada y aturdida, sin saber lo que hacía, le entregó los papeles que aún tenía en la mano, suplicándole hiciese lo posible por no perder a la familia de la casa, asegurando que nunca vio en ella semejantes instrumentos o cosas, hasta que se le avisó como deja dicho. (Esta mujer es una de las procesadas.)

»El criado José Antonio Burel (procesado también por esta causa y por la otra en que la está su ama, la Pineda) asegura no haber visto la bandera y demás emblemas aprehendidos hasta que se le han presentado, y cita las personas que visitaban a su ama.

»La criada Carmen (procesada en esta causa), en dieciocho días que hacía estaba en la casa, nada había visto en ella, pero oyó decir a un dependiente, dirigiéndose a la doña Úrsula, deme usted esos papeles, y le entregó unos cartones que no sabe lo que contenían.

»La otra criada, María, dice que hasta el momento de presentársele el tafetán y papeles, nada sabía (hacía dos años servía en la casa y también ha sido procesada por la presente)» (1).

Éstas fueron las primeras declaraciones recibidas de las

(1) Extracto de la causa de Mariana de Pineda. Copia en el archivo particular de don Antonio Gallego Morell.

personas que había en la casa, en el momento de la aprehensión de la bandera.

Este mismo día dirigió don Ramón Pedrosa a don José Ayuso Navarro, gobernador de las salas del crimen de la Real Chancillería, un oficio adjuntándole las diligencias practicadas por sus dependientes en la casa de Mariana de Pineda, poniendo a su disposición a la dueña, a doña Úrsula de la Presa y a dos criadas, a las que había dejado arrestadas e incomunicadas en la misma casa, bajo la custodia de dos dependientes de Policía; y en la cárcel de corte, incomunicado, al sirviente Antonio Burel.

En nota marginal, el gobernador ordenó pasasen las diligencias al señor juez de cuartel, don Fernando López de Sagredo, y que se diese cuenta al regente y gobernador del consejo supremo de Castilla. Pero recibidas las diligencias por el juez, se apresuró a devolverlas, alegando con lógicas razones: «A la hora que son las ocho de la noche, acabo de recibir el oficio de V. S., en concepto de haberse aprehendido este delito en mi cuartel, y en el momento me he cerciorado serlo en la calle del Águila, cuartel primero, parroquia de la Magdalena, y como yo desempeño el segundo que lo es de Nuestra Señora de las Angustias, con el mismo conductor que lo es el oficial mayor de la secretaría, de acuerdo del crimen, devuelto a V. S. las citadas diligencias y bandera, para que teniendo el debido cumplimiento la providencia de V. S., le dé el curso correspondiente» (1).

Al día siguiente, 20 de marzo, don José Ayuso Navarro envió a don Fermín Gil de Linares, juez de cuartel primero, las diligencias y la bandera, por entender ser la persona a quien «pertenece la formación y conocimiento de la causa», recomendándole permaneciesen los cómplices en «rigurosa incomunicación y seguridad». Por el mismo conducto que recibió las diligencias, las devolvió también el señor Gil de Linares, ya que él había «cesado en este encargo por la llegada en el día de ayer del señor juez propietario» (2) del cuartel, don Gregorio Ceruelo. El recién llegado se hizo car-

(1) Archivo Municipal de Granada. Leg. «Varios», núm. 2.

(2) Oficio del juez Gil de Linares, devolviendo las diligencias de la bandera aprehendida; véase apéndice XXVI.

go de las diligencias incoadas por la Policía, y en el mismo día tomó nuevas declaraciones a los reos. Volvamos de nuevo al original del proceso:

«Pasadas las diligencias de la Policía al señor don Gregorio Ceruelo y Velasco, volvieron a declarar ante su señoría los criados y doña Úrsula y nada aumentaron a lo que queda referido. Examinado el dependiente Juan Díaz, dice que sintiendc ruido en las habitaciones, estando en el principal, en el reconocimiento, subió a ver lo que era y al llegar a los corredores se le presentó doña Úrsula de rodillas, pidiéndole por Dios la favoreciera y le daría hasta la vida, y para saber lo que quería, le manifestó no tuviese cuidado, que haría por ella cuanto pudiera, y entonces le dijo dicha señora: es una poca tela que tengo, y pidiéndosela para verla, sacó de dentro de una sombrerera un lío de papeles con un pedazo de tafetán morado, entregándole aquéllos, y viendo los rótulos que contenían, los guardó para entregarlos al celador y escribano cuando subiese, porque no podía desamparar el puesto, y creyendo que el tafetán morado era algún trapo de la señora, lo dejó en poder de ella, la que lo tiró inmediatamente a la sombrerera, insistiendo en que rompiera los papeles, a lo que no quiso acceder sin embargo de que le ofrecía dinero, en cuyo acto subieron el celador y demás, quienes siguiendo el reconocimiento hallaron el pedazo de tafetán o bandera.

»La Pineda declara se ratifica en lo depuesto ante el señor subdelegado, con sólo la observación de que nota falta en aquella declaración que habiéndola preguntado su señoría cómo ignoraba que en su casa se hallasen los efectos encontrados en el arca del factor, contestó que habiéndose abierto dicha arca por el celador a presencia de la declarante y en el acto, expresando aquél "aquí están", creyó se había encontrado en ella, pero si se había verificado en otro sitio de la casa, ignoraba de tales efectos, pues no los había visto hasta entonces, y no tenía otro motivo más para creer que el tafetán y letras estuviesen en el arca, porque habiéndose ausentado el factor, debiéndola una onza, dejó el arca en prenda con lo que hubiese dentro y al salir a descerrajarla la Policía, dijo la criada María que había encontrado la llave que presentó. Preguntada qué significa la bandera y sus letras y de dónde la adquirió, pues como dueña de la casa debe saberlo, dijo que no puede decir más que lo manifestado, y el no haber abierto el arca hasta entonces, fue porque creía contenía cosas de poco valor y no era regular hubiese tenido en su casa semejante bandera a la vista sin saberlo, sino poner tales efectos en paraje reservado. Que como los vendos tienen señales de recién quitados del bastidor, y en su casa no se halló ni bastidor ni seda de la clase con que están bordadas las letras, es claro no estaba mezclada en semejante operación, ni en su casa se hacía por ser más fácil haber ocultado el tafetán y demás que el bastidor, mueble que ningún perjuicio hace el tenerlo. Niega haber oído la voz del "quite usted ese lío de ahí y recójalo", de que habla doña Úrsula, pues la declarante no ha salido de su habitación ínterin mientras reconocían la principal. (El criado y criadas niegan también oyesen tal voz.) Y cuando se subía al registro de las habitaciones altas, uno de los dependientes tenían unos papeles en la mano, que según llegó a entender los había recogido del poder de doña Úrsula, que los halló en el suelo; que frecuentaba la casa de la declarante don Antonio María del Pino, el médico Borja y alguna vez el abogado Castillo y el coronel del cuarto ligero de caballería; los dos primeros hasta la hora del teatro, y los demás, después de las ocho de la noche» (1).

¿Cuál fue la actitud de Mariana de Pineda en esta jornada crucial, en la que intuye que el peligro se abate sobre ella al descubrirse la bandera revolucionaria? Su reacción la refleja Pedro Fernández, celador de Policía, comisionado por Pedrosa para efectuar el registro y descubridor de la prueba concluyente de la bandera, que sería el cuerpo de delito. En sus declaraciones judiciales de los hechos acaecidos en la casa de la calle del Águila, el celador manifestó que en los primeros atribulados momentos, Mariana le rogó que no la delatase, pero que ante su infructuosa decisión, reaccionó la mujer vivamente, diciendo: «...no porque le ha-

(1) Extracto de la causa de Mariana de Pineda. Copia en el archivo particular de don Antonio Gallego Morell.

bía suplicado a él y al escribano, se echase esto por tierra; su corazón estaba dispuesto a cosas más penosas y debían haber atendido sus súplicas porque todos los tiempos son mudables, y si hoy regía este Gobierno, mañana sería otro» (1).

(1) Extracto de la causa de Mariana de Pineda. (Declaración del celador de Policía.) Copia en el archivo particular de don Antonio Gallego Morell.

XIV. INTENTO DE FUGA

Una efemérides trascendente en el proceso de Mariana de Pineda es el 21 de marzo. Mariana amanece enferma y guarda cama. Sin embargo, el vigilante no se mueve de junto a sus habitaciones. Día y noche la guardia es relevada.

Mariana sabe ya que las circunstancias carecen en absoluto de favorables perspectivas. Cada vez la situación es más difícil, más violenta. Los interrogatorios del subdelegado de Policía son abrumadores. Este hombre tan pronto hace ofrecimientos como estalla en amenazas. Insiste en arrancar a la procesada el nombre de los cómplices. Primero, con promesas, pues si delatara a las personas cómplices estaría propicio a facilitar indulgencia. Pero la mujer permanece inmutable ante todo pacto. La consternación de Pedrosa se desborda cuando ve malogradas todas sus tentativas para esclarecer los hechos. Es entonces cuando vienen las amenazas. Su sangre se enciende de ira ante el imperturbable silencio y frialdad con que son acogidas sus promesas de libertad a cambio de la delación de los conspiradores. La mujer también se desespera, pues cada día tiene que darle nueva expresión a su silencio. No imaginaba Pedrosa que éste iba a ser el gesto legendario de Mariana.

Mariana tendría presente el éxito de la fuga de Fernando Álvarez de Sotomayor. Huir, entonces, como ahora, era la única posibilidad de libertad. El 21 de marzo se cumplía el cuarto día de arresto domiciliario. No era la primera vez que sufría detención en su casa, pero, ahora, las circunstancias y la estrecha vigilancia a que estaba sometida le hacían presentir toda clase de temores. Era consciente del peligro que corría, descubierta la bandera subversiva, como prueba flagrante de su conspiración. Contra la acechanza continua de la guardia, Mariana sólo dispone de su poderosa imaginación. Y decide poner en práctica un bien meditado plan de fuga, ahora que todavía cuenta con una limitada libertad.

A media mañana, la sirvienta va al mercado acompañada del vigilante Juan Díaz. Este momento es aprovechado por Mariana, pues sólo queda el otro celador, Mariano Rodríguez, custodiando la salida de los personas recluidas en la casa. Mariana salta del lecho rápidamente y prepara su huida. Con un poco de suerte, sólo queda burlar la vigilancia del único policía. Desde la galería del primer piso, observa a Mariano distraído, mirando el empedrado que a la sazón colocaban en el patio. ¿Fue casual en aquellos precisos momentos, o formaba parte del plan de fuga de Mariana? Su patio colindaba con el de doña Josefa Mínguez Navarro, cuya casa tenía fachadas a la calle Verónica de la Magdalena y a la del Ángel. En el de Mariana, a la altura de la galería del primer piso, había una terraza por la que era más fácil el acceso al patio contiguo de doña Josefa. Como medida de distracción, Mariana bajó al patio a interesarse por el trabajo de los empedradores. Acto seguido subió a sus habitaciones, vistió las ropas negras de doña Úrsula, escondió su pelo bajo un manto, salió a la terraza y se deslizó muro abajo, cruzó el patio vecino sigilosamente, abrió el portón, ganó el zaguán y salió a la calle Verónica de la Magdalena (1). Pero el vigilante debió oír el golpe seco

(1) Agradecemos esta información a doña Elena y a don Francisco Salcedo Mínguez, pintor y ex profesores de la Escuela de Artes y Oficios de Granada, descendientes de doña Josefa Mínguez Navarro, quienes hasta hace unos años han vivido en esta casa, del barrio de la Magdalena, y han oído, de generación en generación, el relato de la fuga de doña Mariana a través de su casa, descolgándose por el muro del patio colindante con el de doña Mariana.

del cuerpo de Mariana al saltar al patio. Súbitamente se puso en guardia. Sube presuroso al primer piso. ¿Dónde está doña Mariana? No está en sus habitaciones. Se lanza a la calle despavorido. Por la del Águila no pasa un alma. El hombre sabe lo que se juega si se le fuga alguna de las arrestadas, está severamente advertido. No puede ser. Avanza unos pasos calle arriba hasta llegar a la esquina. Por la calle Verónica de la Magdalena, sólo una anciana vestida de negro se apresura en dirección a la calle de San Antón (1). Le da alcance y, Mariana es reconocida bajo su disfraz. La prófuga es descubierta. Habrán transcurrido apenas cinco minutos, desde que ha abandonado su casa-prisión, ganado el muro, atravesado el patio hasta la puerta que debía conducirla a la libertad.

De repente, al ser detenida, Mariana de Pineda tendría la sensación de que se ha parado el mundo. El tiempo permanece al margen en determinadas circunstancias en la vida de las criaturas. Todo quedaría aquella mañana en suspenso. ¿Cuántos millones de minutos han pasado? Cuánto tiempo lleva parado el mundo? Es ella la que está inmóvil, frente a un hombre extraño, disfrazada de vieja, tratando de comprar su libertad, haciendo uso, sin resultado, de sus poderosas armas femeninas. He aquí la versión oficial que de este hecho nos da el proceso:

«La mañana del 21 de marzo, la Pineda, que por enferma estaba presa en su casa con dependientes de Policía, logró fugarse, pero el dependiente lo advirtió y la cogió en una callejuela inmediata. Ella reconoce que se salió, pero dice que sin intención de fugarse, sino que por haber pasado un sujeto que la hizo señas desde la calle, lo que vio estando ella en el patio de la casa, adonde había bajado a ver trabajar los empedradores, y la curiosidad la hizo salir a la calle. El dependiente dice, le dijo se fuese con ella y le haría feliz» (2).

(1) «Tal vez fue a refugiarse en la casa del misterioso liberal que por varios días acogió en su éxodo a don Fernando Álvarez de Sotomayor», al decir de Cándido Ortiz de Villajos.

(2) Extracto de la causa de Mariana de Pineda. Copia en el archivo particular de don Antonio Gallego Morell.

Nadie fue testigo de este episodio, sólo la declaración de Mariano Rodríguez dio testimonio del hecho. Aunque no tratamos de refutar la veracidad de la información, a esta promesa puramente verbal, le conceden sus enemigos carácter procesal, y no vacilan en emplearla como arma, al decir el fiscal en la causa que la procesada «era confesa, según las leyes, en el delito de que procedía su prisión, con doble motivo porque intentó seducir o cohechar al dependiente que la custodiaba y que le dio alcance en su fuga, diciendo a éste que la dejara, ofreciéndole que se fuese con ella y le haría feliz» (1).

Inmediatamente le fue comunicado a Pedrosa lo sucedido. La situación, de repente, toma dramático interés. Hasta ahora el arresto ha tenido carácter benévolo, su vida ha seguido un cauce casi normal. El subdelegado trató tan sólo de intimidar a la mujer para conseguir la confidencia política. Como buen diplomático, con hábil juego, trata primero de no entablar abierta lucha. Con gran objetividad reconocerá Mariana la actitud del juez en no alejarla de su hogar y de su hijo. Pero la frustrada fuga cambia totalmente las circunstancias y la actitud de las autoridades.

(1) Defensa de Mariana de Pineda. Véase el apéndice XXVII.

XV. ENFERMEDAD Y MUTISMO

Las consecuencias de la fracasada fuga fueron inmediatas y decisivas. Desde el momento en que Mariana fue descubierta en plena calle, se agravó su situación. El juez de la causa, don Gregorio Ceruelo, ordenó inmediatamente su prisión, pero según pudo comprobar personalmente, la procesada se hallaba enferma, en cama, lo que impidió el traslado a la cárcel. Estaban persuadidos de que la mujer constituía un peligro, y había que conducirla con premura a lugar seguro. No era suficiente la vigilancia que se montó ese mismo día en la casa con «una guardia de un cabo y tres soldados de la compañía de escopeteros de Andalucía, además de los dos alguaciles de vista para su mayor seguridad». Para este servicio se habían nombrado a cuatro alguaciles: Francisco de León, Félix Merino, Pedro García y Fernando de Cámara, para que cada día estuviesen de guardia dos de ellos. Quedaban automáticamente despedidos del servicio los dos dependientes de Policía Juan Díaz y Mariano Rodríguez. Al día siguiente comunicaba don Gregorio Ceruelo al gobernador de las salas del crimen las diligencias y objetos recibidos y las gestiones que por su orden se habían llevado a cabo en seguimiento de la causa de «doña Mariana Pineda, doña Úrsula de la Presa y sus sirvientes, sobre la aprehensión hecha en su casa, por la Policía, de una bandera». Ponía en conocimiento de la Superioridad las nuevas declaraciones de la procesada y sus consortes. También notificaba que había examinado al celador don Pedro Fernández y al dependiente de Policía Juan Díaz. Daba cuenta del embargo llevado a cabo «de los bienes y efectos encontrados en la casa de las susodichas y puesto en la cárcel de corte a las criadas María Román y Carmen Sánchez, habiéndolo verificado ante la Policía del criado Antonio José Burel, sin haberse podido realizar la traslación a dicha cárcel de doña Mariana Pineda y doña Úrsula de la Presa por hallarse enfermas en cama, de cuidado, según lo declarado por los facultativos, restando sólo evacuar la declaración del dependiente Mariano Rodríguez por hallarse indispuesto; el que debe ratificarse en el parte que ha dado, con fecha de ayer, el señor subdelegado principal de Policía, sobre la fuga intentada por doña Mariana en la mañana del mismo día» (1).

El día 22 de marzo, ante las infructuosas declaraciones de los cinco reos que formaban la causa, vuelve Pedrosa a oficiar a la corte: «que los revolucionarios no desisten de sus abominables planes, y de su resolución a ponerlos en ejecución por medio de asesinatos de las autoridades, que temen puedan frustrar aquéllos por su energía y fidelidad» (2).

Dos días más tarde persistía la gravedad de Mariana de Pineda y de doña Úrsula de la Presa. Las autoridades estaban impacientes por llevar a cabo la reclusión de las dos enfermas. Su desconfianza acerca de su verdadera dolencia era evidente. Estaban asistidas por los facultativos de medicina, don José Ramón Sánchez del Águila y don Francisco García Malo de Molina, a los que les fue exigido un certificado médico bajo juramento. Los doctores volvieron por segunda vez en este día a visitar a las pacientes, y diagnosticaron: «Que en la visita que hicieron esta mañana encontraron a las dos enfermas en un estado poco distante del

(1) Archivo Municipal de Granada. Leg. «Varios», núm. 2.

(2) Real Orden comisionando a Pedrosa la vista exclusiva de la causa de Mariana de Pineda; véase apéndice XXVIII.

día anterior, y que en la que han hecho en esta tarde, han hallado a doña Mariana de Pineda con todas las señales precursoras de una apoplexía sanguínea, por lo que le han ordenado una sangría con urgencia, además del plan interior, debiendo repetirse aquélla por la mañana; que la doña Úrsula también está más agravada, y en vista de todo son del dictamen que sería muy perjudicial a la vida, especialmente de doña Mariana, la insinuación sola de la traslación a la cárcel, por el temor de que acabara de formarse aquella funesta enfermedad» (1).

Las declaraciones de los médicos eran unánimemente favorables a las procesadas. Verdadera o ficticia, la gravedad de las enfermas, ante todo la de Mariana, llegó a ser alarmante, según comprobamos a través de este certificado. Teniendo en cuenta su gran sensibilidad, bien pudo ocasionarle el estado de sobreexcitación física y anímica tan graves trastornos, pero si nos paramos a pensar un poco en la mujer fuerte, política, decidida a arrostrar toda clase de riesgos en pro de su libertad y su causa, comprendemos que todo pudo ser un ardid femenino. Acabamos de ver cómo se disfrazó de doña Úrsula; antes había disfrazado a su primo de fraile, logrando sacarlo de la cárcel con toda naturalidad por la única puerta que existía, a la luz del día y custodiada por centinelas. Pero, cuando es ella la que trata de salvarse, el éxito no la acompaña.

En medio de esta trágica situación comprendería Mariana que seguía despertando simpatías. Reconocerá que las autoridades no se mostraron demasiado interesadas en hacerse cargo de las diligencias. Después los facultativos trataron de protegerla con un interés demasiado transparente.

A la mañana siguiente, día 25, las enfermas continuaban en el mismo estado. Don Ramón Pedrosa deseaba tener pronto a Mariana en lugar seguro. Los dos médicos, volvieron por la tarde para diagnosticar oficialmente su estado; pero la gravedad persistía, según nos informa la certificación extendida: «Que en la visita de la mañana hallaron a doña Úrsula de la Presa peor que la noche anterior, y en la de

(1) Archivo Municipal de Granada. Leg. «Varios», núm. 2.

esta hora, lo mismo, a corta diferencia; que doña Mariana de Pineda, en ambas visitas, seguía en el mismo estado y peligro que la noche anterior» (1).

El 26, el juez informaba ampliamente al gobernador de las salas del crimen sobre el estado en que se hallaba la causa desde la noche del 22. Notificaba no haber sido posible el traslado de Mariana al beaterio de Santa María Egipciaca, por la «gran enfermedad y peligro a que se exponía su vida aun bajo todas las precauciones posibles». Había sido requerido el concurso de profesores de primeras letras y maestros de sastre y de bordado para el reconocimiento de la bandera (2). El día 24 se examinaron las personas que frecuentaban la casa de doña Mariana. Asimismo había enviado dos oficios a Pedrosa, uno para la detención de la correspondencia de Mariana, y el otro, para que le informase sobre la causa de infidencia que tenía pendiente la procesada. «Y en el día de ayer, 25, pasé otro oficio a dicho señor para que me informase acerca de la conducta moral y política de los cinco reos de esta causa, como también la de don Antonio María del Pino; don Antonio Borja; el abogado, don Antonio María del Castillo, y el escribano real, Francisco Ortiz» (3).

En el folio 54 del expediente extractado de la causa, de que disponemos, comprobamos las declaraciones de estos señores. Manifiestan que en efecto «frecuentaban la casa de la Pineda sin objeto de conspiración, sino por amistad uno de los Borjas, otro como médico, Castillo como su abogado, y Ortiz como escribano de sus litigios, y siempre se hablaba de cosas indiferentes». No pudieron atestiguar al final de la prueba judicial, por encontrarse ya en ese tiempo expulsados de Granada, en virtud del mandato policial.

En este cerco para inquirir datos que pudieran comprometerla, también fueron consultados los vecinos cercanos a la casa, los que manifestaron que «no han observado en ella

(1) Informe facultativo de Mariana de Pineda y doña Úrsula de la Presa; véase el apéndice XXIX.

(2) Reconocimiento de la bandera aprehendida por los maestros de letras, sastre y bordador; véase el apéndice XXX.

(3) Informe sobre el estado de la causa; véase el apéndice XXXI.

reuniones sospechosas, y que la frecuentaba el coronel del cuarto de ligeros de caballería, vizconde de Labante, acérrimo realista» (1).

A pesar de prevenir los facultativos que «sería muy perjudicial a la vida de Mariana la insinuación sola de la traslación a la cárcel, por el temor de que acabara de formarse aquella funesta enfermedad», las autoridades no tomaron en consideración semejante pronóstico, y en la noche del 27 efectuaron el traslado. Evidentemente, les parecía sospechosa la certificación de los dos médicos. La mutación nos lleva a una celda del convento de Santa María Egipciaca, donde quedan judicialmente recluidas Mariana de Pineda y doña Úrsula de la Presa.

El 30 de marzo oficiaba el señor Ceruelo al gobernador de la Real Chancillería la noticia del traslado, informando que en ese día quedaba concluido el sumario, «no faltando más que recibir sus confesiones a los reos... y hacerles los cargos que les resulten» (2), para lo cual estaba reconociendo la causa.

Sin duda habría de reprochar don Ramón Pedrosa la ineficacia desarrollada por el juez, señor Ceruelo. Era negativo que en un proceso integrado por cinco reos, después de doce días de continuos interrogatorios, no hubiese alcanzado alguna pista para aclarar la conjuración. Ninguna de las declaraciones habían aportado datos sobre complicidades deseadas. Las preguntas insidiosas de los policías habían resultado infructuosas, ni siquiera habían logrado obtener declaraciones contradictorias. Es posible que, salvo doña Úrsula y el criado Antonio Burel, nadie conociese en la casa las maquinaciones políticas de su señora.

Para la formación de la causa sólo contaron los jueces con los objetos aprehendidos el día 18 de marzo en casa de Mariana, y días más tarde, con la fuga emprendida en la mañana 21 de marzo. Pedrosa sólo disponía de estos cargos. Los

(1) Copia en el archivo particular de don Antonio Gallego Morell. Extracto de la causa de Mariana de Pineda.

(2) Oficio comunicando el traslado de Mariana de Pineda y doña Úrsula de la Presa al beaterio de Santa María Egipciaca; véase apéndice XXXII.

cinco reos se ratifican una y otra vez en las declaraciones del primer día, sin dar lugar a descubrir «cómplices del crimen». El subdelegado de policía, tiránico e irascible, estaba furioso, los días pasaban y a nadie le arrancaba información sobre los demás miembros de la conspiración. La intimidación a Mariana de Pineda no le daba el menor resultado. ¿Sería capaz de llegar hasta el final con el mismo gesto? ¿No se iría a intimidar ante la máxima sentencia? ¿La amenaza del patíbulo no la estremecería? El plan lo estuvo desarrollando por etapas. La primera tuvo carácter benévolo; después fue imperativa advertencia; luego, abierta amenaza. Mas parece que ninguna presión tenía la suficiente fuerza para quebrar su obstinado silencio.

XVI. ENCARCELADA EN EL BEATERIO DE SANTA MARÍA EGIPCIACA

El 27 de marzo de 1831 ingresa Mariana de Pineda en prisión, en el beaterio de Santa María Egipciaca. Este convento-prisión para mujeres fue fundado en 1602 en tiempos del arzobispo don Pedro Contreras, para «asilo y corrección de mujeres perdidas», al ser abolidos los lupanares. Los granadinos lo popularizaron con el nombre de «Convento de las Arrecogías», así como la calle donde se hallaba ubicado, cuyo nombre es hoy el de Recogidas, una de las arterias más céntricas de la ciudad, pero poca gente conoce la etimología del nombre. Manuel Alcántara, en su obra *El libro del viajero en Granada,* dice: «...el utilísimo establecimiento, en el cual son corregidas con la mayor blandura y amabilidad, mujeres criminales y de viciosas costumbres». Allí iba a vivir prisionera los dos últimos meses de su existencia una mujer singular; una mujer de distinta vida de las que acogía la obra reformatoria de «mujeres perdidas», aportando con su presencia el episodio histórico más sobresaliente de los acaecidos en el beaterio.

En la biblioteca del convento se conserva un curioso *Libro en que se anotan las entradas y salidas de las mujeres que vienen reclusas a este beaterio de Santa María Egipciaca de la ciudad de Granada,* por él conocemos las causas y las penas de las mujeres que sufrían prisión cuando Mariana llega al beaterio. La madre rectora era la encargada de hacer las anotaciones. El día 31 de enero de 1830 escribía: «...entró en este beaterio, Antonia de Torres, natural de Cañas a cumplir diez años con sentencia a que ha sido condenada por la sala en causa sobre muerte a Francisco Tobar Díaz, su marido. Consta de Testimonio de Félix José Braojos, escribano de Orgiva, sin constar el de Cámara. La rectora».

«El 5 de mayo entró en este beaterio D.ª Gertrudis Sánchez, natural de Barcelona, a cumplir dos meses a que ha sido condenada por la sala 2.ª del crimen en dos meses, mantenida a su costa hasta que se presente su hermano don Benito Sánchez, oficial de carabineros y pasados de dicho tiempo que se dé cuenta a la sala de lo que se pasó oficio por el Sr. presidente de la Sala al Sr. arzobispo, quien decretó su admisión. La rectora.»

«En 8 de enero de 1831 entró en este beaterio M.ª de las Angustias Ferro, a cumplir dos años en que ha sido sentenciada por los Señores de la Sala. La rectora.»

«En 2 de marzo entró Nicolasa Ximénez, sin tiempo determinado, por sus padres, y anuencia de su marido y fue admitida con la licencia necesaria.»

«En 13 de marzo entró doña María Josefa Fernández de Quevedo, sin tiempo determinado. La rectora.» (Al margen se lee): «Y salió el día 22 de junio del mismo año 1831.»

«En 14 de marzo de 1831 entró Catalina de Torres, natural de la ciudad de Jaén a cumplir dos años en que ha sido sentenciada por el Sr. intendente. La rectora.»

«En 27 de marzo entró doña Mariana Pineda, en clase de depósito hasta finalizar su causa. La rectora.» (Al margen): «Y salió la dicha doña Mariana, el día 24 de mayo de 1831 para ser ajusticiada el 26 del mismo. R.Q.C.»

Éstas eran algunas reclusas contemporáneas de Mariana, aunque no llegó a convivir con ellas, pues ocupó una celda aparte, en atención a su rango. Se veían tan sólo en la capilla, pero también hasta allí llegaba la discriminación social de la época. Existía otra razón poderosa para incomunicar a Mariana, y era el temor a que llegara a ponerse de acuerdo a través de ellas con gente del exterior. Ya que el sistema carcelario no era tan rígido como en nuestros tiempos.

La celda que ocupaba Mariana estaba situada en el piso alto, a la derecha de la escalera (1). Para ir a la capilla había que cruzar el patio de cenadores adintelados, columnas de mármol oscuro y zapatas vulgares. En el primer piso se tendía un corredor con balaustrada de madera; en este pasillo tenía entrada la celda de la prisionera.

No era un lóbrego calabozo la celda que ocupaba Mariana. Dos ventanas enrejadas se abrían en sus muros; una daba a la escalera de acceso, y la otra, al corredor, desde donde podía contemplar el «hermoso y delicioso jardín» (2) del convento.

Pronto pudo advertir Mariana que el régimen de su prisión no podía calificarse rigurosamente de carcelario. Allí dentro descubrió un mundo que no tenía la temida severidad y dureza. Mariana conocía su innato poder para conquistar voluntades y simpatías, y pronto su presencia se hizo grata entre las religiosas, y sus propias carceleras le proporcionaron emotivas jornadas de paz. Al principio de su reclusión, con la esperanza intacta, los días se sucedían anhelantes, con la íntima seguridad de no sentirse abandonada. La solidaridad e iniciativa de sus compañeros de causa no tardaría en darle señales de alerta. Su mayor mortificación era el recuerdo de sus hijos. Con su madre, abuela y sirvientas encarceladas, ¿quién los cuidaría? Pero la angustia de estas reflexiones las mitigaba la evocación de tantas amistades, que no los abandonarían. Quien más le preocupaba era Luisa, tan pequeña aún. Cada día estrenaba nuevas expectativas en sus libertadores. Estaba segura que vendrían a auxiliarla. Conocía la osadía de los grupos liberales, dispuestos a desafiar los mayores peligros para servir a su ideal. Con estos pensamientos renacía su confianza. ¿Acaso

(1) Con la ampliación de la calle de Recogidas, por las exigencias del tráfico rodado, el convento ha perdido su antigua estructura. En la actualidad, la situación de la celda que ocupó Mariana de Pineda, está justamente emplazada en medio de la calle de Recogidas.

(2) Cristóbal Medina Conde. *Granada abierta a Dios en la fundación de la casa de Santa María Egipciaca.* Granada, 1760. Véase apéndice XXXIII.

ella no estaba dispuesta a sacrificar su vida por ellos? La bandera que mandó bordar, ¿no iba a ser el estandarte tras el cual se levantarían los liberales por las calles de Granada? Su silencio, protegía a los que soñaban con la libertad.

Con el paso de los días, intermitentemente, empezó a aparecer el fantasma de la incertidumbre. Presentimientos agoreros empezaron a atormentar su clarividente espíritu, sobre todo tras las visitas intimidadoras del juez Pedrosa. Mientras tanto iban pasando los espléndidos días de abril y mayo, de la primavera granadina; Mariana la percibía olorosa y fragante en el jardincillo del convento.

El último oficio que nos ofrece el expediente de aprehensión de la bandera está fechado el 2 de abril. En él comunica el señor Ceruelo a Pedrosa el estado de la causa, informándole que estaba «recibiendo sus confesiones a los cinco reos que resultan a la misma, cuya diligencia se finalizará en este día o a más tardar en el de mañana; y es cuanto tengo que manifestar a V. S. en cumplimiento de lo que me tiene prevenido» (1).

La desoladora espera de Mariana de Pineda por ver aparecer a sus libertadores, era atormentada por la presencia de Pedrosa. En sus mortificantes interrogatorios acaba siempre ofreciéndole el perdón a cambio de la delación de los cómplices de la conjuración. Era la misma promesa del primer día, y el mismo obstinado silencio en la mujer. Deliberadamente, no olvidaba nunca mencionarle a sus hijos, tratando de forzar sus sentimientos; pero la procesada rechazaba todo ofrecimiento de libertad adquirida mediante una delación.

El poeta recrearía esos instantes:

¡No quiero que mis hijos me desprecien! ¡Mis hijos
tendrán un nombre claro como la luna llena!
¡Mis hijos llevarán resplandor en el rostro,
que no podrán borrar los años ni los aires!
Si delato, por todas las calles de Granada
este nombre sería pronunciado con miedo (2).

(1) Archivo Municipal de Granada. Leg. «Varios», núm. 2.
(2) Federico García Lorca. *Mariana Pineda.* Estampa tercera.

XVII. SENTENCIA DE MUERTE

El gobernador de las salas del crimen de la Real Chancillería de Granada ordenó a don Ramón Pedrosa diese cuenta al regente y gobernador del consejo supremo de Castilla, de la aprehensión de «un estandarte revolucionario con lemas subversivos» en la casa de Mariana de Pineda. El subdelegado de Policía envió un completo informe, al día siguiente del hallazgo, 19 de marzo. Hasta el 5 de abril no dictó disposiciones el Ministerio de Gracia y Justicia, sobre la actitud a seguir en la causa formada. Con esta fecha, el ministro de Gracia y Justicia, don Francisco Tadeo Calomarde, comunicaba al regente de la Chancillería de Granada la necesidad de adoptar urgentes mdidas y remitía la resolución real: «Penetrado, pues, S. M. de la urgente necesidad de adoptar medidas vigorosas y extraordinarias para el pronto descubrimiento y castigo de tan horrendos crímenes, y atendiendo a las recomendables cualidades del esmerado celo por su real servicio, de acreditada actividad y energía, y de extremos conocimientos de las maquinaciones y planes de los revolucionarios, que concurren en el expresado don Ramón Pedrosa, alcalde del crimen de esta Chancillería, ha tenido a bien autorizarle especialmente para que por ahora, y mientras duren las actuales críticas circunstancias, conozca de todas las causas de los revolucionarios que se hallen pendientes en ese Tribunal..., por tramas, e inteligencias sospechosas, con los mismos por conspiraciones abiertas contra la seguridad del estado y los legítimos derechos del trono, o por emigración a países extranjeros para armarse e incorporarse a las filas de los revoltosos» (1).

Este documento es pieza fundamental en el proceso de Mariana de Pineda, pues por él conocemos la especial comisión conferida por Fernando VII a don Ramón Pedrosa y Andrade, que le convertía en el único árbitro —salvo el rey— que podía conducirla al patíbulo.

La recompensa recibida para excitar su celo en este servicio, fue simultánea. Ese día el monarca lo nombra alcalde de casa y corte. Aquí tenemos una razón para explicar la tenacidad de Pedrosa en descubrir a los cómplices de la conjuración. En estos momentos necesitaba obtener urgentemente un éxito político. El subdelegado no era indiferente al desempeño de cargos públicos, y la época era propicia para ello. El rey pagaba bien los servicios a favor de su gobierno absoluto. Para poder ofrecer el nombramiento de alcalde de casa y corte tuvo que producir la vacante: «En atención a la avanzada edad del decano de mi sala de alcaldes de casa y corte, don Andrés Oller, he venido en jubilarle con medio sueldo por vía de pensión, y al mismo tiempo en nombrar para la vacante que resulta en la propia sala, al alcalde del crimen de la Chancillería de Granada, don Ramón Pedrosa» (2). Era necesario tener satisfecho al subdelegado de Policía, pues para la comisión que le habían designado serían imprescindibles «su actividad y energía». El caso había que llevarlo con todo el rigor y diligencia que caracterizaban los servicios de este hombre; por eso estimulan su interés, y al mismo tiempo que le persuaden de la importancia de su misión, le proporcionan autoridad para su campo de acción. Calomarde sabía designar en cada caso a la persona indicada, y la hoja de servicios del juez Pedrosa ofrecía suficiente garantía para confiarle esta delicada misión, en

(1) Véase el apéndice XXVIII.

(2) Archivo Histórico Nacional. Título de alcalde de casa y corte a don Ramón Pedrosa y Andrade. Consejos. Leg. 8683.

las críticas circunstancias que se desarrollaban en la ciudad andaluza. Hacía falta un escarmiento para sosegar la inquietud levantada por las correrías de los liberales, que traían al país revuelto, concibiendo nuevas esperanzas sobre una cercana rehabilitación del régimen constitucional. La monarquía corría peligro, temiéndose una nueva caída del gobierno absolutista. Fernando VII así lo había expresado en el Decreto de 1.º de octubre, que tan decisivo iba a ser en el proceso de Mariana de Pineda: «Cuando apenas comenzaban a cicatrizarse las profundas y cancerosas llagas que abrieron el cuerpo político del Estado y los desastres revolucionarios de los años 1820-23, y mis vasallos amados conseguían las ventajas de las importantes mejoras que a beneficio de la paz se han ido sucesivamente introduciendo de todas las ramas de la administración pública, vuelve la facción rebelde e incorregible, que tiene jurada la desolación de su Patria, a alarmar y conmover el Reino, asomando por las gargantas de nuestras fronteras de tierra y preparando incursiones por las del mar» (1).

La causa contra Mariana dependía de la segunda sala del crimen de la Real Chancillería, donde había pasado, instruidas las primeras diligencias del sumario por don Ramón Pedrosa. Pero al recibir la real orden, encomendándole la vista exclusiva, se celebró un acuerdo extraordinario el 12 de abril, al que asistieron con el regente interino, don Manuel García Segura, los oidores señores Carvallo, Fernández, Heredia, Enajardo, Milla, Riquelme y Marino, acordando trasladar inmediatamente la real orden a la sala del crimen para «su puntual y debida ejecución» (2). Al día siguiente, el gobernador de la Real Chancillería, don José Ayuso Navarro, «decretó su cumplimiento, mandando que todas las causas y expedientes de esta clase que existen en estas salas se pasen inmediatamente» al señor Pedrosa, comisionado especial por S. M., para conocer de todas «las causas pendientes que se formen por conspiración contra el Gobierno» (3).

(1) *Gaceta de Madrid,* 2 de octubre de 1830.
(2) Archivo particular de don Eduardo Molina Fajardo.
(3) Véase el apéndice XXVIII.

A partir de este momento empiezan las anormalidades de la causa. Su número y calidad denuncian claramente que Mariana estaba sentenciada a muerte desde mucho antes de abrirse el primer pliego. Y tan fuertes se sentían sus enemigos y tan convencidos en la eternidad de los principios absolutistas, que no cuidaron siquiera de guardar las formas (1).

Parece como si las circunstancias se confabularan para herirla. Una de las más hondas preocupaciones de la procesada, en estos días de desolación, era la situación económica en que quedaban sus hijos. El día 7 de marzo había revocado el poder conferido el 22 de enero a don José Antonio Ávila Pulido y otros procuradores de la Real Chancillería de Granada, dándolo a don Miguel Soriano, procurador también de la misma Chancillería, para la reivindicación de la viña del partido de los Moriles, que le pertenecía «por donación que le hizo su padre el coronel don Mariano Pineda; y además, como heredera universal de todos los bienes que quedaron por fallecimiento de dicho su padre» (2). El 26 de abril, un mes justo antes de cumplirse la sentencia, consume Mariana el último resto de esperanza al notificársele «personalmente» el nuevo fracaso del litigio contra su tía doña Tomasa Guiral. Con una frase oscura, el abogado don José Antonio Ávila Pulido puso fin a la demanda: «Digo que la rebeldía de emplazamiento viene fuera del término» (3).

Por aquellas fechas,

Andalucía tiene todo el aire
Lleno de libertad (4).

La imagen poética responde plenamente al ambiente revolucionario andaluz. El marqués de Custine, viajero francés, que recorría el sur de España, acompañado de su in-

(1) Cándido G. Ortiz de Villajos. *Ob. cit.*, pág. 132.

(2) Poder especial, con revocación de otros, de Mariana de Pineda a procuradores de la Real Chancillería; véase el apéndice XXXIV.

(3) *Documentos...*, publicados por José María Caparrós y Lorencio.

(4) Federico García Lorca. *Mariana Pineda*, estampa segunda.

separable amigo Sainte-Barbe, al llegar a la ciulad de la Alhambra percibe que la atmósfera es más agobiante: «Granada —escribe a un amigo— sufre más que cualquier otra villa española de la reacción realista ejercida desde hace algún tiempo contra los revolucionarios de Andalucía.» Dos documentos nos ofrecen una visión llena de polícroma realidad. El superintendente interino de Granada, en este mes de abril, había enviado a la presidencia de Castilla un escrito en el que prevenía de los efectos de los sellos explosivos que en la correspondencia enviaban los anarquistas, en los que habían conseguido menor «volumen y más disimulados, introduciendo, o mezclando con la pólvora fulminante, porción de arsénico, con el objeto de conseguir al misma tiempo el envenenamiento de la persona que lo abra, no valiéndose de los alambres ni demás materiales que por precisión tenían que hacer los expresados pliegos, de algún volumen, y solamente dentro de la oblea se pone un circulito de cristal molido algo grueso, y en el centro de la pólvora con el arsénico, y al tiempo de abrirse, hundiendo el cristal uno con otro, se cause el sacudimiento eléctrico, y con él la inflamoción de la pólvora y los estragos que son consiguientes; los que pueden evitarse fácilmente mojando antes las cartas o pliegos, o cortándolas con una tijera muy fina, sin tocar en la oblea» (1).

El otro escrito nos ofrece una visión de la propaganda que a través de los pasquines circulaba por toda la península. Se trata de una relación numerosa de carteles aparecidos en parajes públicos, que los subdelegados de Policía de cada provincia pusieron en conocimiento de la corte. El enviado por Pedrosa decía:

Viva la Constitución,
mueran los serviles,
pues los liberales
no encienden candiles.

(1) *Orden para precaverse contra los efectos de los sellos explosivos de cartas de los anarquistas,* en *Revista de Archivos, Bibliotecas y museos,* t. III, año 1899.

Al cabo de los años mil
vuelven las ginetas
a donde debían ir.

El enviado desde Jaén era un ataque directo a los realistas:

Ya moriréis, realistas,
con toda vuestra traición,
pues mueran los defensores
degollados sin perdón.
Ya os cantaremos la «Trágala»,
pues muy pronto lo veréis
y os romperemos los huesos
a todos cuantos os juntéis (1).

Y terminaban con vivas a la constitución y al rey constitucional.

A Mariana de Pineda le había notificado el escribano de S. M. la petición de pena suscrita por el magistrado don Andrés Oller. En un principio creyó que era pura fórmula judicial. La sentenciada, con «afectada sonrisa», dijo: «¡Tengo el cuello muy corto para ser ajusticiada!» (2).

Pero yo pienso que es mentira.
Tengo el cuello muy corto para ser
ajusticiada. Ya ve. No podrían.
Además es hermoso y blanco; nadie
querrá tocarlo (3).

Después nombró al procurador don Francisco Méndez y al abogado don José Escalera para su defensa. Mariana quedó profundamente impresionada; pero su abatimiento no se debía, como sería de esperar, a la notificación de la pena de muerte propuesta, pues había acogido la noticia con la serenidad innata de su carácter. Su amargo asombro era

(1) Archivo Histórico Nacional. Pasquines enviados por los subdelegados de Policía a la corte. Consejos. Leg. 12-202, núm. 15.
(2) Peña y Aguayo. *Ob. cit.*, pág. 107.
(3) Federico García Lorca. *Mariana Pineda*, estampa tercera.

hacia la persona que había pedido la última pena, el fiscal don Andrés Oller, amigo suyo, con quien le había unido una cordial amistad. Este magistrado tenía mal ambiente entre los realistas; se le tildaba de liberal; su comportamiento no era todo lo adicto, que su cargo le obligaba, a la causa absolutista. Las autoridades realistas granadinas estuvieron a la expectativa, ante su tolerancia en este caso, en el que las circunstancias habían elegido como acusada a una mujer admirada del viejo fiscal. Había sido don Andrés Oller un «ministro puro y recto a toda prueba hasta entonces; hombre compasivo y de carácter templado, pero de ánimo apocado y débil en sumo grado, se dejó acobardar por las amenazas de los más sanguinarios realistas» (1). Pero a pesar de llevar su rigor al último extremo, de nada le sirvió, pues de camino venía la temida destitución de su cargo (2).

El pesimismo inicial de Mariana se hizo más amargo desde el momento que supo que Pedrosa había sido comisionado para fallar las causas de conspiración. Entonces tuvo la certidumbre de que la sentencia se haría firme. Hasta aquel momento no tenía noción de la gravedad de su situación. Mariana de Pineda estaba totalmente en manos de Pedrosa. A nadie le era dado intervenir; a nadie tenía que rendir cuentas de sus actos, salvo al Monarca, que podría suspender la sentencia, mas de antemano intuye que será ratificada.

Lo que antes fue advertencia y después amenaza, ahora era sentencia. El juez Pedrosa presiona a la mujer con una nueva fuerza; pero la procesada permanece inmutable ante toda acometida. Cuando se le comisionó para conocer los delitos políticos del tribunal de Granada, «estaba la causa a prueba por auto de la sala, por término de quince días, pero él los redujo a doce improrrogables, con calidad de todos los cargos; y con plazo fatal de veinticuatro horas para que el letrado se enterase del proceso e hiciese su defensa por escrito» (3). En este breve espacio a que fue restringido

(1) Peña y Aguayo. *Ob. cit.*, pág. 102.
(2) En 1833 fue rehabilitado en su antiguo cargo, y depuesto don Ramón Pedrosa y Andrade.
(3) Peña y Aguayo. *Ob. cit.*, págs. 107-108.

el abogado don José Escalera, para el estudio del proceso, tuvo que preparar la defensa, en la cual pidió la «visión de estrados públicos». Esta diligencia, que siempre era concedida en los juzgados y tribunales, se negó en esta causa; con la iniquidad de que tal determinación no fue notificada, para evitar el conocimiento de la fecha en que iba a ser revisada la sentencia en la sala de alcaldes de casa y corte, e impedir toda apelación por los parientes y defensa de la acusada.

En Granada se había visto la causa a puerta cerrada, «sin citación ni audiencia de la interesada» (1). Pero la actitud de Pedrosa es más abominable por la circunstancia de haber enviado a Madrid un documento reservado, sin notificación a la procesada. Se trataba «de un depósito de escarapelas tricolores halladas en una maceta» en casa de Mariana. Esta acusación había sido hecha por el mancebo de una tienda del Zacatín, que al parecer frecuentaba la casa. Esta imputación se cree que se tratara de un cargo incierto, pues semejante descubrimiento, lo hubiese utilizado Pedrosa abiertamente. Es éste uno de los misterios del proceso de Mariana.

El Decreto de 1 de octubre de 1830 sirvió de base para la aplicación de la pena capital impuesta a Mariana. La parte fiscal incriminó a la procesada por dos conceptos, ambos calificados de gravísimos. El primero trataba «de un delito, el más horroroso y detestable, como el encuentro y aprehensión del signo más decisivo y terminante de un alzamiento contra la soberanía del rey N. S.»; y el segundo, «haber emprendido su fuga de la prisión que le fue constituida en su casa». Le fue aplicado el artículo 7.º del decreto, que decía: «Toda maquinación en el interior del reino para actos de rebeldía contra mi autoridad soberana o suscitar conmociones populares que lleguen a manifestarse por actos preparatorios de su ejecución, será castigada en los autores y cómplices con la pena de muerte.»

A Peña y Aguayo le debemos el conocimiento de dos piezas fundamentales del proceso. El informe fiscal y el de la

(1) Peña y Aguayo. *Ob. cit.*, pág. 168.

defensa (1). La acusación fiscal literalmente, quedó expuesta en los siguientes términos:

«El fiscal de S. M. en vista de esta sumaria en que se trata de un delito el más horroroso y detestable, como del encuentro y aprehensión del signo más decisivo y terminante de un alzamiento contra la soberanía del rey N. S. y su gobierno monárquico y paternal, dice: que indudablemente, aparece comprobado el cuerpo del crimen de la mayor y más intensa gravedad con la aprehensión del tafetán morado, cuyo trazo y signos que comprende y que, por una afortunada casualidad, acaban de aclararlos las letras o caracteres sueltos, y la plantilla o modelo de sus tres lemas que fueron aprehendidos, presentan la forma de una bandera que sirviese de señal o alarma para un Gobierno revolucionario; y acerca de los perpetradores, cómplices y ocultadores de tan infernal como horrorosa trama, y aun de la ejecución de aquel signo convincente de su existencia, presenta también el sumario proporcional y respectivamente el conocimiento más apreciable contra los inculcados en él.

»Se ofrece al examen y juicio del tribunal, uno de aquellos delitos en que por sus circunstancias y modo tenebroso y de extraordinaria reserva con que se maquina hasta el momento de estallar, es susceptible de prueba privilegiada, la cual en tales casos produce según derecho la misma virtud y valor que la más solemne y acabada.

»La indicada bandera, señal indubitada del alzamiento que se forjaba, se halló y fue aprehendida con los demás caracteres que habrían de completar su forma, dentro de la

(1) El proceso de Mariana de Pineda desapareció de la Real Chancillería de Granada en el primer cuarto del presente siglo. Es posible que la misma mano escamotease también la copia que se conservaba en Madrid. En el Archivo Histórico Nacional, solicitando el legajo 12266, núm. 18, de la Sección de Consejos, podemos comprobarlo; sobre las cubiertas del expediente, leemos: «Expediente de doña Mariana Pineda, sentenciada a muerte en Granada (sólo se conservan las cubiertas).» Del proceso de Mariana han llegado hasta nosotros dos piezas: el informe fiscal y el de la defensa, que, según propia manifestación de Peña y Aguayo, las copió, «con mil angustias, en medio de los peligros de aquella infausta época».

casa que habitaba doña Mariana Pineda, cabeza o principal de ella; y al modo que la ley recopilada hace responder del homicidio al morador de la casa, si en ésta se hallase muerto un hombre, salvo su derecho para defenderse si pudiese; esta misma responsabilidad obra contra la doña Mariana, teniéndosela legalmente por autora del horroroso delito, motivo de este proceso; y tanto más urgente se hace este cargo y responsabilidad legal, cuanto que en la causa de aquélla no era desconocido el carácter y objeto criminal de la mencionada insignia, pues que resulta que doña Úrsula de la Presa, habitante de la misma casa, y a quien en ella tenía recogida la doña Mariana, aun dispensándole el título de madre, luego que entendió que dentro de la misma casa se hallaban los dependientes de Policía, trató de ocultar el cuerpo del delito, que al fin entregó con sorpresa, suponiendo haber oído una voz que la previno lo quitase de en medio, y rogando al dependiente aprehensor hiciese lo posible por no perder a la familia de casa.

»La conducta criminal de la doña Mariana por su exaltada adhesión hacia el sistema constitucional revolucionario, y por su relación y contacto con los anarquistas expatriados en Gibraltar, y por lo que también tiene proceso pendiente, según se informa por el señor subdelegado de Policía, y aun ella misma tiene contestado, es una indicación indestructible y del más apreciable enlace con la perpetración del delito que se persigue, y para tenerla por uno de sus principales autores; y el hecho mismo de haber emprendido su fuga de la prisión que le fue constituida en su casa, y cuyo descargo es por sí mismo despreciable, la presenta confesa según la ley en el delito de que procedía su prisión, y con doble motivo porque intentó seducir o cohechar al dependiente que la custodiaba, y que la dio alcance en su fuga, diciendo a éste que la dejase, ofreciéndole "que se fuese con ella y lo haría feliz": de forma que de todo ello se deduce que la doña Mariana Pineda se halla legalmente convencida de la perpetración del atroz delito de que se trata; como de maquinaciones por actos de rebeldía contra la autoridad soberana del rey N. S., o suscitar conmoción popular que ha llegado a manifestarse por un acto preparatorio de su ejecución, como se designa en el artículo 7.º del real decreto de 1.º de octubre del año próximo pasado, y que por consiguiente es merecedora de la pena capital que en el mismo artículo se fija» (1).

El defensor don José Escalera se alzó de su escaño vivamente emocionado. Sabía que se jugaba mucho. La precipitación con que había tenido que preparar su defensa no le infundía gran esperanza de su eficacia. Reconocía que sus ponencias estaban un tanto atropelladas, y sus refutamientos quizá no tuviesen la fuerza que él deseara. El abogado trató de dar a sus palabras un acento reposado, y tras la fórmula ordinaria, entró en materia diciendo: «Cierto es que el delito de que se trata es de los mayores y más graves, y que exige por las leyes el más ejemplar castigo; cierto es también que la llamada bandera, letreros y demás encontrado, son cuerpo de delito; e igualmente lo es que la aprehensión de todo ello se ejecutó en la expresada casa como va referido; pero no lo es que mis defendidos sean autores ni cómplices del atroz delito que se les imputa, porque sobre ello no hay una prueba cierta, y sí muchas dudas que impiden la claridad que exigen las leyes del reino, para que se imponga la pena del último suplicio, ni la inmediata, sin embargo que sea por las mismas privilegiada la tal prueba, porque es bien sabido que ha de ser efectiva y cierta, aunque de menos solemnidad, y que no bastan para ella en el caso propuesto, los meros indicios, sospechas ni presunciones, que resulten contra los procesados» (2).

Tras exponer un breve sumario del proceso, dijo que en toda causa lo primero que debe quedar bien comprobado era el cuerpo del delito, lo que no estaba en la presente, ya que el tafetán aprehendido no era «indudable o cierto positivamente» que constituyese o formase una bandera del alzamiento, conspiración o revolución; en primer lugar, porque no estaba formada la bandera, y por lo tanto, aún no lo era, y en segundo: «porque el emblema del triángulo verde fijado en su centro, demuestra que su destino era más bien para

(1) Peña y Aguayo. *Ob. cit.*, págs. 109-117.
(2) Véase el apéndice XXVII.

adorno de alguna logia francmasónica; y acerca de este delito, que es de otra especie, sólo serán reos los que lo sean, y se reúnan, y los cojan, pero no los que formen, cosan o borden sus atavíos, y menos las mujeres, que así como no pueden ser obispas ni confesoras, tampoco pueden ser francmasonas», por lo que calificar de bandera revolucionaria el tafetán aprehendido, era tan aventurado como afirmar que había muerto envenenado todo difunto que tuviese las uñas moradas o alguna señal de las que produce la muerte por envenenamiento. Continuó diciendo que el tafetán aprehendido podía ser para otra cosa que un alzamiento, ya que una bandera no es objeto imprescindible para una revolución. Destacaba que aun habiendo existido intención, vino el arrepentimiento antes de terminarla. Así como no se estimaría «acto preparatorio completo o perfecto de un homicidio el resolverse a ejecutarlo, tomar armas, dirigirse con ellas a buscar o a esperar en sitio fijo al que había de matarse, pero que arrepentido de ello el que lo hacía, se volvía sin haber llegado al sitio en que debía esperar o acechar, y en el camino, ya de vuelta, fuese aprehendido por la justicia» y condenado.

Pero las palabras del defensor tenían un fondo de desolación. De antemano conocía la decisiva influencia de algo contra lo que se estrellaban todos los argumentos: la inflexibilidad y el despecho del juez don Ramón Pedrosa. Don José Escalera osadamente termina su defensa, con una alusión directa a ese rumor sentimental del juez comisionado hacia Mariana; en este momento decisivo deja sentado que «ciertos acontecimientos y circunstancias fatales son los que han hecho que a la referida se le tenga por algunos en un concepto que no merece. Por deber y por caridad, ha dado pasos y gestionado la misma en favor de algunos desgraciados, *y por no haber accedido a pretensiones de otros sujetos*, se ha adquirido y tiene algunos enemigos, y no sería extraño que éstos se hayan propuesto llevar su resentimiento y venganza hasta el extremo de arruinarla» (1). Concluyó su actuación en favor de Mariana diciendo que su defendida no

(1) Véase el apéndice XXVII.

era acreedora de la sentencia pedida, y pasó a hablar de los demás procesados.

Tras las intervenciones, la sentencia. Mariana, condenada a muerte; doña Úrsula de la Presa, a diez años de retención en el beaterio de Santa María Egipciaca (1); el criado José Burel, a ocho años de presidio en el Peñón de la Gomera, y las criadas, absueltas (2). Solamente la sentencia impuesta a Mariana tuvo que ser propuesta para su aprobación, según prevenía la real autorización concedida a Pedrosa. En caso de pena capital se «consultará con remisión de la causa original a S. M. para la resolución que fuese de su real agrado; sin que obste para esta especial comisión lo resuelto por el real decreto de 1 de octubre de 1829, por el que se sometió a la junta de ministros del consejo real, el conocimiento privativo de esta clase de delitos en todo el reino» (3). Pedrosa se hallaba autorizado para pronunciar y ejecutar todas las sentencias que impusiese que no fuesen de muerte, sin necesidad de consultar a la corte.

El día 6 de mayo, el ministro Calomarde envió el proceso, recibido desde Granada, al señor gobernador de las salas de alcaldes de casa y corte, para su informe. «El subdelegado principal de Policía de Granada, autorizado especialmente para la sustanciación y fallo de las causas de conspiración, que hubiese en el distrito de la Chancillería, da cuenta al rey N. S. para su soberana aprobación de la sentencia que pronunció en la jornada contra doña Mariana Pineda y consortes, por la aprehensión en su casa de un estandarte revolucionario y otros emblemas sediciosos; y de orden de S. M. le remito a V. S. Aranjuez, 6 de mayo de 1831. Calomarde» (4).

(1) Esta condena no la llegó a cumplir, ya que en 1836 vivía con sus sobrinos don Balbino y don Miguel de la Presa, esposa, nueve hijos y una criada, en la calle de las Hileras, núm. 5, donde tenían un comercio. Archivo Municipal de Granada. Padrón de la parroquia de la Magdalena, año de 1836. Leg. 294, fol. 120.

(2) Extracto de la causa de Mariana de Pineda. Copia en el archivo particular de don Antonio Gallego Morell.

(3) Véase el apéndice XXVIII.

(4) Extracto de la causa de Mariana de Pineda. Copia en el archivo particular de don Antonio Gallego Morell.

Al día siguiente, el señor relator daba cuenta a la sala plena formada por los señores: gobernador, Herrero, Cavia, Estrada, Suárez, Lasanea, Zorrilla, Pinanga, Galindo, Zuarnábar y Vicente. La primera sesión se celebró el día 9, con asistencia de los mismos señores, más Segovia y Asensio. El día 10, reunida la sala plena en segunda sesión, con asistencia de los mismos señores, acordaron evacuar la consulta en los términos acordados de la sentencia dictada contra Mariana por el comisionado, y confiscación de bienes en la fórmula ordinaria.

Con la misma fecha es elevado el informe de la sala plena a S. M. comunicándole que la sentencia se «consideraba justa y arreglada a la ley, porque las pruebas la convencen de delincuente y principal responsable de la bandera, que es el cuerpo del delito, por cuyas razones es de parecer que V. M. puede servirse aprobar dicha sentencia y mandar se ejecute en doña Mariana Pineda y confiscando sus bienes con la aplicación ordinaria en los términos que la ha pronunciado el subdelegado de Granada, o acordará como siempre lo más justo y acertado» (1).

Fernando VII también consideró la propuesta «justa y arreglada a la ley» y firmó la sentencia de muerte de Mariana de Pineda. Su cumplimiento se llevaría a cabo en la forma ordinaria de garrote.

En Derecho Penal, garrote, significa pena de muerte por estrangulación del reo mediante un corbatín de hierro aplicado a la garganta. La terrorífica imagen del garrote consistía en una tabla fija con un banquillo adosado, en el que se sentaba el reo. A la altura del cuello del condenado un corbatín de hierro ajustable a su garganta. Al envés del tablón existía un pequeño torno con una manivela, que, al ser accionada se introducía un torniquete en el bulbo raquídeo (cervicales) del ajusticiado y le producía la muerte de forma casi instantánea.

El Código Penal de 1822 introdujo en España la práctica de esta forma de ejecución de la última pena. El procedimiento elegido fue para todos los casos el de garrote, prohi-

(1) Extracto de la causa de Mariana de Pineda. Copia en el archivo particular de don Antonio Gallego Morell.

biendo toda tortura y mortificación (art. 39), ordenando que la ejecución fuese pública, entre once y doce de la mañana, en día no festivo ni de regocijo popular, y sobre un cadalso de madera o mampostería, pintado de negro, sin adorno ni colgadura alguna, fuera de la población, pero en sitio próximo a ella y proporcionando para muchos espectadores (art. 40).

El reo era conducido con túnica y gorro negros, atadas las manos, y en una mula llevada del diestro por el verdugo. Esto era en general. Para el caso de muerte con infamia, el reo era conducido con la cabeza descubierta, sobre un jumento. Si se trataba de un traidor, llevaba las manos atadas a la espalda, descubierta y rapada la cabeza y una soga de esparto al cuello. El parricida, en lugar de soga, llevaba una cadena, uno de cuyos extremos tenía el verdugo, que iría delante cabalgando en una mula. Tratándose de sacerdotes que no hubieran sido previamente degradados, llevaría siempre cubierta la cabeza con el gorro negro (art. 40).

Al salir el reo de la cárcel, durante el camino, cada 200 ó 300 pasos, y al llegar al patíbulo, debía pregonarse su nombre, su delito y la pena impuesta, haciéndose constar *lo mismo en un cartel colocado en el sitio más visible del lugar de la ejecución* (arts. 42 y 43). Cumplida la sentencia, quedaba expuesto el cadáver en el mismo sitio hasta puesto el sol, entregándose después a los parientes o amigos que lo hubiesen solicitado y, *en su defecto,* enterrado o entregado para la disección anatómica. Pero los cadáveres de los traidores y parricidas debían ser enterrados eclesiásticamente fuera de los cementerios, en un campo y lugar retirado, sin colocar señal alguna que denotase el sitio de la sepultura (art. 46).

A pesar de estas disposiciones, al iniciarse el movimiento reaccionario de 1823, es de presumir que la pena de garrote dejó de imponerse, siendo sustituida por la antigua de horca, según se desprende de la Real Cédula de 28 de abril de 1828. Fernando VII «para señalar la grata memoria del feliz cumpleaños de la reina», abolió la muerte en horca, disponiendo que en adelante se ejecutase en *garrote ordinario,* a los reos pertenecientes al estado llano; en *garrote vil,* los castigados por delitos infamantes, y en *garrote noble* a los hijosdalgo.

La distinción entre estas tres clases de garrote consistía en que los condenados a *garrote ordinario,* eran conducidos al cadalso, en caballería mayor y capuz pegado a la túnica; al *vil,* en caballería menor y arrastrados según la sentencia y con capuz suelto; y el *noble,* en caballería mayor ensillada y con gualdrapa negra. Fernando Fernández de Bobadilla, a quien debo esta información, nos decía, que hace unos 35 años, un fiscal de la Audiencia de Granada, le mostró el garrote con que ajusticiaban en Granada a los condenados, que se guardaba en los sótanos de la Chancillería granadina, el cual fue, sin duda, en el que Mariana de Pineda sufrió la última pena.

XVIII. MARIANA, EN CAPILLA

Libertad, libertad sacrosanta; nuestro numen tú siempre serás, podrás vernos morir en tus aras, mas vivir en cadenas. ¡¡Jamás!!

(Himno de los liberales)

En la tercera decena de mayo llegó a Granada la confirmación de la pena de muerte aprobada por S. M. Sabemos que el correo en esta época venía con bastante regularidad. «... dos veces por semana, y sale al día siguiente. Tarda en venir de Madrid tres días y medio» (1).

La noticia corrió pronto por toda la ciudad, causando profunda impresión en los granadinos. «Vagaban las gentes desalentadas de acá para allá, no les era dado expresar los rencorosos sentimientos que todos abrigaban contra los autores de tan inicuo e impío asesinato judicial. Asustados con estas muestras del odio popular, los satélites del despotismo

(1) Richard Ford. *Granada.* Traducción y notas de don Alfonso Gámir Sandoval, pág. 139.

redoblaban su vigilancia alrededor de Santa María Egipciaca» (1).

La ejecución tendría lugar en la mañana del jueves 26 de mayo, en el campo del Triunfo de la Inmaculada (2). Tres días antes se trasladaría a la reo, del beaterio de Santa María Egipciaca, a la Cárcel Baja, para permanecer en capilla. Don Ramón Pedrosa temía que se produjera algún movimiento popular cuando se efectuase el traslado. Para sofocar la posible rebelión, reclamó fuerza armada del capitán general de Granada, conde de los Andes, que tenía simpatías hacia el partido liberal; pero esta autoridad se negó a facilitarla, mas dio «orden a los comandantes de los cuerpos de Ejército para que la tropa se acuartelase inmediatamente hasta nueva orden» (3).

Como estaba previsto, en la mañana del 24 de mayo se presentó en el convento de Santa María Egipciaca el alcalde mayor segundo, Rafael Ansaldo, en quien Pedrosa había delegado la ejecución de la sentencia, para conducir a Mariana a la prisión.

Cuando Mariana estuvo en su presencia, el alcalde le ordenó que lo siguiese, sin comunicarle decisión alguna. La procesada no preguntó, pero presintió que había llegado la sentencia aprobada, pues al oír la orden se arrodilló ante una Dolorosa, imagen de su devoción, y en voz alta encomendó a la Virgen a sus hijos, que quedaban en completa soledad. Cuando terminó, acercóse a la rectora y a algunas monjas que presenciaban la escena, y con profunda emoción agradeció la acogida que le había dispensado durante su estancia en el convento, pidiéndoles que cuidasen a su anciana madre —doña Úrsula de la Presa, a quien ella calificaba siempre así—, a la sazón recluida en el beaterio, añadiendo: «si no le quitan también la vida, no decirle nunca que yo no existo» (4).

Doña Úrsula de la Presa fue sentenciada a 10 años de

(1) Peña y Aguayo. *Ob. cit.*, pág. 172-73.
(2) Durante la invasión francesa, este campo se convirtió en lugar de ejecuciones públicas, hasta 1840 que lo prohibió el Ayuntamiento.
(3) José Francisco de Luque. *Granada y sus contornos*, pág. 421.
(4) Peña y Aguayo. *Ob. cit.*, pág. 176.

reclusión por orden del señor alcalde de Casa y Corte, don Ramón Pedrosa, y confirmada por S. M.

Salió Mariana del convento-prisión conducida entre alguaciles. Dos meses había estado encerrada en aquel edificio, esta mujer de vida inquieta y luchadora, dando constantes pruebas de entereza.

En la puerta esperaba una berlina con objeto de trasladar a la reo sin llamar demasiado la atención pública. Mariana subió seguida del alcalde segundo. El carruaje se puso en marcha con dirección a la calle de la Cárcel. Cuando descendieron del coche ante la puerta de la prisión, Mariana atravesó el zaguán entre los soldados de la guardia, llaveros, alcaide, alguaciles, religiosos y los Hermanos de la Paz y Caridad, que esperaban su llegada. Los Hermanos de la Paz y Caridad era una orden seglar, muy antigua, que existía en todas las ciudades, dedicada a auxiliar a los condenados a muerte y a enterrar sus restos (1). Siguieron a Mariana hasta el piso principal, donde un escribano le notificó la sen-

(1) Estas Hermandades llamadas de la Paz, de la Caridad o de la Misericordia, asistían en sus últimos instantes a los reos de muerte y después enterraban sus restos, tras haber sido expuestos en lo alto de las picotas de los caminos y entradas a las ciudades, en jaulas y postes de madera, en los lugares donde delinquieron. Bernaldo de Quirós, cuenta en su libro *La Picota*, que Madrid, Sevilla y otras poblaciones donde la densidad demográfica tenía mayor índice de criminalidad, presenciaban las macabras procesiones de los huesos organizadas por las Hermandades. En Madrid, los cofrades de la Paz y Caridad, instituida en 1421 en la iglesia de la Concepción del Campo del Rey, recogían el sábado de Ramos los miembros de los ajusticiados repartidos por las vías públicas y les daban sepultura, después de una nueva ceremonia de exhibición sobre un altar en la plazuela de Santa Cruz, celebrando sufragio por su alma. La misma iglesia de Santa Cruz daba sepultura a los degollados; la de San Miguel a los agarrotados y la de San Ginés a los ajusticiados en horca. Rodríguez Marín describe ceremonias análogas que, desde fecha desconocida hasta bien entrado el siglo XVII, celebraba la Hermandad sevillana de la Santa Caridad de Nuestro Señor Jesucristo. Primero recogiendo los cadáveres de los ahogados en el Guadalquivir y los restos de los asaeteados, expuestos en escarpias y jaulas por los caminos públicos. Solía ocurrir que los huesos de los ajusticiados expuestos, caían a veces al suelo y eran pasto de cerdos y perros; para evitar este espectáculo, Pedro Martín de la Caridad, fundó en Sevilla, una sepultura de ajusticiados, en una iglesia de la ciudad andaluza.

tencia aprobada por Su Majestad. Y es entonces, al oír el nombre del monarca, cuando se desbordan los contenidos sentimientos de la condenada, clamando contra el rey, su Gobierno y juez de su causa. Pero la crisis dura tan sólo unos instantes. Después vuelve a adoptar actitud serena, que ya mantendrá hasta el último instante, con admirable espíritu. Con voz reposada volvió a levantar testimonio de su consciente mutismo, diciendo que «nunca una palabra indiscreta escaparía de sus labios para comprometer a nadie, y que le sobraba firmeza de ánimo para arrostrar el trance fatal en que se veía, y preferir sin vacilar una muerte gloriosa a cubrirse de oprobio, delatando a persona viviente» (1).

Esta inconmovible voluntad desconcertó a Pedrosa, pues esperaba que al verse en capilla se viniese abajo su firme resolución, revelando los nombres de los conjurados.

En el libro de Entrada y Salida de presos de la Cárcel Baja, quedó inscrito la entrada de la reo: «En 24 de mayo de 1831, entró trasladada del beaterio de Santa María Egipciaca doña Mariana Pineda, a disposición del señor alcalde mayor, siendo entregada por dicho señor, con asistencia de su portero y el escribano que firma.—Digo el portero, Andrés Guerrero» (2).

Los Hermanos de la Caridad asistían a los reos después de notificada la última pena, pues eran momentos de gran abatimiento; aconsejaron a Mariana se acogiese a la clemencia del rey, haciéndose acreedora del indulto mediante la declaración de los cómplices.

Pedrosa estaba autorizado para indultar, en el caso de que Mariana se decidiese a prestar declaración. El padre fray Juan de la Hinojosa, que la había bautizado, reiteró el consejo de aceptar la indulgencia, pero Mariana se negó rotundamente a «semejante bajeza» y solicitó la asistencia de su confesor, don José Garzón, párroco de Nuestra Señora de las Angustias, para que la acompañase en capilla.

Instalaron a Mariana en una «sala cuadrilonga, estrecha,

(1) Peña y Aguayo. *Ob. cit.*, pág. 178.

(2) *Libro de Entrada y Salida de presos de la Cárcel Baja de Granada.* Copia fotográfica en el archivo de Manuel Torres Molina. Granada.

con dos alcobas sin luz; en una de éstas colocaron a la infeliz, sin más muebles que dos sillas; al extremo de la sala estaba situado un centinela de vista, y de cuando en cuando vigilaban los ministriles y los dependientes de la cárcel» (1).

Cuando llegó el director espiritual de la reo, retiráronse los dependientes de justicia y los Hermanos de la Caridad. El anciano sacerdote no esperaba encontrar a Mariana con aquella disposición de ánimo. Su actitud era serena, y con admirable claridad fue exponiendo al sacerdote el estado de sus intereses. Quería dejar todo en orden, en manos de alguien que cumpliese su última voluntad. Sus bienes habían sido confiscados y sus hijos quedaban totalmente desamparados. De nuevo había fracasado el intento de reivindicación de su herencia patrimonial. Pero la mujer estaba en franca rebeldía con la solución del pleito. La última diligencia con la que habían cerrado su demanda era absurda. Dos años había tardado el juez en emitir la sentencia del litigio, y cuando Granada entera conocía su sentencia de muerte, se pronunció el fallo. De este viejo e infructuoso asunto de intereses familiares trató largamente Mariana con su confesor. Todo lo puso en conocimiento del sacerdote, pues deseaba que, a través de él, sus hijos tratasen de conseguir lo que legalmente les pertenecía de su herencia. Pero al llegar a este punto la ternura de la madre traicionó a la mujer; sólo con mencionar a sus pequeños, el llanto ahogaba su voz. Don José Garzón, viéndola tan afligida, la consoló diciéndole: «que no le faltarían amigos fieles a su antigua amistad que recogiesen a sus hijos» (2.) Después, Mariana de Pineda se arrodilló ante el sacerdote e hizo confesión general.

Era costumbre en la época proporcionar a los reos, durante los tres días que permanecían en capilla, los alimentos y golosinas que desearan (3). Esta asistencia estaba a cargo de los Hermanos de la Caridad. Para sufragar estos gastos y

(1) Peña y Aguayo. *Ob. cit.*, págs. 181-182.

(2) En efecto, a la muerte de Mariana de Pineda este sacerdote quedóse con José María, el hijo mayor de la ajusticiada, niño a la sazón de 11 años; y don José de la Peña y Aguayo con la pequeña Luisa.

(3) Cuenta de gastos ocasionados por alimentación de un reo en capilla; véase el apéndice XXXV.

los de las misas, recorrían las calles implorando la caridad pública, previo anuncio de la culpa por la que iba a ser ajusticiado el reo. Para llamar la atención de las gentes, el hermano iba tocando una campanilla:

Den por Dios para misas —repetía—.
Que una mujer perece ajusticiada (1).

Nos asiste otra descripción:

Las calles de tropa se encuentran cubiertas,
que dan de dolientes, sensible señal:
aterrado el pueblo, cerradas las puertas,
tan sólo se oye el eco fatal
del lutoso hermano, cofrade piadoso,
de sociedad noble, cristiana y sencilla,
que «den por Dios», dice con labio angustioso,
y toca, pausado, fatal campanilla (2).

El alimento de Mariana durante todo el tiempo que estuvo en capilla fue naranjada. El primer día, el alcalde mayor de la prisión le sugirió que comiese alguna cosa, ya que después de tantas horas sin ingerir nada, podía perjudicarle: «bien puede ser —contestó ella sonriendo—, pero antes que eso suceda se habrá acabado mi vida» (3).

Así transcurrió la primera mañana en capilla de Mariana de Pineda. Por la tarde conversó con el P. fray Juan de la Hinojosa y algunos Hermanos de la Caridad. La tranquilidad de ánimo de la condenada era admirable. En los días en que había un reo en capilla no se oían más que lamenta-

(1) *Un recuerdo a doña Mariana Pineda, en el aniversario de su muerte. Descripción del aniversario celebrado en los días 24, 25 y 26 de mayo del corriente año de 1839, por el Excmo. Ayuntamiento Constitucional, en honor y memoria de la ilustre hija de Granada, doña Mariana Pineda y demás víctimas sacrificadas por el despotismo.* Granada. Imprenta de Benavides, junio de 1839.

(2) *Mariana, romance en ocho cuadros que recuerda un suceso sangriento de la tercera década del siglo XIX. El Patíbulo,* cuadro VIII, por Cristóbal Pascual. Granada, 1839.

(3) Peña y Aguayo. *Ob. cit.*, pág. 188.

ciones «alternadas con el ronco son de los grillos y cadenas a que está amarrado el reo», las exhortaciones de los religiosos, el ruido de las llaves, el rechinar de algún rastrillo y el aldabonazo que anuncia la entrada del alcalde semanero a presenciar el reparto de comida; estos ruidos son los únicos que rompen el trágico silencio, pero la serenidad de Mariana hacía pensar que todo aquello era una pesadilla. Les parecía increíble que la mujer estuviese decidida a arrostrar hasta el cadalso tanta belleza y juventud.

Anochecido, el alcalde mayor comunicó al sacerdote la necesidad de que Mariana se despojase del traje que traía puesto —pues podía ingerir algún veneno que llevase oculto—, y de todos aquellos objetos personales que pudiesen ocasionar un suicidio.

El confesor previno a Mariana de este requisito; la reo no opuso resistencia alguna. Minutos después entraba en la sala la mujer del alcalde, acompañada de una camarera. Con toda naturalidad, Mariana accedió al cambio de traje, por uno que habían traído del vestuario embargado de la condenada. El pelo de Mariana se desbordó por sus hombros al quitarle la cinta que lo sujetaba, y las horquillas.

A todo accedió Mariana, haciendo gala de condescendencia. Pero cuando la camarera se dispuso a quitarle las ligas, reaccionó violentamente, y llena de un furor, exclamó: «Eso no, jamás consentiré ir al patíbulo con las medias caídas. Que se tranquilicen estos ministros de la tiranía, y vivan seguros que aunque tuviera medios de quitarme la vida, no lo haría, porque me sobra valor para montar al cadalso, y la religión me prohíbe el suicidio» (1).

La alcaldesa pidió perdón a la reo y salió de la estancia llena de admiración y respeto, sin cumplir el encargo.

Después pidió Mariana una jofaina con agua y regó la estancia «a fin de ahuyentar un poco las muchas chinches que en ella había», echóse vestida en la cama y durmió unas cuantas horas.

(1) Peña y Aguayo. *Ob. cit.*, pág. 197.

ciones [illegible] a [illegible] los [illegible] y [illegible] a que está [illegible] el [illegible] de las [illegible] de las [illegible] [illegible] que [illegible] el [illegible] [illegible] de [illegible] que [illegible] [illegible] de [illegible] que [illegible] [illegible] que la [illegible] hasta el [illegible] tanto [illegible]

[illegible] Mariano [illegible] cuestión [illegible] de [illegible]

El [illegible] la mujer del alcalde [illegible] nacionalidad. [illegible] el [illegible] Mariano [illegible] y [illegible]

Todo [illegible] como [illegible] Que se [illegible] la [illegible]

El alcalde [illegible]

Después pidió Mariano una [illegible] en [illegible] en la [illegible] horas.

(1) [illegible]

XIX. EJECUCIÓN EN GARROTE

Amaneció el segundo día en capilla. Era costumbre que los condenados a muerte comulgaran por la mañana. Mariana se preparó desde muy temprano para recibir a Dios. A las diez, con motivo de la comunión de la reo, se formó la tradicional procesión que, con toda solemnidad y emoción de los asistentes, se hacía en el interior de la prisión. Mariana de Pineda recibió en el curso de la ceremonia el santo sacramento con toda reverencia.

Al terminar el acto religioso, presentes el juez, el escribano don Mariano Ortega, el confesor don José Garzón y algunos Hermanos de la Caridad, expresó Mariana su deseo de otorgar testamento. Pero el escribano, «ignorante en esta parte de la ley del reino», dijo que al no poseer ningunos bienes, puesto que le habían sido confiscados, no podía hacerlo. Entonces, la reo solicitó papel y pluma, con objeto de hacer relación de sus deudas y acreedores.

El alcalde mayor, creyendo que Mariana no podría escribir, se ofreció galantemente a tomar nota, pero no había contado con la crisis de congoja que le embargaba e impedía escribir claramente lo que la mujer le comunicaba. Apenas había escrito dos líneas, le dijo Mariana que la dejase continuar a ella; tomó la pluma e hizo las oportunas declaraciones con su letra clara y legible, detallando las deudas, objetos y personas en cuyo poder estaban algunas alhajas de su uso personal. Expresó especial interés por una sortija de brillantes, la cual suplicaba hicieran llegar a poder de su hija. Encargo que no se cumplió «porque fue presa de la rapacidad de los curiales como todos los demás bienes de ella y de sus hijos» (1).

Terminadas estas declaraciones, escribió dos cartas, una a su hijo, recomendándole a su hermana y exhortándole a la absoluta fidelidad en sus principios políticos; que saliese del país cuando fuese mayor de edad, y que jamás se avergonzase de haber tenido una madre que había sucumbido bajo las manos del verdugo, pues que moría en aras de su Patria, de la libertad y de la santa causa de los derechos del pueblo. La otra iba dirigida a su tío, el presbítero don Pedro de la Serrana, encomendándole la tutela de sus hijos José María y Luisa.

Las dos cartas fueron censuradas por el alcalde mayor segundo, el escribano y el confesor. Pero no llegaron jamás al poder de las personas nominadas, pues al pasar a manos de Ramón Pedrosa, como juez de la causa, se encargó de inutilizar los originales, alegando, años más tarde, «que por los términos en que estaban concebidos no podían entregarse a las personas para quienes eran dirigidos». Razón que Pedrosa dio a Peña y Aguayo al solicitar éste, tras la caída del ministro Calomarde, copias de ellas (2).

Después, retiráronse los dependientes de justicia, y Mariana quedó con el P. fray Juan de la Hinojosa y con el P. José Garzón, pasando todo el día entregada a la oración, sin tomar otro alimento que abundantes naranjadas. Retira-

(1) Peña y Aguayo. *Ob. cit.*, pág. 202.

(2) «Madrid y enero de 1833. —Sr. D. José de la Peña. —Muy Sr. mío: en contestación a su favorecida, le digo que siento no poder acceder a sus deseos remitiéndole las copias que me pide, a causa de haber inutilizado los originales, que por los términos en que estaban concebidos no podían entregarse a las personas para quienes eran dirigidos: en el expediente que V. refiere creo haya lo suficiente a acreditar lo que V. pretende. Consérvese V. bueno y disponga de este su affmo. servidor, Q.S.M.B. Ramón Pedrosa y Andrade.» Peña y Aguayo. *Ob. cit.*, págs. 204-205.

dos los religiosos, acostóse la reo, antes de las doce, y pasó la última noche de su existencia en tranquilo y sosegado sueño.

Y amaneció el día 26 de mayo, señalado para la ejecución. Con las primeras claridades se levantó Mariana, e inmediatamente llamó a su confesor para reiterarle los encargos hechos en los días anteriores. Como el sacerdote no cesase de llorar, Mariana le pidió que no la acompañara, pero le suplicó que se adelantase hasta el Campo del Triunfo, y la esperase al pie del patíbulo para que la encomendase a Dios antes de morir.

Muy de mañana empezaron a prepararse los dependientes de justicia. Hasta la celda llegaba un rumor de creciente actividad a medida que se aproximaba la hora. Un sonar de tambores se alejaba hacia el lugar de la ejecución. En los patios empedrados resbalaban los cascos de los caballos, que iban a montar guardia a determinados parajes para sofocar cualquier intento de rebeldía. Un ir y venir afanoso ascendía al piso alto.

Más próximo se oyó un crujir de rastrillos y cerrojos. El momento había llegado. La palidez se acentuó en todos los semblantes. Un silencio penoso, de tragedia, envolvía a los presentes.

La puerta de la celda se abrió, y en ella apareció el verdugo, José Campomonte, acompañado de algunos Hermanos de la Caridad (1). En una bandeja de plata portaba un «saco y un birrete» negros, el uniforme de los reos. Manuel del Charco, como Hermano Mayor de la Caridad, era el encargado de ponerle a Mariana la túnica y, en aquel estremecido momento ocurrió un incidente cruel. Los dependientes de justicia presentes se adelantaron para quitarle el traje que vestía Mariana, en razón de que todos sus bienes estaban confiscados por la ley. Era un vestido de coco o percal azul, con florecillas de forma de azucena de color de caña, según la descripción de los testigos. Al inicuo despojo se opusieron los Hermanos de la Caridad. Su resistencia di-

(1) El nombre del verdugo que ejecutó a Mariana de Pineda y el del pregonero público, que leyó la sentencia lo hemos localizado en el Archivo Municipal de Granada, en el *Libro de Libranzas Pagadas*, 1851.

suadió a los dependientes de justicia de cumplir la orden. Ante el temor de que, una vez ejecutada la sentencia, tratasen de llevar a cabo su propósito, Mariana encargó a los Hermanos Manuel del Charco y Antonio Pérez, que antes de enterrar su cuerpo, agujerearan el vestido, picándolo con unas tijeras, no por el pillaje, sino por un sentimiento de pudor. Acto seguido se inició la ceremonia de investidura del fúnebre sayal. Debido a la gran tribulación que embargaba a Manuel del Charco, le puso a Mariana el tosco sayal al revés, y al advertirlo la reo, con admirable serenidad, se lo quitó, parsimoniosa, y se lo colocó al derecho. Después el verdugo le ató las manos con un trozo de cuerda. Calzaba Mariana, encima de medias grises, zapatos de tafilete negros, con punta cortada y ataderos de cintas y moños.

Los frailes de los conventos de Capuchinos y San Francisco, que habían llegado para unirse a la comitiva que la acompañaría al patíbulo, le dieron un crucifijo y un rosario menudo, ensartado en torzal; del que pendía una pequeña cruz, que Mariana llevó entre sus manos durante todo el itinerario.

Había llegado la hora de partir. En medio de un estremecedor silencio, fueron saliendo todos, precedidos de la reo y el verdugo. «Marchaba Mariana con paso firme, con semblante humilde, pero animado; destrenzado el cabello de atrás, le salía por debajo del birrete cubriéndole la espalda, los hombros y una parte del pecho; los bucles de la cara ondeaban sobre sus mejillas y se alargaban hasta la mitad de su hermoso cuello; llevaba los ojos clavados en el crucifijo, pero sin derramar una sola lágrima» (1).

En marcha casi solemne, llegó a la puerta principal de la cárcel. Allí se detuvo el cortejo. El tiempo de reclusión no ha afectado la belleza de Mariana, que en 1831 se encuentra en el umbral de los veintisiete años. Estos meses de intensa vida espiritual le dan a su semblante una expresión misteriosamente serena, una sorprendente aura de paz, asumida ya su muerte.

Ante la expectación de los granadinos apareció la reo.

(1) Peña y Aguayo. *Ob. cit.*, págs. 212-213.

Su prestancia física, la línea acabadísima de su cuello, la precisa redondez de sus formas, toda aquella plenitud de su naturaleza, de la que irradiaba la mejor armonía, iba a ofrecerlas en aras de su ideal político. Y el asombro de las gentes creció más.

En la puerta esperaba el pregonero público, Manuel Pita. Tras un redoble de tambor, anunció la sentencia del crimen de traición por el que se condenaba a la reo a morir en garrote vil, quedando confiscados todos sus bienes; amenazando en nombre del rey a cualquiera que se opusiera a que se ejecutara tal justicia.

Terminado el pregón, ayudaron a Mariana a montar en una caballería preparada con jamugas. En atención a la ascendencia noble de la reo, fue conducida al cadalso en mula, en lugar de asno; esta deferencia la concedían las leyes a los hidalgos. La comitiva se puso en marcha. Tiraba del ronzal de la mula el verdugo, precedido del pregonero y un piquete de caballería. La sentenciada iba rodeada de frailes y detrás iban los Hermanos de la Caridad y «un receptor, a caballo, vestido de serio, con espadín y sombrero de picos, en seguida dos alguaciles de negro, con golilla, chupa, calzón, medias de seda, zapatos con hebillas, capilla corta, sombrero de canal y un junco en la mano; seguía un piquete de infantería con cajas destempladas» (1).

La lúgubre comitiva ascendió por la calle de la Cárcel Baja hacia la calle de Elvira. Al pasar por la iglesia del Ángel (2) hicieron la primera parada. El pregonero repitió la sentencia por segunda vez, ante el Pilar del Toro. Acabado, continuaron en dirección a la puerta de Elvira (3). Todas las

(1) Peña y Aguayo. *Ob. cit.*, págs. 214-215.

(2) Esta iglesia pertenecía al convento del Ángel Custodio. Se fundó en 1626. El primer edificio era traza de Alonso Cano y la construcción se debía a Juan Luis de Ortega. Durante la Guerra de la Independencia fue destruido, desapareciendo gran parte de sus obras pictóricas. Se reedificó pobremente en 1819-30. Fue derribado en 1934; su lugar lo ocupa hoy día el edificio del Banco de España, terminado en 1941, siendo trasladada su portada al nuevo convento, en la calle de San Antón.

(3) La puerta de Elvira era de las más importantes y notables entradas árabes de la población. Daba acceso directo al Albaicín por la cuesta de la Alhacaba, y a la ciudad, por la calle de Elvira. En la

desembocaduras del Albaicín: «Boquerón de Darro, Plazuela de los Naranjos y de la Cava estaban llenas de gentes del pueblo bajo, especialmente de mujeres.»

Sólo se percibía el clamor de rezos y exhortaciones de los religiosos. Las rejas y los balcones del itinerario permanecían cerrados, y ni una sola persona «decente» se asomaba. De vez en cuando Mariana levantaba la mirada del crucifijo y las gentes prorrumpían en llanto, enternecidas y admiradas, al contemplar tanta entereza.

Al llegar a la puerta de Elvira, divisó a la Virgen, sobre la labrada columna del monumento a la Inmaculada, y la voz de Mariana se alzó pidiendo perdón por sus culpas (1).

Manuel Pita, el pregonero, se había adelantado. Penetró en el corro que formaba la guardia alrededor del cadalso, y colocóse al pie del patíbulo. Tras un redoble general de tambores, pregonó por última vez el motivo por el que se ejecutaba a la reo.

Mientras tanto, la comitiva se acercaba paso a paso. El rumor de los rezos había subido de tono. El terror embargaba los ánimos de la muchedumbre, que desde muy temprano había acudido a contemplar el terrible espectáculo. Unas nubes negras habían entoldado el luminoso cielo granadino. Prestaba más terror a la tragedia un ruido sordo de truenos de la tormenta que se avecinaba.

«El patíbulo estaba levantado al lado izquierdo de la Virgen, como a unas cuatro varas de la verja. Era un tablado de madera de cinco pies de altura, cubierto de bayetas negras: en un extremo estaba el banquillo, en dirección a la calle de San Juan de Dios, y de espaldas a la calle Real; por

---

actualidad se conserva el gran arco de herradura exterior, acabado en almenas, y un trozo de muralla.

(1) Para conmemorar el voto de la ciudad de defender la Inmaculada Concepción de María Santísima, el 2 de setiembre de 1618, se acordó erigirle un monumento. La obra fue encomendada a Francisco de Potes en 1626 y ejecutada por Alonso Mena. Sobre un gran basamento de piedra de Sierra Elvira, se alza un pedestal en el que descansa una columna. El fuste está primorosamente tallado con emblemas de la Virgen, rematado por una bellísima imagen de María Inmaculada, sobre un capitel corintio.

este lado tenía la subida, cubierta asimismo de negro (esta distinción de estar enlutado el cadalso la conceden las leyes a los nobles e hijosdalgo)» (1).

De los pueblos cercanos habían llegado refuerzos de tropas. De Santa Fe vino la Caballería de Voluntarios, pues las autoridades recelaban, presintiendo un amotinamiento que impidiese la ejecución. Al parecer existió un conato de complot preparado para salvar a Mariana en el transcurso del itinerario al suplicio. El anciano conde de los Andes, capitán general de Granada, estaba decidido a colaborar con el pueblo, «si éste, como se esperaba y estaba dispuesto, se lanzase, a costa de verter su sangre, a dar libertad y poner en salvo a la desventurada Mariana. Mas por un accidente desgraciado e imprevisto, fallaron para ello ciertos elementos en los más precisos instantes en que debía darse el golpe y que no es permitido revelar. Baste decir que, reservadamente, algunas masas populares se hallaban prevenidas y armadas, ocupando ciertas avenidas para la evasión de la víctima, esperando sólo la voz de alarma para poner en práctica su proyecto, que se extendía hasta el arriesgado paso de atentar contra la persona de su inhumano verdugo. Mas la fatalidad, que perseguía a la viuda de Peralta y Valte, había ya decretado su muerte en público cadalso» (2).

Al pie del patíbulo encontró Mariana a don José Garzón. Por última vez se reconcilió con Dios, y subió al tablado ayudada del anciano sacerdote. En esos momentos empezó a llover. La reo ocupó el banquillo del terrorífico instrumento, implorando la misericordia del Todopoderoso. El ejecutor de la real justicia procedió a colocarle la «gargantilla de hierro en sus bodas con la muerte» (3). Mientras el confesor la absolvía en el nombre de Dios, el verdugo cumplió la sentencia.

(1) Peña y Aguayo. *Ob. cit.*, págs. 218-219.

(2) José Francisco de Luque. *Granada y sus contornos*, páginas 421-422.

(3) Federico García Lorca. *Los títeres de Cachiporra*, cuadro sexto.

XX. UNA CRUZ ANÓNIMA SOBRE SU TUMBA

¿Qué ocurrió después del ajusticiamiento de Mariana de Pineda?

Según lo decretado por real orden de 20 de marzo de 1831, a las personas que «resultasen cómplices en las conspiraciones contra el estado y legítimo actual gobierno» (1), después de cumplida la sentencia de muerte, se les colgaría un cartel con letrero alusivo a la causa por la cual habían sido sentenciados.

Al célebre librero Miyar, ajusticiado en Madrid días antes que Mariana de Pineda, le colgaron el cartel con el letrero: «Por revolucionario» (2).

C. R. de Villalba, en su obra *En el centenario de Mariana de Pineda* dice: «A la vergüenza pública, según frase de la época, quedaron expuestos los restos de la heroína Mariana

(1) Archivo Histórico Nacional. Consejos. Leg. 12202, núm. 63.

(2) «Por la exposición de la Sala de Corte que V. E. me ha remitido con oficio de fecha de ayer, queda enterado el rey N. S. de la sentencia que ha dictado contra don Antonio Miyar, por conspirador contra los derechos de S. M., condenándole a la pena de muerte en horca, y que después de ejecutada se le ponga pendiente del cuello un cartel que diga «Por revolucionario» y lo comunico a V. E. de Real Orden. Fechado en Aranjuez, 8 de abril de 1831. Firmado: Calomarde.» Archivo Histórico Nacional. Consejos. Leg. 12236.

de Pineda.» Es la única referencia que tenemos de esta circunstancia.

Nada de esto recogió Peña y Aguayo en la gráfica descripción que nos hizo del ajusticiamiento, lo que nos hace pensar que prescindieran de este afrentoso requisito, pues él, que fue tan minucioso, no hubiera dejado de consignar este detalle. ¿Fue otra distinción a su noble ascendencia?

Aclaran esta duda tres testigos oculares de la tragedia, que asistieron a la ajusticiada en las últimas horas de su existencia, a quienes la reo encargó personalmente la disposición del enterramiento de su cadáver.

Las declaraciones de estos testigos nos permiten reconstruir el desarrollo de los acontecimientos con toda minuciosidad. Son don Antonio Pérez, don Manuel del Charco y don José Abril, los que en 1836 ayudaron a identificar los restos y a localizar el lugar del enterramiento en el cementerio de Almengor (1), en donde ellos mismos los habían conducido el 26 de mayo de 1831.

El primer testigo, don Antonio Pérez, de treinta años, sargento primero de la tercera compañía del segundo batallón de la guardia nacional y Hermano de la Caridad, declaró «fue uno de los que condujeron el cadáver, por razón de su cargo de hermano de la caridad, y ayudó a introducirlo en el hoyo, habiéndole picado con tijeras el vestido para evitar no pudiesen extraérselo, y a consecuencia del particular encargo que le hizo en la capilla doña Mariana, de que no

(1) «Durante varios siglos los granadinos se enterraron en los cementerios de las iglesias y de los conventos. Pero al iniciarse el siglo XIX, al ser estudiada con mayor sentido la salud local y ante la persistencia de dramáticas epidemias, las autoridades creyeron necesario que las inhumaciones se realizaran fuera del núcleo urbano. En 1804, el capitán general don Tomás de Morla ante una grave epidemia de fiebre amarilla señaló varios lugares cercanos a la ciudad para que sirviesen de enterramientos, y uno de ellos fue el llamado cementerio del Beyro, del Pozo de Almengor, y de las Tinajerías, pues de las tres formas se le designó. Iniciadas en él las inhumaciones al comienzo del siglo, por gestiones de la junta de sanidad y del intendente de la provincia, continuarían, aproximadamente, durante treinta años. En 1834, el gobernador civil ordenó el cese de inhumaciones en el cementerio del Beyro o de Almengor.» Eduardo Molina Fajardo. *Cementerio de Almengor*, en el diario *Patria*, de Granada, 9 de setiembre de 1961.

abandonase su cuerpo, hasta verificada dicha operación. Que a seguida le puso sobre el rostro una almohada y cubrió de tierra por su mano el cadáver, procurando que sobre el mismo no cayese más que tierra limpia. Que el vestido con que se enterró era de coco o percal azul, con flores como de hechura de azucena de color de caña; zapatos de tafilete negros con punta cortada, medias de color gris, y una túnica de bayeta negra atada por la cintura, con cinta de hiladillo del propio color, y que el sitio de la sepultura lo tiene muy presente; que estaba contiguo a las tierras de labor que cercan el enterramiento, entrando por el puente nuevo del Beyro, a mano izquierda, y no muy distante de una cruz de piedra colocada al cadáver de don Felipe Haso, por cuyo motivo le es muy fácil designarlo sin riesgo de equivocarlo» (1).

El segundo testigo fue don Manuel del Charco, de sesenta años, el que con torpes manos vistió a Mariana la túnica negra para dirigirse al cadalso, declaró, «que haciendo en aquella época las veces de Hermano Mayor, asistió al reo, y se opuso a que se le quitase el vestido que llevaba, como se quería practicar por los dependientes de justicia, en razón a estar, según manifestaron, secuestrados todos los bienes pertenecientes a doña Mariana, y habiendo podido conseguir no se le tocara, dispuso con acuerdo de los demás sus compañeros se le picase con tijeras para que no le fuese extraído» (2).

El último testigo es don José Abril, de cuarenta años, sepulturero del cementerio de Almengor. A la pregunta de «si se halló presente al enterrar el cuerpo de doña Mariana Pineda, en el día 26 de mayo del año pasado, de 1831, y presenció el acto de colocarlo en la tierra, dijo: «que por razón de su destino estaba en el enterramiento la tarde del día que se cita, y vio dar sepultura a dicho cadáver por mano de individuos de la Hermandad de Caridad, después de haberla picado el vestido que llevaba, con unas tijeras...» (3). Este hombre nos relata un hecho emocionante de aquella noche

(1) Archivo Municipal de Granada. Leg. 1922.
(2) Archivo Municipal de Granada. Leg. 1922.
(3) Archivo Municipal de Granada. Leg. 1922.

trágica, densa de temores para los sobrecogidos granadinos que habían presenciado el ajusticiamiento de una mujer joven, valiente y bellísima. Cuando le preguntan: «si podría con seguridad designar el sitio en que se verificó la sepultura», respondió: «Que, sin riesgo a equivocarse, le es fácil señalar el referido sitio, en donde se conserva una cruz de madera, que el declarante la puso por encargo de dos personas a quien no conoció, en la cual no pueden leerse en el día más que algunas palabras por haber consumido el tiempo lo demás de la inscripción...» (1).

El sepulturero los vio saltar la cerca, y quedó petrificado de espanto ante la arriesgada osadía de los desconocidos, pues el nombre de aquella mujer era sinónimo de delito, de bandera revolucionaria y funesta. La cruz quedó alzada en la tumba de Mariana. ¿Quiénes eran? No sabemos sus nombres, pero podemos afirmar que era el callado homenaje que no podían proclamar aquellos granadinos a los que ella había salvado con su silencio, con ofrenda de su propia vida.

Las campanas de la vecina parroquia de San Ildefonso anunciaron inmediatamente el cumplimiento de la sentencia aquel 26 de mayo de 1831. El párroco, don José de Morales, le hizo el oficio y díjole misa y vigilia cantada, después apuntó en el libro de entierros la defunción de la mujer, en garrote (2).

El escribano de la Cárcel Baja, pendolista de tristes destinos, consignó en el libro de entrada y salida de presos, al lado de la inscripción de entrada al recinto, dos días antes, la salida: «En 26 de mayo de 1831 salió doña Mariana Pineda para la plaza del Triunfo a sufrir la pena de garrote ordinario a que ha sido sentenciada por el juez don Ramón Pedrosa y Andrade, alcalde del crimen de esta Real Chancillería y subdelegado principal de Policía, confirmada por S. M., por tenerlo así mandado en auto de este día» (3).

Los bienes confiscados de Mariana de Pineda quedaron

(1) Archivo Municipal de Granada. Leg. 1922.

(2) Partida de defunción de Mariana de Pineda; véase el apéndice XXXVI.

(3) *Libro de entrada y salida de presos de la Cárcel Baja de Granada.* Copia fotográfica en el archivo de don Manuel Torres Molina.

en poder de la justicia, la que los vendió en pública almoneda en el rincón de los Vagos, junto a la casa de «Los Miradores», en la plaza de Bibarrambla. Catorce días más tarde la municipalidad reclamaba a Pedrosa abonara «los gastos causados en la ejecución de la sentencia respecto a que los fondos públicos no deben sufrir este gravamen cuando los reos tienen bienes» (1). Once días después de esta reclamación, don Ramón Pedrosa oficiaba al señor marqués de Altamira, corregidor de la ciudad, que la había «pasado al señor alcalde mayor segundo para que se sirva disponer que de los efectos y bienes embargados a dicha doña Mariana se satisfagan aquéllos» (2).

La ejecución causó honda impresión en toda la ciudad. Pero son escasos los testimonios impresos que nos han descrito el horror de la jornada. Tan sólo la referencia de dos personas ajenas a la tragedia, nos ilustra de la conmoción que produjo el suceso. Los dos son extranjeros. El inglés Richard Ford, alzó su voz vivamente emocionada. El ilustre escritor, que pasaba una temporada en Granada, habitando el palacio de la Alhambra, sintió la necesidad de comunicar la impresión que le causó la pena de la muerte de la bella granadina, y en una carta que escribe a un amigo, Mr. Addington, le informa: «Se ha efectuado en estos días una horrenda ejecución, que habría producido una revolución en cualquier otra parte. Han dado muerte en garrote a una hermosa viuda, relacionada con las mejores familias, por el hecho tan sólo de haberla encontrado en posesión de una bandera constitucional, con un lema medio bordado. Se negó a hablar de sí y de sus cómplices. El asunto se envió a Madrid y volvió de nuevo, para horror y sorpresa de todos, con la orden de ejecución. ¡Una mujer ejecutada por tal delito en el año 1831! Decididamente, estas cosas se llevan en España de modo diferente» (3).

(1) Archivo Municipal de Granada. Libro de actas de 1831, fol. 102.

(2) Oficio de don Ramón Pedrosa al corregidor de Granada, sobre el pago de la ejecución de Mariana de Pineda; véase el apéndice XXXVII.

(3) Richard Ford. *Granada*. Traducción y notas de don Alfonso Gámir Sandoval. Granada, 1955, pág. 131. (Publicaciones del Patronato de la Alhambra.)

Ocho días más tarde vuelve a escribir Richard Ford a Mr. Addington y de nuevo se lamenta de la injusta muerte de Mariana: «Nos van a obsequiar con más ejecuciones: dos oficiales a quienes se halló sobornando a sus tropas. Lo merecen; pero, ¡pobre Mariana!, que pudo haber sido perdonada» (1).

El otro testiomnio es el del marqués de Custine, que llegó a la ciudad de la Alhambra días después de la ejecución de Mariana. En carta a Jules Janin, fechada en Granada el 23 de julio de 1831, le describe el ambiente de la ciudad: «...desde que vivo aquí me siento invadido por un terror insuperable; creo estar sobre un volcán apagado, pero dispuesto a encenderse de nuevo y cuyo despertar será tan terrible como largo ha sido su sueño...

»El rey parece haber cambiado de papel con sus enemigos: éstos demuestran firmeza mientras que él se mostraba voluble.

»Desde hace mucho tiempo los liberales españoles habían establecido su cuartel general en Gibraltar. Últimamente varias tentativas suyas contra el monarca español han fracasado. Ellos pensaban que las mujeres serían mejores agentes políticos que los hombres, por su mayor prudencia y por estar menos expuestas a las acciones de la Policía, y también más fáciles de sustraer al castigo si alguien las denunciase. Sin olvidar su capacidad de entusiasmo, que es mucho mayor que el nuestro. De ahí que se dirigieran a doña Mariana de Pineda, una dama noble, bella y joven de Granada.

»Desde la última conspiración de Cádiz toda Andalucía está sometida a un régimen de comisiones militares. Entre los jueces que componen la de Granada no se encontró a uno solo que quisiera cargar con la responsabilidad de otorgar la gracia a la condenada. Por eso escribieron a Madrid solicitando órdenes precisas.

»Mientras tanto, el gobernador general de la provincia, el general O'Lawler, irlandés de origen, que nunca creyó que la dama se encontraba muy comprometida, por lo menos a

(1) Richard Ford. *Granada. Ob. cit.*, pág. 134.

causa de este hecho, y menos en peligro de muerte, le permitió permanecer en su domicilio, simplemente arrestada. Hasta que se recibiera la respuesta de Madrid. Pasaron ocho días antes de que ésta llegara. Si doña Mariana hubiese podido prever la clase de respuesta hubiera podido escapar y tratar de reunirse con su tío en Gibraltar. Sus familiares y los hombres de su partido, y ella también, se durmieron. Quizá tenía demasiado miedo a mostrar sus temores; debían comprometerse para salvarla; creyeron en la clemencia del rey.

»Al fin llega la decisión del príncipe: era la orden de ahorcar a doña Mariana Pineda en las veinticuatro horas. Se asegura que en la carta dirigida al gobernador general se precisaba que esta decisión había sido tomada por mayoría. La sentencia garantizaba la gracia a la culpable si ésta consentía en identificar a sus cómplices.

»Esta joven y frágil mujer se transformó súbitamente en un héroe. Se negó a responder y pidió que se aplicase la decisión pronunciada contra ella, con estas palabras admirables: "El recuerdo de mi suplicio hará más por nuestra causa que todas las banderas del mundo."

»La pasearon por toda la villa, según es costumbre, sobre un asno, con las manos atadas y llevando un crucifijo. Ni una ventana se abrió a su paso, ni un solo curioso apareció en el trayecto por las calles. Aunque murió ejecutada en medio de una villa populosa, ella debió tener la impresión de que moría en medio de un desierto. Esta ausencia de espectadores fue el único consuelo que tuvo: este detalle hace honor a la víctima y a la villa entera.

»Al pie del patíbulo todavía le fue ofrecida la gracia a cambio de la delación tantas veces solicitada. Pero la firmeza demostrada hasta entonces por la condenada no se desmintió. Ella salía victoriosa de esta tortura moral, subió rápidamente la fatal escalerilla y murió con un coraje sublime...

»Doña Mariana era viuda, rica y tenía veintiocho años. Yo llegué a Granada diez días después de su ejecución. El estupor causado por esta ejecución, por este tremendo drama, hace que los habitantes de esta villa se muestren tristes y que el aspecto de sus calles sea tan distinto del que, según dicen, presentaba ordinariamente.

»Se asegura que el Consejo de Ministros, con Calomarde a su cabeza, advirtió al rey de la nueva táctica de los liberales, que habían decidido enrolar a muchas mujeres en su invisible Ejército. Estas escuadras de amazonas han atemorizado a Fernando VII. Por eso decidió escarmentarlas, sobre la marcha, sin pensar que ese mismo terror permitiría a sus enemigos sondear la medida de su fuerza y de su debilidad.

»Lo que parece cierto es que esta ejecución ha causado un impacto revoltante en los habitantes de Granada, casi sin distinción, y que la víctima ha despertado un interés general. El aniversario de la coronación del rey se celebró a las pocas fechas del suplicio de doña Mariana; en lugar de las ricas colgaduras que cada año penden de los balcones, para solemnizar tan fausto aniversario, en muchas casas colgaron paños negros, ya que por lo regular los españoles evitan hablar de estas cosas.

»Después de la catástrofe que acabo de contarle, ya no existe ninguna sociedad en Granada. La familia de esta joven mujer, sin ser de las primeras del país, era sin embargo una de las que gozaba de mayor consideración en la provincia. El gobernador pensaba que sería condenada a unos días de prisión y había expresado públicamente su opinión sobre la nula gravedad de los cargos que existían contra ella. Se llegaron a hacer apuestas sobre la clase de castigos, pero nadie, ni amigos ni enemigos, no había pensado en la muerte.

»Desde el día de la ejecución, en Granada reina el terror, y las personas que por aquí evitan a los extranjeros como si fueran agentes provocadores. Cualquier conversación sobre los asuntos públicos no prospera. Se tiene incluso por peligrosa cualquier tipo de alegría algo ruidosa. Sólo el aburrimiento es tranquilizador. Esta estancia es la mía, en este lugar que otras veces se caracterizó como el imperio del placer y de la locura» (1).

(1) Marqués de Custine. *L'Espagne sous Ferdinand VII*. Vol. IV. páginas 217-27.

La *Gaceta de Madrid,* periódico oficial, único superviviente de la prohibición de Prensa decretada por el gobierno absolutista, publicó el comunicado de la ejecución de Mariana de Pineda, trece días después, en estos términos: «El día 26 de mayo último sufrió en Granada la pena de muerte doña Mariana Pineda, vecina de aquella ciudad. Sorprendida su casa por la Policía el 13 de marzo próximo anterior, se encontraron en ella una bandera revolucionaria a medio bordar y varios objetos análogos y empezadas las diligencias por la Policía y seguida la causa por el Tribunal con toda actividad, el delito de doña Mariana Pineda ha sido probado plenísimamente.

»Si aún son más dolorosos estos castigos en las mujeres que en los hombres, no por ello dejan de ser tan precisos para el escarmiento, especialmente después que los revolucionarios han adoptado la táctica villana de tomar por instrumentos y por escudos de sus locos intentos al sexo menos cauto y más capaz de intentar la ajena compasión.

»Toda la península goza de perfecta salud» (1).

Había de pasar un lustro para que la memoria de Mariana de Pineda fuese públicamente exaltada. Hasta el año de 1836, en que exhuman sus restos, un silencio forzoso rodeó su nombre. Pero desde esta fecha, tendría resonancias populares, que no podrían abatir políticas ni Gobiernos. En este renacer la proclamaron heroína de la libertad, y con este título pasó a la Historia, llenando un capítulo brillante entre las figuras españolas más representativas y apasionantes del siglo XIX. Su aventura voló en versos de todas las métricas, anduvo en romances que circularon profusamente y rodó en coplas de ciego (2). Durante muchas generaciones, los niños, en los atardeceres, llenaron los aires de todas las plazas de la geografía española cantando a coro los romances de Marianita, de los que recogemos diferentes versiones, en ellos cambian las palabras, pero no el sentido:

(1) *Gaceta de Madrid,* 7 de junio de 1831, núm. 10.
(2) Carlos Cambronero. *Cosas de antaño,* en *Revista Contemporánea.* Madrid, junio de 1899, año II.

Marianita era de Granada,
Su belleza debió de inspirar
A Pedrosa, coronel infame,
Su lujuria insolente y audaz.

Marianita salió de su casa,
Y a su encuentro salió un militar,
Y la dijo: ¿Dónde va usted sola?
Hay peligro, vuélvase usted atrás.

Marianita se volvió a su casa,
La bandera se puso a bordar,
La bandera de los liberales,
La bandera constitucional.

Marianita bordaba, sabiendo
Lo arriesgado de su noble afán...
¡Si Pedrosa la viese bordando,
La bandera de la Libertad!

Acechaba el coronel Pedrosa,
Esperando la lucha aplastar,
Y a Mariana cogieron bordando
La bandera de la Libertad.

Oh, Pedrosa, cómo me has vendido.
Te has mostrado vil y desleal.
Que el registro que en mi casa ha habido.
Sólo tú lo pudiste ordenar.

A Mariana llevan a la cárcel,
Y el pueblo va llorando detrás.
Y sus hijos llorando decían:
Vuelve a casa, querida mamá.

A Mariana suben al cadalso,
Al cadalso, por no declarar,
Inocente que al cadalso sube,
¡Cuánta sangre les ha de costar!

A sus hijos les ponen enfrente,
Por ver si algo pueden conseguir.
Y responde muy firme y valiente:
¡No declaro, prefiero morir!

¡Oh, qué día tan triste en Granada,
Que a las piedras hacía llorar.
Al ver que Marianita moría,
En cadalso, por la Libertad!

Como rosa cortada del árbol,
Como lirio perdido el color,
Como un nardo entre las azucenas,
¡Más hermosa su cara quedó!

....

Granada triste está
Porque a Mariana de Pineda
A la horca va.
Porque Pedrosa y los suyos
Sus verdugos son,
Y ésta ha sido su venganza
Porque Mariana de Pineda
Su amor no le dio.
Marianita salió de paseo
Y al encuentro salió un militar,
Marianita ¿dónde va usted sola?
Que hay peligro,
Vuélvase usted atrás,
Marianita se volvió a su casa,
Y el registro se ha hallado ya,
Marianita se pone a pensar:
Si Pedrosa me viese bordando
La bandera de la Libertad.
Al momento llegó Pedrosa
Y su delito no pudo ocultar.
Oh, Pedrosa me has vendido

Oh, Pedrosa no has sido leal.
A Marianita ya presa la llevan,
Y sus hijos llorando detrás,
Y sus hijos llorando decían:
Vente a casa querida mamá.
Marianita declara, declara,
Marianita declara por Dios.
Si yo declaro será mucha la sangre
Y mayor el dolor,
Así muero sola yo.
Marianita a la horca la llevan.
Marianita declara, declara.
Marianita declara, por Dios,
Que todavía es tiempo
Y te puedes salvar.
Marianita en la horca la ponen,
Y sus hijos llorando detrás,
Y sus hijos llorando decían:
Vente a casa querida mamá.
Granadinos quitarlos delante,
Granadinos quitarlos, por Dios,
Que ya muere la que tantos años,
Con sus pechos los alimentó.
Marianita las letras bordadas,
Di ahora mismo las que son.
Esas letras que tengo bordadas,
En el paño bandera, pendón,
Ahora mismo voy a deciros las que son:
Primera, Libertad de Patria.
Segunda, quitar al ladrón.
Tercera, quitar los braseros,
Que ya muchos inocentes se hicieron carbón (1).

....

(1) Romance que se cantaba en Linares (Jaén). Agradecemos la información a Carmen Núñez Granero.

Marianita salió de su casa
A su encuentro salió un militar:
Vuélvete Marianita a tu casa
Que por aquí peligro hallarás.

Marianita se volvió a su casa
La bandera se puso a bordar:
¡Si Pedrosa me viera bordando
la bandera de la Libertad!

La justicia que entraba en su casa
La bandera no pudo ocultar,
Y a Marianita se la llevan presa
Por la calle Real de Graná.

Marianita declara, declara,
O si no morirás, morirás.
Si declaro moriremos muchos
Y si no moriré yo ná (da) más.

Que le pongan sus hijos delante
A ver si puede declarar.
Y hasta el más chiquitito decía:
Vamos a casa querida mamá.

Que me quiten mis hijos (de) delante
De manera que no los vea yo;
Que me den una muerte ligera,
Por tan poco no me asusto yo.

Como lirio cortaron el lirio,
Como rosa cortaron la flor.
Como lirio cortaron el lirio
Más hermosa su cara quedó.

Ay qué día más triste en Granada
Que a las piedras hacía llorar,

Al ver que Marianita se muere
En cadalso por no declarar (1).

....

Marianita salió de su casa,
A su encuentro salió un militar,
Y le dijo: ¿dónde va señora?,
«A bordar la bandera de paz.»
Marianita se fue a su casa,
La bandera se puso a bordar.
La cogieron con ella en la mano,
Su delito no pudo ser más.
Marianita la llevan a la cárcel,
Y sus hijos llorando detrás.
Y sus hijos llorando decían:
Ven a casa querida mamá (2).

(1) Romance que cantaban las niñas en Almería jugando al corro, con una tonadilla parecida al himno de Riego, en tiempos de la Segunda República. Información de Kalinka Pradal (Toulouse) y Cándida Pando de Orozco (Perpignan).

(2) Versión de Josefina Suárez, asturiana de la cuenca minera de Turón, que cantaban en Asturias, saltando a la cuerda, en los años de la Segunda República con la música del himno de Riego (Toulouse).

XXI. ENIGMA: LOS HIJOS DE MARIANA

La vida de Mariana de Pineda estuvo saturada de enigmas, que se van enlazando, presentándonos bastantes veces un clima de misterio. Concierne a sus hijas este problema, no mencionado hasta ahora por ninguno de sus biógrafos. Se trata de la desaparición de su hija Úrsula María, nacida un año antes de la muerte de su marido; y de la presencia de otra hija, llamada Luisa, nacida ocho años después de su viudez. En los años siguientes al nacimiento de Úrsula María, 1822-1823, la niña está empadronada junto a sus padres y hermano. Pero a partir de esta fecha la pequeña desaparece, no solamente de los padrones parroquiales, sino de los documentos administrativos de carácter protocolario, en los que debía quedar consignada junto a su hermano. En estos escritos encontramos constantes alusiones al hijo. En 1826, don José de Mesa, al conferir poder al apoderado de los bienes de Mariana, dice: «las rentas del vínculo apenas alcanzan 10 ó 12 reales diarios, con los que dicha su menor se sostiene y a su hijo José María Peralta» (1). Más tarde es la propia Mariana la que declara «a motivo de ser muy escasa la renta del vínculo, pues apenas llegarán a 12

(1) Archivo de Protocolos de la ciudad de Granada. Protocolo de don Mariano Caldas. Sig. 2-68-2, fol. 860-862.

reales diarios los que, y mucho más, necesita para su manutención y la de su menor hijo» (1).

Es al final de la vida de Mariana cuando vuelve a aparecer de nuevo una hija, la que ciertamente no es Úrsula María. Estando Mariana en capilla, escribe una carta a su hijo, despidiéndose de él, y en ella le ruega «que jamás abandone a su hermana Luisa» (2). A partir de este momento, empieza a oírse mencionar a Luisa.

En el proceso de Mariana, su hijo José María, niño de diez años, declara: «Nada sabía de que en su casa hubiese los efectos expresados, que allí sólo se hablaba de teatro y de cosas indiferentes, no ha visto bordar a su madre» (3). Úrsula María, que de vivir tendría entonces nueve años, también hubiese tenido que prestar declaración. En este importante momento en que se relacionan todas las personas que habitan la casa, la hija no está. No puede estar porque ha muerto. Ningún biógrafo ha hecho la menor objeción sobre este particular. Peña y Aguayo, que hubiera podido desentrañar el misterio, lo omitió intencionadamente, dando lugar a la yuxtaposición de Úrsula María con Luisa.

En 1836 Peña y Aguayo escribió una apasionada biografía de Mariana de Pineda. Aunque el libro es un canto a la mujer amada, en sus páginas no habla de sus relaciones amorosas con ella, ni menciona, por supuesto, el nacimiento de la hija de ambos. El 3 de diciembre de este mismo año, Peña y Aguayo dirige una instancia a las Cortes del Reino, mediante la cual expone que, en atención a «la tierna amistad» que tuvo con la madre, a la «injusticia de su condena» y al «estado de abandono en que la niña quedaba, confiada sólo a la caridad pública, todo lo cual le había impulsado a adoptarla y a atender a su subsistencia y educación como si fuera su propia hija». Peña y Aguayo, calculador y cínico, ahora, cuando ve alejarse «los peligros de aquella época» —dice en su escrito—, se acuerda de la suerte que corría

(1) Archivo de Protocolos de la ciudad de Granada. Protocolo de don Mariano Caldas. Sig. 2-68-2, fol. 860-862.

(2) Peña y Aguayo. *Ob. cit.*, pág. 203.

(3) Extracto de la causa... Copia en el archivo particular de don Antonio Gallego Morell.

su hija. Ésta era *su razón.* Pero la verdad es, que mientras en la situación imperante se consideraba a Mariana como a una «delincuente», él no quiso saber nada de ella ni de su hija. Sólo ahora, cuando el pueblo se quita la mordaza, y puede enaltecer y cantar a su heroína, es cuando este hombre oportunista decide enfrentarse, aunque parcialmente, con sus obligaciones.

Hasta el 17 de abril de 1846, Peña y Aguayo no otorga escritura de reconocimiento a su hija. Para entonces Luisa ha cumplido ya 17 años. En el documento hace constar no haber podido casarse con la madre, ni reconocer el fruto de sus relaciones con ella «por tener concertado un matrimonio de conveniencia con doña María Dolores Morales y Escaño». Y es que en esta época, se ha celebrado el matrimonio de Isabel II, y su carrera política está consolidada, ya no hay riesgo de confesar sus relaciones con la «heroína de la libertad». Peña y Aguayo será ministro Togado Honorario del Supremo Tribunal de Guerra y Marina, gentilhombre de Cámara de Isabel II con ejercicio, senador del Reino, ministro de Hacienda e intendente general del Patrimonio de S. M. y de su Real Casa y ostentará la Gran Cruz de Carlos III y la de Isabel la Católica.

Es al final de su vida, en su testamento, otorgado el 19 de junio de 1852, cuando Peña y Aguayo alude a su hija Luisa sin los calificativos de *adoptada,* ni de *natural,* fórmula que había venido usando en los papeles oficiales. En una de las primeras cláusulas del testamento, declara: «...estando soltero tuve una hija llamada Luisa, en doña Mariana Pineda y Muñoz de estado viuda, la que he criado en mi casa, reconocida por escritura pública en Madrid y se halla casada con el licenciado don José Valverde y Orozco» (1). El padre la instituye heredera de todos sus bienes. Para Mariana de Pineda, el recuerdo de la pequeña Luisa, había sido obsesionante. Fue la prueba más dura que tuvo que superar en su marcha hacia el patíbulo. En 1837, seis años después de la muerte de Mariana, concede el Ministerio de Hacienda

(1) Escribanía de don Genaro Antonio Rubio. Juzgado de Capitanía General de Castilla la Nueva. En Madrid a 19-6-1852.

a «doña Luisa, niña de ocho años, hija y fiel retrato de la expresada doña Mariana, 69 reales anuales de pensión, hasta que contraiga matrimonio, en cuyo día se le entregará, en calidad de dote, una cantidad equivalente a ocho anualidades» (1).

José Peña y Aguayo murió en Madrid el 3 de noviembre de 1853, un año después fallecía Luisa Peña y Pineda, a la edad de 26 años en Cambo-les-Bains, localidad termal del País Vasco francés, donde fortalecía su precaria salud. En el registro de defunciones quedó consignado: «El año mil ochocientos cincuenta y cuatro y el veinticinco de octubre a las dos horas de relevada, ante nos, Alcalde y oficial del estado civil del Ayuntamiento de Cambo, cantón de Espelette, departamento de Bajos Pirineos, han comparecido Bertrán Etcheverry, zapatero, de treinta y ocho años de edad y Juan Pedezert, maestro, de cincuenta y tres años de edad, los dos domiciliados en Cambo, vecinos de la fallecida, aquí citada, los cuales nos han declarado que en este día, a las nueve de la mañana, la señora Luisa Peña y Pineda, rentista, de veintiséis años de edad, nacida en España, y domiciliada en Madrid, esposa de don José Valverde y Orozco, ha fallecido en la casa Merinenia, extremo que nos, hemos podido comprobar y por ello los comparecientes firman con nos la presente acta, tras su lectura, El Alcalde.»

El diario *La Publicidad,* de Granada, de 26 de mayo de 1895, publicó un artículo sobre Mariana de Pineda, en el que relacionaba su descendencia, expresando que el hijo murió soltero. «Doña Luisa —dice el articulista— casó con don José Valverde y Orozco, abogado y relator de la audiencia de Madrid, el que actualmente reside en Granada, de cuyo matrimonio hubo dos hijos: don José y doña Dolores Valverde y Peña, los cuales también existen en la actualidad. Don José Valverde y Peña reside en Madrid, de cuya audiencia es secretario de sala; y casó con doña Magdalena Valdés y Alberti, teniendo tres hijos menores, llamados José, Magdalena y Carmen. La otra nieta de doña Mariana de

(1) *Diario de sesiones de las Cortes Constituyentes,* de 31 de octubre de 1837.

Pineda, doña Dolores Valverde y Peña, ya nombrada, casó con don Eduardo Valero Valverde y Peña, hoy coronel de artillería, teniendo en la actualidad cinco hijos, llamados doña Luisa, doña Dolores, don Eduardo, doña Emilia y doña Natividad, todas solteras, a excepción de la primera, o sea, doña Luisa, que casó con nuestro distinguido amigo don Emilio Esteban Casares, abogado de este ilustre colegio. De este matrimonio hay una hija, llamada Emilia, que cuenta solamente un año de edad, siendo la única tataranieta y la última descendiente en línea recta de doña Mariana de Pineda» (1).

José Valverde y Valdés, hijo de José Valverde de la Peña, nieto de José Valverde y Orozco, casado con Luisa de la Peña y de Pineda (hija de Mariana), casó con Purificación Piñal y Soler, tuvieron dos hijos: Carmen y José. Sus hermanas Magdalena y Carmen murieron solteras. Carmen Valverde y Piñal, casó con Ramón Morales Troyano, de cuyo matrimonio hay nueve hijos, ocho mujeres y un solo varón. José Valverde y Piñal, también relator de la Audiencia de Madrid, como todos sus directos ascendientes, casó con Matilde Mordt Landa, han tenido siete hijos: José Alberto, Carlos, Ana Caridad, Eduardo, Iñigo, Gonzalo y Olaf. El primero casó con Chantal Mairot, tienen dos hijos: Elsa y Rodrigo. El segundo casó con María del Carmen Belda Carbonell, tienen dos hijos: Paola y Diego, éste, de dos años, es el último descendiente de Mariana de Pineda, por línea directa.

Don José Peralta y Pineda, hijo de Mariana, murió sin descendencia. Por real orden de 29 de abril de 1833, el Gobierno le había concedido una beca entera en propiedad, en el real colegio mayor de San Bartolomé y Santiago, de Granada. Vistió la beca de jurista en 18 de octubre de 1834 (2). En un escrito de 4 de junio de 1837, don José Garzón y Berrueso, párroco de Nuestra Señora de las Angustias, como curador de José María Peralta y Pineda, solicitaba de S. M. se le concediese al menor «plaza efectiva de sub-

(1) *La Publicidad*, Granada, 26 de mayo de 1895.

(2) José Peralta y Pineda, becario en el Real Colegio de San Bartolomé y Santiago; véase el apéndice XXXVIII.

teniente en cualquiera de los cuerpos del Ejército, y para que se haga un militar digno, permutarle la beca que disfruta en el colegio de Santiago, por la plaza costeada por el erario, en cualquiera de los colegios militares de la península» (1).

Por real orden de 18 de junio de 1837, Isabel II accedió a la petición, concediéndole el empleo de subteniente para ocupar la subtenencia de la quinta compañía del tercer batallón del regimiento de África séptimo de línea (2).

José María Peralta y Pineda sufrió vicisitudes políticas en cada cambio de gobierno. Desde 1837, en que empezó a servir al Estado, estuvo ocho veces cesante. En 1856 las Cortes Constituyentes dictaminaron conceder una pensión al hijo de la heroína; la comisión trataba de decretar toda su solicitud en el hijo de Mariana, ya que doña Luisa había muerto (3), de tuberculosis, el 25 de octubre de 1854, en Cambo-les-Bains (Francia), a los 26 años.

(1) Archivo General Militar de Segovia. Expediente personal de don José Peralta y Pineda.

(2) Concesión de plaza de subteniente a José María Peralta y Pineda; véase el apéndice XXXIX.

(3) Dictamen de las Cortes Constituyentes concediendo una pensión a don José María Peralta y Pineda; véase el apéndice XL.

XXII. EXHUMACIÓN Y PASEO DE LOS RESTOS

El 26 de mayo de 1831 quedó sepultado en el cementerio de Almengor, en las proximidades del río Beiro, el cuerpo estrangulado de Mariana de Pineda, y en él reposó hasta el 17 de mayo de 1836. Fueron cinco años de silencio, un silencio de resonancias evocadoras en el ambiente y en los corazones. En el camposanto de Almengor permanecieron los restos durante un lustro, en aparente olvido. Sólo un recuerdo anónimo: una cruz de madera que misteriosamente depositaron dos desconocidos sobre la tumba.

Con la muerte de Fernando VII, acaecida en 1833, España se sumió en una penosa guerra civil entre los dos bandos: cristinos y carlistas, liberales los primeros, partidarios de la reina regente, María Cristina, y los segundos, absolutistas, defensores de don Carlos.

En Granada, este ambiente era propicio para vengar la muerte de Mariana de Pineda. El recuerdo de la tragedia permanecía latente en la ciudad; hubo intento de represalias, en las personas del general Campana y del subdelegado de Policía, don Ramón Pedrosa, depuesto de su cargo, «pero la mediación de algunas personas graves y tímidas evitó la catástrofe» (1).

(1) Miguel de Lafuente Alcántara. *Historia de Granada,* Granada, 1907, t. IV, pág. 195.

En el cabildo celebrado por el Ayuntamiento granadino en 13 de mayo de 1836, se presentó una moción para la exhumación de los restos y conmemoración del aniversario de la muerte de Mariana. Decía el escrito del síndico municipal don Mariano Granja: «Animado de la confianza que le inspiraban los sentimientos patrióticos y liberales de sus dignos compañeros, y con motivo de la proximidad del día 26 de este mes, aniversario de la inhumana catástrofe que todos presenciamos, quitando la vida en suplicio a nuestra compatriota» (1), se atrevía a exponer el programa de una función patriótico-religiosa, en honor de la heroína.

El ayuntamiento aprobó entusiasmadamente la propuesta, nombrando una comisión. El presidente, don Juan Pedro Abarrategui, investigó acerca de las personas que pudieran testificar el lugar en que se hallaba sepultado el cadáver, circunstancias y ropas que contribuyeran a identificarlo. Los Hermanos de la Caridad recordaron el traje con que el día 26 de mayo de 1831 habían sepultado a Mariana y los detalles más precisos de su enterramiento.

Los testigos prepararon el acto, llegándose al cementerio de Almengor acompañados de un componente de la comisión y el escribano, señalando el sitio exacto de la sepultura, estableciéndose en el lugar un piquete del tercer batallón de ligeros de la guardia nacional.

En la madrugada del día 17 se trasladó la comisión al enterramiento acompañada de los testigos, y los facultativos de medicina don Manuel de San Bartolomé y Granja y don Juan de Morales. Se procedió a la excavación en el sitio señalado, y a las cinco cuartas de profundidad, «se halló una capa de tierra menuda y limpia, y debajo de ella un esqueleto entero, con varios pedazos de vestido que los testigos de la información aseguraron, unánimes, llevaba doña Mariana al tiempo de darle sepultura, conviniendo los colores y flores marcados por los mismos; los zapatos de seda negros con ataderos de cintas, moños y punta cortada; un rosario menudo ensartado en torzal y cruz pequeña; los cordones de seda y corchetas de dicho vestido; un pedazo de lienzo

(1) Archivo Municipal de Granada. Leg. 1922.

fino bordado, al parecer lienzo de la camisa; varios fragmentos de la túnica de bayeta y el atadero de cinta que los testigos indicaron; algunos vellones de lana en el sitio de la cabeza, donde dijeron había colocado la cabeza, y en el mismo, pegados a fragmentos que se cree ser del gorro de bayeta que llevaba, algunos cabellos rubios. Reconocido el esqueleto por los facultativos, manifestaron que, aunque sin ligamentos ni trabazón alguna, se encontraban las partes que lo constituían, con cierto orden y en su respectivo lugar; que por su frescura y demás circunstancias, manifestaba hallarse enterrado desde la época en que lo fue aquella desgraciada víctima, y no más; que en sus dimensiones correspondía a las que tenía su cuerpo; que su conformación era la del sexo femenino, y como de edad de veinticinco a treinta años. Que en su cráneo se observaba que la mandíbula superior tenía obstruido el alvéolo del diente incisivo medio del lado izquierdo, manifestándose por ello que carecía de él en vida, en lo que convinieron los circunstantes que la conocían. Que el esqueleto se hallaba completo, excepto algunos pocos huesos, que por su pequeñez o se habían destruido o se confundieron entre la tierra, a pesar de la exacta minuciosidad con que se habían buscado; y por último, que las tres vértebras cervicales, la cuarta, quinta y sexta, se hallaban rotas en sus apófisis espinosas, y la quinta, en su porción anular; no extrañando esa circunstancia por saberse que la fuerza con que obra el tornillo de la argolla, no sólo es suficiente para producir la estangulación, sino también para causar la rotura de las vértebras sobre que directamente obra» (1).

A continuación se envolvieron los restos en un lienzo y se trasladaron a la casería de don Francisco de Paula Méndez, inmediata al enterramiento, quedando bajo la guardia del comandante del piquete.

El día 24, a las siete de la mañana, se trasladó la comisión y testigos a la casería. Se procedió a envolver los restos en una tela de seda y se depositaron en una caja de nogal artísticamente labrada. En un cañón de hoja de lata se in-

(1) Archivo Municipal de Granada. Leg. 1922.

trodujo testimonio de las diligencias de la inhumación obradas hasta el momento. Cerrada la caja, se pusieron cuatro cintas negras unidas a la tapa y costados, las que se lacraron.

A la misma hora en que Mariana había sido conducida a la Cárcel Baja para permanecer en capilla, salió la comitiva de la casería en este orden: «Un piquete de caballería de la guardia nacional, mandado por un oficial, abría la marcha; seguían en dos hileras o filas la oficialidad de los cuerpos del provincial de Murcia; del quinto de ligeros de caballería; de los tres batallones, escuadrón y compañía de artillería de la guardia nacional; cerrándola el caballero coronel de Murcia y los comandantes de los demás cuerpos. En el centro de estas filas conducían la urna, asida de cordones negros con borlas de oro, los cuatro individuos de la comisión, vestidos con el uniforme de guardia nacional, a que pertenecen, pero llevando signos de luto. Detrás seguía una compañía del batallón de ligeros de la misma guardia» (1).

El cortejo se puso en marcha en medio de un impresionante silencio, solamente interrumpido por los lúgubres ecos de las destempladas cajas y clarines, hasta la parroquia de San Ildefonso. Al divisar la comitiva, principiaron las campanas a doblar y el clero salió a la puerta a recibir la urna, que fue colocada en una mesa rodeada de 24 cirios, rezándose un solemne responso. El presidente de la comisión hizo entrega de la urna al párroco de la iglesia y el oficial de la guardia del tercer batallón de nacionales, quien quedó encargado de su custodia. En este día y al siguiente no cesaron de celebrarse misas por el alma de Mariana de Pineda.

A las doce de la mañana del día 25, un redoble general de campanas anunció el comienzo de la fúnebre solemnidad. A las cinco de la tarde salió el Ayuntamiento de las casas capitulares, precedido por un piquete de la guardia nacional de caballería; seguían seis alguaciles a caballo, los cuerpos de procuradores y escribano, en coches; los maceros a caballo, con gasas negras en los sombreros y mazas. Detrás

(1) Archivo Municipal de Granada. Leg. 1922.

del coche del secretario municipal, iba la carretela destinada para la urna, cubierta de un paño de terciopelo negro con franjas de oro, y en el interior dos almohadas donde se colocarían los restos. Los cuatro caballos que tiraban de la carretela iban enlutados con crespones negros guarnecidos de flecos de oro, y en las cabezas, penachos de plumas negras; al lado de cada uno iba un palafrenero, también enlutado. A esta carretela seguía la de la comisión y coches abiertos del Ayuntamiento; todos los ocupantes iban vestidos de riguroso luto, cerrando la comitiva el escuadrón de la guardia nacional. El cortejo siguió el itinerario de la Lonja, plaza de las Pasiegas, calle de Capuchinas, Duquesa, San Juan de Dios y el Triunfo. Los individuos de la comisión, con coronas de laurel, siemprevivas, lirios y rosas, entraron en la iglesia de San Ildefonso y las colocaron en los cuatro ángulos de la urna, que sacaron y depositaron en la carretela fúnebre, que se hallaba junto al lugar en donde estuvo colocado el cadalso.

La comitiva se puso en marcha, siguiendo a la inversa el itinerario que recorriera Mariana para ir al patíbulo. Las calles se hallaban obstruidas por una gran muchedumbre para presenciar el desfile; los balcones y ventanas se habían adornado con paños enlutados, y las mujeres lucían mantilla negra en señal de luto.

Al llegar a la puerta principal de la catedral, se detuvo el cortejo fúnebre, la urna fue introducida en el templo metropolitano y colocada sobre un gran catafalco montado en la nave central, adornado de terciopelo negro y franjas de oro, rodeado de cirios, alrededor del cual se agolpó la muchedumbre que había seguido al cortejo. Tras cantarse un solemne responso, la urna fue entregada al cabildo metropolitano.

El siguiente día era el del aniversario, culminando en él los actos conmemorativos. En la catedral se celebraron solemnes honras fúnebres, con la asistencia de las autoridades y corporaciones de la ciudad. Concluida la misa, pronunció una patética oración fúnebre el presbítero don Andrés de Esteve. El cabildo metropolitano, precedido del clero de todas las parroquias de la ciudad, salió de la catedral, y en el mismo orden de la tarde anterior, se puso el cortejo en marcha. Los individuos de la comisión llevaban las cuatro cintas negras con borlas de oro en sus extremos, que pendían de la urna. Seguían después el capitán general, autoridades, corporaciones y personas invitadas, cerrando la comitiva, como parte doliente, el Ayuntamiento, presidido del gobernador civil. Así se dirigieron a la iglesia de Nuestra Señora de las Angustias, en cuya puerta esperaba el párroco don José Garzón, sacerdote que había acompañado a la heroína en sus últimos momentos. El presidente del Ayuntamiento le hizo entrega de la urna, que quedó bajo su custodia. Las llaves de la urna y de la caja interior quedaron en poder del presidente de la comisión, las que se guardaron en una caja de plata en la mesa de la Presidencia. En las casas capitulares, la comisión presentó el expediente de la exhumación y diligencias practicadas, y en la sala capitular se colgó un cuadro con la inscripción: «A doña Mariana Pineda, natural de esta ciudad, y demás víctimas sacrificadas en ella por el despotismo, consagra esta memoria el Ayuntamiento representativo, en 26 de mayo de 1836.»

Pero no fue sólo un acto piadoso, patriótico y local, ya que también se quiso proteger económicamente a los hijos de la víctima. En 1837, los diputados por Granada presentaron a las Cortes un dictamen, en el que proponían se concediese a los hijos de la heroína una pensión que les permitiese una educación digna de su madre. Solicitaban también fuese inscrito el nombre de Mariana de Pineda en «las blancas lápidas del salón de las sesiones, para que goce del honor de la inmortalidad». Y que se celebrase una fiesta anual para perpetuar y enaltecer «los hechos gloriosos que hicieron célebre su vida» (1). Todo fue aprobado por las Cortes Constituyentes, con los elogios de la sala (2).

(1) *Descripción de la función fúnebre que en memoria de doña Mariana de Pineda y demás víctimas sacrificadas por el despotismo en esta ciudad se ha celebrado por disposición del Excmo. Ayuntamiento y a expensas del Sr. gobernador civil, su digno presidente e individuos que lo componen, en los días 24, 25 y 26 de mayo de 1836.* Granada, 1836.

(2) *Diario de Sesiones de las Cortes Constituyentes,* de 31 de octubre de 1837.

Los restos de Mariana de Pineda no tuvieron un inmediato y eterno descanso. En el mes de diciembre de 1837 fueron trasladados de la iglesia de Nuestra Señora de las Angustias a las casas capitulares, ya que en un reconocimiento practicado por los señores capitulares comprobaron que la urna en donde se hallaban «no estaba con la seguridad y decoro debidos» (1).

Las Cortes habían aprobado que se celebrase en torno a la heroína «una función anual que perpetuara y ensalzare los hechos gloriosos que hicieron memorable su vida». El Ayuntamiento granadino instituyó la celebración del aniversario de Mariana como una función de «tabla», con la asignación de 4.000 reales anuales, para cubrir los gastos de la festividad. La función-aniversario se celebraría los días 24 al 26 de mayo, salvo excepción que coincidiera con la solemnidad del Santísimo Corpus Christi.

La conmemoración de la muerte de la heroína, en las festividades granadinas, enraizó tanto en el sentir popular, que llegó a convertirse en una fiesta local, ganando en folklore y perdiendo el primitivo carácter religioso del aniversario.

Cada año se conducía la urna donde se guardaban los restos, desde las casas consistoriales hasta la catedral. Allí se depositaban en un gran catafalco instalado en la nave central del templo metropolitano, entonándose solemne vigilia y responso; en el día 26, fecha del ajusticiamiento, tenía lugar el funeral; al final se pronunciaba una oración fúnebre, a cargo de algún destacado orador eclesiástico. La oración era publicada en el folleto que se editaba con la descripción del aniversario; actos, alocuciones, himnos, poesías. En todas las parroquias había redoble general de campanas. Se hacían descargas de ordenanza; la artillería, colocada en el Campo de los Mártires, disparaba tres salvas a las doce y tres a la oración; y al segundo día, tres al alba y tres al concluirse las exequias, y un disparo cada media hora entre las salvas de ambos días. Se efectuaba reparto de panes a los necesitados en los cuatro cuarteles de la ciu-

(1) Archivo Municipal de Granada. Leg. 1922.

dad: Miradores de la Plaza, Claustros de la Colegiata, Campillo y Vestíbulo de Santa Ana. Se sorteaba una dote para una «huérfana y honrada» doncella y un «vestuario completo y socorro pecuniario, ofrecido a uno de los militares inutilizados en la lucha de la libertad contra la tiranía». Terminados los actos, las cenizas de la heroína volvían en procesión a las casas consistoriales.

Los exhumados restos de Mariana no dejaban de ser motivo de preocupación para las autoridades granadinas. Por un oficio de 24 de julio de 1839, conocemos las precauciones tomadas por el síndico don Mariano Granja, el cual había cesado en sus funciones por haber sido designado diputado por la provincia: «Con motivo de haber estado amenazada esta capital de ser invadida por el cabecilla Gómez, y con objeto de salvar, si fuese necesario, los preciosos restos de la heroína doña Mariana Pineda, había sacado las llaves de la urna cineraria que los contiene, de la caja de plata que está sobre la mesa de Presidencia, cuya llave se le había hecho el honor de entregarle el día del aniversario de esta víctima de la libertad, y las presentaba al Ayuntamiento, en solicitud de que se le permitiese quedarse con la llave de la caja interior» (1).

No obstante estos peligros, hasta el año de 1845 no decidió el Ayuntamiento granadino que los restos de Mariana de Pineda dejasen de estar en los salones de la casa de la ciudad, buscándoseles para reposar un «lugar honorífico, cual corresponde, donde queden para lo sucesivo» (2). El lugar elegido fue la bóveda principal del Sagrario (3).

Con la inauguración de una nueva política del partido moderado, que transcurrió desde 1844 hasta 1854, quedó interrumpida la celebración del aniversario, lo que permitió que los restos descansaran en el templo del Sagrario durante nueve años. En 1854, con el llamado bienio progresista, de nuevo se reanuda la festividad del aniversario, y la exhumación de las cenizas de la heroína, lo que se llevó a cabo el día 9 de setiembre. La urna fue conducida a las casas

(1) Archivo Municipal de Granada. Leg. 1922.
(2) Archivo Municipal de Granada. Leg. 1922.
(3) Archivo de la Catedral de Granada. Leg. 6-296-8.

consistoriales y colocada en la capilla del oratorio, como antes de la dominación moderada. De nuevo las calles granadinas se vieron concurridas por una muchedumbre que se agolpaba para presenciar el paso de los restos de la heroína.

Dos años más tarde, los señores que componían la comisión del aniversario comprendieron que era precisa la inhumación definitiva de los restos de Mariana de Pineda, que debían reposar en un lugar sagrado, pues era «una obligación de los pueblos agradecidos perpetuar, honrar y glorificar la memoria de sus héroes» (1). Lo pidieron así al Ayuntamiento y terminaban proponiendo se solicitase del cabildo catedralicio un «lugar decoroso y seguro en las bóvedas» de la iglesia metropolitana en donde se depositasen los restos mortales de la heroína. La solicitud fue aprobada por las dignidades y canónigos granadinos.

Acordado esto, el Ayuntamiento construyó un carro fúnebre artísticamente decorado, para conducir por última vez los restos de Mariana a través de las calles granadinas hasta la catedral. Todo quedó reflejado en el acta levantada (2). Y aquí terminó el peregrinar de los restos de la heroína que durante veinte años habían recorrido las calles de la ciudad, en el día del aniversario de su muerte, hasta este año de 1856, en que quedaron definitivamente inhumados en la cripta de la catedral, donde permanecen rodeados de reliquias de dignidades eclesiásticas. Una vez al año, en el día de la fiesta de difuntos, es permitido visitar la tumba de la heroína granadina.

El aniversario de Mariana de Pineda continuó celebrándose cada año. En nuestro siglo, la efemérides de la festividad había perdido su ardor político. La heroína era ya romance y leyenda. El día de la proclamación de la Segunda

(1) Archivo Municipal de Granada. Leg. 1922.

(2) *Acta levantada por el secretario del Excmo. Ayuntamiento Constitucional de Granada, en el acto de inhumación de los restos de la célebre heroína Mariana Pineda, en el Aniversario celebrado por el Excmo. Ayuntamiento Constitucional en los días 30 y 31 de mayo de 1856, en memoria de la ilustre granadina doña Mariana Pineda y demás víctimas inmoladas por la tiranía.* Granada, Imp. de Don Francisco Ventura y Sabatell, 1856.

República, la estatua de la heroína liberal en Granada fue envuelta en una bandera tricolor, ofrendándole coronas de flores.

Los honores dedicados a la heroína culminaron con la efemérides del primer centenario del ajusticiamiento, que se cumplía el 26 de mayo de 1931. Se designó una «comisión especial del centenario», encargada de formular el programa de los actos con que se conmemoraría, según decreto firmado el 7 de mayo por Niceto Alcalá-Zamora y Torres, presidente del Gobierno Provisional de la República, y por Manuel Azaña, ministro de la Guerra. Con motivo del Centenario «primera fecha histórica que celebraba la República», se celebró en Granada un ciclo de conferencias: Oriol Catena disertó en la Agrupación Socialista; Juan Santacruz, en el Ateneo; José Pareja Yébenes, rector de la Universidad, en el Círculo Mercantil; Francisco Soriano Lapresa, en el Centro Artístico; Luis López Doriga, en la Sociedad Económica de Amigos del País; Alavedra Salamanca, en la Escuela de Artes y Oficios; José Palanco Romero, en la Universidad. Se pidieron para Mariana los honores de capitán general con mando en plaza. Don Fernando de los Ríos, ministro de Justicia, se trasladó a Granada para presidir la procesión cívica, en compañía de Federico G. Lorca, que fue apoteósica. Terminó en el monumento a la heroína en la plaza de su nombre, con un discurso de don Fernando de los Ríos. Hubo representaciones teatrales y todo un completísimo programa de actos oficiales y populares, con la declaración del día como fiesta local.

XXIII. ICONOGRAFÍA

Pocas figuras han alcanzado la popularidad de Mariana de Pineda. Este país nuestro, milagrero y tragicómico, intentó también canonizarla. El fervor de los granadinos hacia esta mujer, que vio morir en el patíbulo, trascendió extraordinariamente. El primer *milagro* que se le atribuye, fresca aún la vergüenza grande y perdurable de su injusta muerte: Una muda viéndose en peligro, y sin poder gritar para pedir auxilio, se encomendó «con todas sus fuerzas a la heroína a quien quería y admiraba con verdadera pasión». La muda recobró el habla repentinamente, y pudo al fin reclamar ayuda y ser salvada. El otro «milagro» lo «obró» Mariana de Pineda en su propia hija Luisa, de tres años, «al interceder desde el cielo por su salvación, cuando la niña cayó en una acequia de la Vega de Granada». Al escritor Juan Valera le divertía mucho oír contar estas historias granadinas y alguna vez las comentó en su obra. Natalio Rivas fue otro literato que se ocupó de estas milagrerías. El retrato de Mariana de Pineda se veneró en muchos hogares granadinos y, habida cuenta que en la época no existía la facilidad de la fotografía, su iconografía es abundantísima.

Conocemos de ella dos representaciones juveniles. En una está la heroína bien simbolizada, su mano derecha sostiene una bandera en donde se lee «Libertad». Es una Mariana jovencita; a ambos lados de la cara demasiado seria para la edad que representa, caen unas capas de tirabuzones; un amplio escote deja al descubierto la insinuación del busto. Esta representación fue reproducida por la litografía de Costa y de Lanza, y la publicó el *Duende Liberal,* de Madrid, en uno de sus *Estallidos* (1). De la otra representación juvenil conocemos dos variantes, una publicada en litografía en el año 1856 en *El Álbum Granadino.* Debió ser copiada de alguna miniatura personal de Mariana, ya que la semejanza responde a las descripciones físicas que conocemos. Contemplamos a Mariana adolescente, donde ya despuntan gracias de mujer. La dorada cabellera recogida en sucesivas capas de bucles, despejan el delicado óvalo de la cara, suavemente recortado; hay en este retrato una gran ternura infantil.

De la época en que fue sacrificada hemos encontrado hasta siete variantes, al parecer tomadas de un solo retrato, o de dos tal vez. La más antigua de ellas, y quizá la representación más auténtica, es la que Peña y Aguayo publicó en su libro, editado en 1836. Mariana está peinada con el pelo compartido en dos bandas que se recogen tras las orejas; una ancha cinta hecha «moña» remata el tocado con una peineta de concha. Amplio escote, mangas afaroladas y cinturón en el talle muy alto, al gusto de la época. De aquí fue copiado el retrato a pluma publicado en la granadina revista *Alhambra,* en 1902.

Parecidas a la representación anterior son una serie de litografías distintas, en que aparece con el pelo recogido en alto, formando una castaña abrazada por un lazo unido en cuidada lazada. Uno de estos retratos aparece firmado por el litógrafo A. de Salas.

Francisco Enríquez pintó una bella miniatura, que en 1856 fue llevada a la litografía por V. Camarón. De ella se hizo extensa propaganda, como lo demuestra un suelto del periódico *El Álbum Granadino,* en el que anuncia la venta de litografías: «El retrato de Mariana de Pineda, perfectamente copiado de una buena miniatura de Enríquez, y lito-

(1) Sección de láminas de la Biblioteca Nacional. Sig. 1463-2.

Monumento que señala el lugar, en el Campo del Triunfo, en que se erigió el patíbulo en donde «injusticiaron» a Mariana de Pineda, el 26 de mayo de 1831. Al fondo, la Puerta de Elvira, la cual atravesó la comitiva para llegar al cadalso.

José de la Peña y Aguayo, padre de la tercera hija de Mariana de Pineda. Retrato de Miranda, hacia 1822.

La actriz Carmen de la Maza, encarnando el personaje de Mariana de Pineda, de Federico García Lorca.

Carroza fúnebre en la que fueron conducidos, por última vez, los restos mortales de Mariana de Pineda, en el año 1856, en el que quedaron definitivamente inhumados en la bóveda central de la Catedral, en donde permanecen rodeados de dignidades eclesiásticas. Reproducida en *El Álbum Granadino.*

Convento de Santa María Egipciaca, a la derecha, en la antigua calle de Recogidas. Granada.

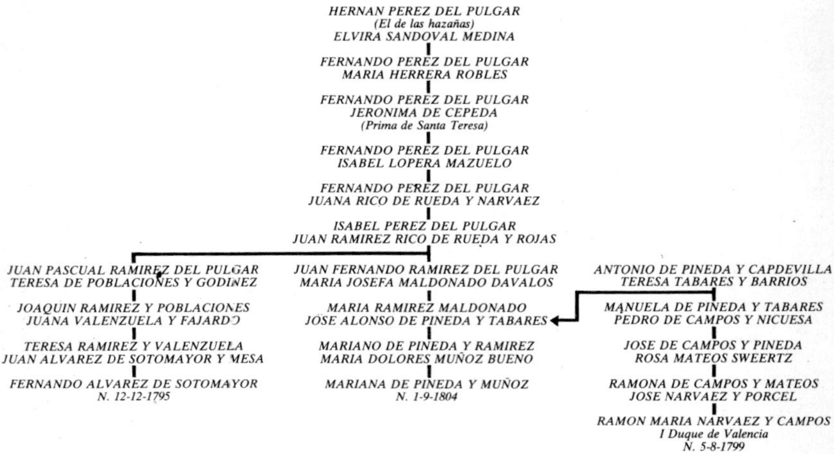

Árbol genealógico representativo del parentesco que unía a Mariana de Pineda con Hernán Pérez del Pulgar. Curiosamente, los dos se hallan enterrados en la catedral, tres siglos los separan: Granada 1531-1831. También podemos encontrar a otros parientes de Mariana, como Fernando Álvarez de Sotomayor y Ramón María Narváez y Campos.

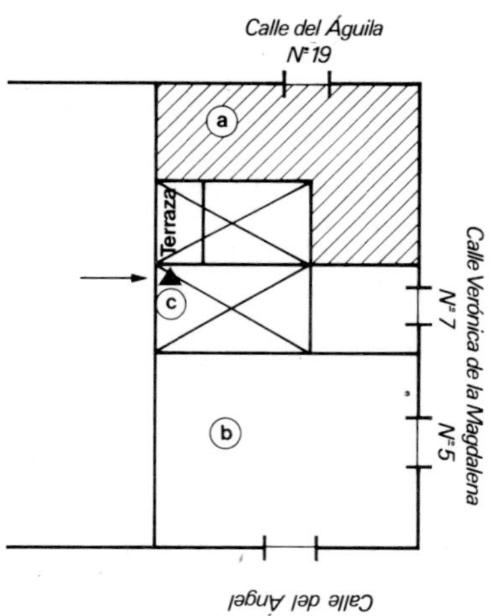

a) Plano de la casa de Mariana de Pineda, en la calle del Águila, del barrio de la Magdalena; b) casa de doña Josefa Mínguez Navarro, calles Verónica de la Magdalena y la del Ángel. Los patios de ambas casas eran contiguos; c) lugar por donde Mariana de Pineda huyó de su casa.

Veraz representación de Mariana de Pineda en el patíbulo; al fondo, la Puerta de Elvira. Dibujo y litografía de Contreras.

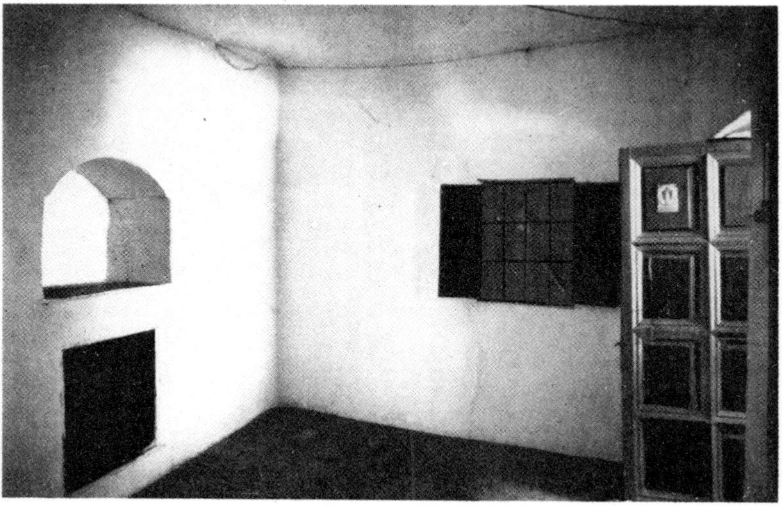

Celda que ocupó Mariana de Pineda, en el tiempo de reclusión, en el Beaterio de Santa María Egipciaca.

Ejecución de Mariana de Pineda, en el Campo del Triunfo. Dibujo de la época.

grafiado a dos tintas, se halla de venta en el establecimiento litográfico de don A. Sánchez, Carrera de Genil» (1).

Otra litografía nos la presenta de cuerpo entero, sentada y con el pie izquierdo sobre un bordado cojín; a su lado, sobre una mesita, la bandera de la libertad, acariciada por su mano.

La litografía presenta también dos escenas anecdóticas de la vida y juicio de la heroína.

En la sección de láminas de la Biblioteca Nacional encontramos otra representación de Mariana, incluida con 30 personajes más, «Mártires de la libertad española», en una orla que se publicó en *Los diputados, pintados por sí mismos.* El retrato de Mariana dibujado y litografiado por S. Llanta no se aparta del modelo últimamente reseñado. Copiados los personajes de esta orla y ampliados hasta 42, se vuelven a publicar en *Las víctimas de la causa popular,* con la peculiaridad de diseñar escenas de las ejecuciones que, en el caso de Mariana, está expresada con gran realismo.

Pero había algo en el semblante de la mujer, que no podían copiar las tintas de la plancha litográfica. Era: el color de su piel, de una blancura refulgente, característica imprescindible para toda beldad de la época; el rosado de sus mejillas y la claridad azul de sus pupilas. En todos los retratos de Mariana se percibe un halo romántico y el porte señorial de la «hermosa de Granada», nos hace recordar su noble ascendencia.

Las representaciones de la heroína camino del patíbulo se prodigaron durante todo el siglo XIX. Los artistas eligieron, para llevar a sus lienzos, el momento culminante de la tragedia y la salida de la celda camino del cadalso. En las exposiciones nacionales de 1862 y 1864 figuraron dos cuadros de este tema. El primero, debido al pintor Isidoro Lozano, representaba a *Doña Mariana Pineda en el acto de ser conducida a la capilla,* despidiéndose de las beatas de Santa María Egipciaca. A este lienzo le concedieron una tercera medalla; fue adquirido por el Gobierno, que lo envió a la Universidad de Barcelona. Años más tarde fue cedi-

(1) *El Album Granadino,* junio de 1856.

do al Ayuntamiento de Granada, donde se conserva.

El otro es del pintor sevillano Juan Antonio Vera y Calvo, y lo tituló *Mariana Pineda marchando al cadalso.* Este cuadro lo adquirió el Estado, y se conserva en el congreso de diputados; años después, este artista volvió a presentar un boceto sobre el mismo tema, del que no tenemos más referencias.

Junto a varios dibujos fantásticos, una litografía nos da la estampa más real del desgraciado acontecimiento. Fue publicada en la obra *Mujeres célebres de España y Portugal,* por Juan de Dios de la Rada y Delgado, en 1868, y tiene aires de gran autenticidad en todos sus detalles. Con un fondo tomado realmente del Campo del Triunfo, con la Puerta de Elvira en la lejanía, Mariana de Pineda aparece sobre el tablado en que se alza el patíbulo, acompañada de un sacerdote y del verdugo. El dibujante de la litografía —Contreras, quizás uno de la gran familia de restauradores de la Alhambra— se sujetó en todo detalle al recuerdo histórico, presentándonos una Mariana bellísima y entristecida, con el negro sayo sobre el vestido de florecillas, las manos atadas ante sí y la mirada perdiéndose en misteriosa lejanía. Tras de ella, el madero del suplicio.

También la heroína fue motivo de inspiración escultórica. La Academia de Bellas Artes granadina convocó un certamen nacional de escultura para premiar el proyecto del monumento que en su honor se erigiría en la plaza de Bailén, según la proposición aprobada por el Ayuntamiento y más tarde por las Cortes, en los años de 1836 y 1837, de «abrir una suscripción voluntaria, con objeto de erigir un monumento que transmitiese a la posteridad la memoria de doña Mariana Pineda» (1). Pero hasta 1839 no había resuelto nada, por lo que en este año, el síndico don Mariano Granja presentó al Ayuntamiento una moción con carácter apremiante. La basó en que el primer actor de teatro Julián Romea trataba de erigir un monumento al célebre comediante Isidoro Máiquez fallecido en Granada en 1820, en la plaza de Bailén, lugar destinado al monumento de la heroína, por lo que era

(1) Archivo Municipal de Granada. Leg. 1922.

preciso iniciar con urgencia las obras. La propuesta fue atendida, nombrándose una comisión para llevar a cabo el proyecto.

El día del aniversario se procedió a la colocación de la primera piedra por el alcalde primero y regidor segundo; en una caja de plomo metieron una lámina de bronce con una inscripción (1) y monedas de la época en todos los metales. En realidad, lo que se pretendía era ocupar el sitio, ya que habían de pasar muchos años para que se erigiese. Algún tiempo después se comenzaron los trabajos del pedestal (2) sobre el que iría la estatua.

(1) «Doña Mariana Pineda, natural de esta ciudad, joven y hermosa, perdió la vida en 26 de mayo de 1831 por haber contribuido al sagrado objeto de hacer libre y feliz a la patria. Granada agradecida, representada por su Ayuntamiento Constitucional consagra este monumento para transmitir a los siglos tan sublime y heroica virtud, y su odio al despotismo y tiranía que inmoló cruelmente esta víctima. En 26 de mayo de 1839, siendo reina Constitucional Doña María Isabel II, y por su menor edad regente del Reino Doña María Cristina de Borbón, restauradora de la libertad española.» *Descripción del aniversario celebrado en los días 24, 25 y 26 de mayo del corriente año de 1839, por el Excmo. Ayuntamiento Constitucional, en honor y memoria de la ilustre hija de Granada Doña Mariana Pineda y demás víctimas sacrificadas por el despotismo*. Granada, Imprenta de Benavides, 1839.

(2) La parte inferior del pedestal presentaba doce coronas de laurel, «tres en cada uno de sus lados y otros tantos medallones colgantes de hierro fundido incrustados en aquél, en el centro de cada uno de los cuales se lee: en el primero: Porlier, mariscal de campo. Coruña, año 1815. En el segundo: Daoíz y Velarde y compañeros. Madrid, 1808. En el tercero: Lacy, teniente general. Mallorca, 1817. En el cuarto: Riego, mariscal de campo. Madrid, 1823. En el quinto: Hoyos, Lluch y compañeros. Almería, 1824. En el sexto: Martín Empecinado, mariscal de campo. Roa, 1825. En el séptimo: Miyar, del comercio. Madrid, 1831. En el octavo: Torrijos, Manzanares y compañeros, Málaga, 1831. En el noveno: Sujuto, padre e hijo, nacionales. Cádiz, 1831. En el décimo: Abad, brigadier. Granada, 1826. En el undécimo: Aso, comandante y compañeros. Granada, 1825, y duodécimo: Rumi, abogado. Málaga, 1832. En el frente del repetido pedestal, dice: Granada, al heroísmo de Doña Mariana Pineda. En el costado derecho: La posteridad admirará sus virtudes; en el izquierdo: Con el secreto inmortalizó su nombre; en el posterior: Víctima de la libertad en 1831, y alrededor de los macizos de las escalinatas: A las víctimas sacrificadas por la libertad de la patria, el Ayuntamiento Constitucional de Granada. Año 1841». R. Salomón. *Guía del viajero en Granada*, pág. 75 a 79. Granada, 1874.

La comisión organizó toda clase de espectáculos para recaudar fondos a favor del monumento. En el año de 1840 se celebró un baile de máscaras en el teatro Isabel la Católica. Al año siguiente, un «concierto de música vocal» (1), cuyas localidades se vendieron a diez reales, y la recaudación dio un gran empuje a la suscripción popular. Muy célebre fue la corrida de toros celebrada en Málaga, en 1855, a beneficio del monumento. Todos los aniversarios, la función de teatro en honor de Mariana también iba a engrosar los fondos. Pero, a pesar de los patrióticos deseos de los granadinos, la construcción del monumento avanzaba lentamente. Al certamen convocado presentaron bocetos el notable artista Manuel González; José Tomás, escultor que fue de cámara; Salvador León; Miguel Marín Torres; José González Jiménez, más otros remitidos desde Barcelona y Cádiz. Todos los modelos enviados adolecían de la misma concepción artística; huyendo del traje de la época, que por actual parecería antiestético, todos coincidieron en vestir al personaje con túnica griega o romana, influencia del neoclasicismo del siglo. La comisión de Bellas Artes era partidaria de que se conservase la «realidad histórica», cuidando de no caer en lo ridículo de la exageración de la moda, pero sí aprovechar la belleza de los paños del traje del siglo XIX.

El descontento de la comisión era general, por lo que se limitó a dar un informe sobre «la parte artística de los modelitos que se le han presentado, en los que, desde luego, en el designado con la letra A encuentra más aplomo, más dignidad, más carácter monumental que en los demás». Éste se debía a Miguel Marín Torres.

Obtuvo muchos votos el modelo presentado por el es-

(1) «Entre los recursos que constantemente adopta la Comisión encargada para llevar a cabo la erección del monumento de Doña Mariana Pineda en la plaza de Bailén, lo ha sido el de invitar a varios profesores y aficionados de ambos sexos a que den un concierto de música vocal e instrumental, cuyo producto se invierta en tan patriótico objeto. A su virtud se verificará el día 28 del corriente a las ocho en punto de su noche, bajo la dirección del profesor D. Bernabé Ruiz, en el salón de las estatuas del Museo Provincial, situado en el edificio del extinguido convento de Santo Domingo.» *Programa del concierto*. Granada, 22 de junio de 1841.

cultor Manuel González, de factura neoclásica, del que se conserva la cabeza, que podemos contemplar en el Museo Provincial de Granada. El parecido del personaje es sorprendente; González debió conocer a la heroína, pues es un auténtico retrato. El otro boceto que conocemos de los presentados al certamen es una estatuilla de 70 centímetros de altura, de características barrocas, del escultor José González Jiménez. Representa a Mariana sosteniendo con la mano derecha una bandera y con la otra mantiene un libro abierto. El boceto premiado, del escultor Marín, presentaba a Mariana convertida en una matrona de robustas proporciones. Estaba de pie, la mano derecha apoyada en un pedestal cubierto con una bandera, y la izquierda, sobre el pecho. Su actitud era fría, pensativa, y no sugería al espectador nada que recordase el ideal por el que dio su vida. La estatua era típicamente neoclásica. La indumentaria parecía inspirada en la que Mariana llevó al cadalso: por debajo de un sayón asomaban los pliegues del vestido que cubría sus pies; en realidad era la túnica griega, en verdad semejante. El pelo, suelto, se desbordaba por la espalda y los hombros.

El primer cuerpo del monumento esperó durante muchos años el advenimiento de la estatua. Alrededor de él se situaron unos bancos de piedra, los que eran aprovechados para toda clase de menesteres. El número 1 del periódico *El Granadino* llamaba la atención de las autoridades para que los chicos del Campillo no jugasen «a toro en la escalinata del monumento». En el año 1861 se acordó rodearlo con una verja de hierro, para evitar que se destruyese e impedir los excesos, ofensores de la moral pública, «que se cometen en el pavimento y zócalo» del pedestal.

En un principio se pensó en realizar la estatua en bronce de dos metros de altura, para lo que se pidió presupuesto a París; pero don Alfonso Berhareren dio un precio muy elevado, aunque ofrecía facilidades al Ayuntamiento granadino para el pago de los 15.000 francos. Esto ocurría en el año de 1863, y en el 65 no se había comenzado a esculpir el modelo que la Academia de Bellas Artes había aprobado, presentado al concurso en barro por Miguel Marín. Este año, desde Roma, llegó una oferta de don José González Guzmán, que se comprometía a efectuar la estatua tan sólo por el costo de la piedra. El proyecto de Marín era ejecutar la obra en mármol almeriense de Macael, con ocho pies de altura, por 80.000 reales. Calculaba la terminación para la fiesta-aniversario del año 1866.

Desde este mismo año que el escultor Marín prometió terminar la obra, pasaron otros muchos hasta que fue realidad. Cada aniversario se esperaba la inauguración como acto muy próximo; y por no ocurrir, se hicieron populares los refranes: «va a durar más que la estatua de la Mariana» y «te vas a quedar esperando, como la Mariana». En el año de 1872 era ya un hecho su terminación; pero también se aplazó. El alcalde mandó comunicar por un edicto a los decepcionados granadinos que la estatua quedaría terminada para el siguiente aniversario.

Por fin, el 26 de mayo de 1873 se inauguró solemnemente la escultura levantada en la plaza de Bailén, que desde entonces se llamó plaza de Mariana de Pineda. Por la tarde se organizó una procesión cívica al lugar del suplicio, en donde se había levantado un catafalco. Después de un discurso alusivo a la celebración, desfilaron las fuerzas en columna de honor por delante del túmulo. La comitiva se puso en marcha y a través de las calles San Juan de Dios, Duquesa, Mesones, Carrera de Genil, Campillo, llegó a la plaza de Bailén, en donde esperaba una gran muchedumbre; las comisiones y autoridades fueron depositando al pie del monumento las numerosas coronas dedicadas a la heroína. Precedió al descubrimiento de la estatua un discurso pronunciado por el alcalde, don Manuel Núñez, en el que recordó que cuarenta y dos años antes Granada, «muda de estupor, presenció uno de los hechos más inicuos que registra la historia de nuestras revueltas políticas. Mariana Pineda, joven, bella, simpática y entusiasta por el bien de su patria, era sacrificada inhumanamente en un afrentoso patíbulo, como los más feroces criminales». Los granadinos, agradecidos a su sacrificio, habían querido perpetuar su memoria. Descorridos los paños, al aparecer la estatua tanto tiempo esperada, la emoción fue indescriptible: «miles de voces vitorearon a la heroína, que en unión de los aplausos, acallaban la armonía de las músicas, ensordeciendo por momentos el ruido del cañón de artillería y la cohetería voladora, que arrojaban sus salvas en honor de Mariana» (1). El Ayuntamiento puso a la estatua una corona de laurel, de plata. En el monumento quedó una guardia de honor. Por la noche tuvo lugar una velada, amenizada por la Banda Municipal, en la plaza, que se hallaba iluminada y adornada con gallardetes. Granada vivió una jornada jubilosa, al poder contemplar glorificada a su heroína en una de sus más bellas y populares plazas.

¡Mariana! ¡Bendita tú eres,
entre todas las mujeres,
y bendito el ideal
que te dio ese pedestal!

(1) *Descripción del aniversario celebrado por el Excmo. Ayuntamiento en honor de Mariana Pineda y demás víctimas inmoladas por la tiranía.* Granada, 1873.

XXIV. LA HEROÍNA, EN LA LITERATURA

Mariana de Pineda fue la exaltación del romanticismo revolucionario. Su imagen traspasó los linderos del mito y simbolizó los nobles ideales de la libertad durante el siglo XIX. La heroína ha sido en todos los tiempos inagotable fuente de inspiración. Los romances, poesía popular en boga durante el pasado siglo, difundieron con profusión, por toda la geografía nacional, la tragedia versificada de «Marianita». En Granada, las mujeres los adquirían clandestinamente, pues el nombre de la mujer era pronunciado en susurro, como algo siniestro, pero no obstante, en las casas, con voz queda y una ternura matizada de lágrimas, veneraban la evocación de la mujer a través de sus romances. Hasta 1836, en que cambia la política y se puede levantar la voz para exaltar a Mariana como heroína, quitados ya los diques a la emoción popular, la figura de la mujer adquiere gigantescas proporciones literarias en la poesía local y nacional.

El programa de actos para la exhumación, en 1836, de los restos de Mariana de Pineda, terminaba con una función de teatro. La obra puesta en escena fue una alegórica con el título de *Aniversario de la muerte de doña Mariana Pineda*, escrita por el teniente Fernando Nieto. La función resultó brillante; al finalizar la obra, los actores de «ambos sexos de la compañía de ópera y coros de la misma, vestidos de riguroso luto» entonaron un himno compuesto en honor de la heroína por Domingo Martín, director de la banda de música del primer batallón de la guardia nacional, con letra de Vicente Moreno Bernedo, batidor del escuadrón.

El himno ha llegado hasta nosotros. Comenzaba el coro:

Día teñido con sangre y llanto,
Día de luto, día de horror,
Al recordarte lleno de espanto,
Repite el alma ¡ay qué dolor!
... ...
¿Una joven tan hermosa y fina
Cubrirá su muerte de gloria,
De laureles, de honor, de victoria,
A un sensible español, a un leal?
Nunca, nunca su pecho le inclina
A teñirse de sangre preciosa;
Mas un tigre con alma alevosa
Se glorió de clavarle el puñal.
Día teñido ...
... ...
Dicta y firma su pluma sangrienta
La sentencia de muerte afrentosa,
Y ni aun puede Granada llorosa
El dolor que le aqueja expresar.
En el banco de muerte se asienta
Mariana cual una heroína;
Y su faz en la argolla reclina
Y prefiere morir a inculpar.
Día teñido ...

La función finalizó con la lectura de la oda: *A la ilustre víctima de la libertad, doña Mariana Pineda,* original del doctor José Vicente Alonso, leída por el primer actor de declamación señor Molist:

Ensaya, ¡oh musa del dolor!, ensaya
La lira que templaste
Para llorar al tétrico Felipe
La flor lozana que agostó por celos;
Con ella yo podría
Renovar este día
(Memoria del martirio de Mariana),
El infando dolor que sus verdugos
De saña llenos, de piedad vacíos,
En la absorta Granada derramaron,
Cuando un triunfo bárbaro cantaron.
... ...
De otro modo lo quiso tu fortuna,
¡Mariana inimitable!
Y ya no es fácil que revuelva el tiempo:
Por más felice Musa
Tu nombre y tu valor será cantado,
Que a la mía el llorarte sólo es dado.

La comisión encargada de la celebración del aniversario de Mariana de Pineda hizo una publicación descriptiva de la función fúnebre (1). Con adhesiones de toda España, el gobernador civil de La Coruña, Pío Pita y Pizarro, envió a la comisión varias poesías dedicadas a la heroína, las que también se insertaron en esta publicación. Una de las composiciones era un soneto titulado *A la inmortal heroína de Granada*:

(1) La edición del folleto estuvo a cargo de la imprenta de viuda de Moreno e hijos. Tenía una extensión de 52 hojas, tamaño de a cuarto, en el que se insertaron todos los actos, alocuciones, oraciones fúnebres, composiciones poéticas: himnos, odas, sonetos compuestos en honor de Mariana. En la portada se podía leer: *Función fúnebre que en memoria de doña Mariana Pineda, y demás víctimas sacrificadas por el despotismo en esta ciudad, se ha celebrado por disposición del Excmo. Ayuntamiento, y a expensas del Sr. gobernador civil, su digno presidente e individuos que lo componen, en los días 24, 25 y 26 de mayo de 1836.*

Del alma libertad el fuego enciende
El pecho de Mariana generosa
Y del patriota vuela presurosa
Al socorro, y de muerte le defiende.

El sagrado pendón alzar pretende
De la Patria, en la lucha peligrosa:
Prepárele su mano valerosa
Y del combate la señal atiende.

Cuando un traidor perjuro fementido
La tregua inerme al enemigo fiero
Que al punto a horrible muerte la condena.

Sube al negro cadalso con erguido
Noble rostro, asombrando al mundo entero
Y deja de su gloria a España llena.

Las alusiones a Pedrosa, claro objetivo de animosidad general, son constantes e implacables en todas las composiciones dedicadas a la heroína:

Con negro ardid de infame alevosía
Atropella las leyes atrevido
Y da la cruel sentencia enfurecido
El tigre, juez de la caterva impía.

Recogemos otra alusión al juez, de un «Himno histórico», titulado *A la lamentable y sentida muerte de la hermosa heroína de nuestro siglo, doña Mariana Pineda:*

De Mariana y su noble heroísmo
Oiga España su historia de horror:
¡Maldición al atroz despotismo!
Gloria y prez de Mariana al valor.

Con los fuertes combaten los libres
Y reciben la muerte o la envían:
Sólo esclavos cobardes podían
Inmolar a una débil mujer.
Del verdugo Pedrosa y los suyos
La crueldad a los tigres asombre;
Y maldigan los siglos el nombre
Que Granada maldice también.

De Mariana y su gloria...
... ...

En el año de 1836 se publicó la primera biografía de Mariana de Pineda, escrita por don José de la Peña y Aguayo; la tituló *Doña Mariana Pineda, narración de su vida, de la causa criminal en la que fue condenada al último suplicio, y descripción de su ajusticiamiento* (1). Otra publicación que vio la luz este año fue un epicedio titulado *Mariana o el último día de la hermosa de Granada,* firmado con las iniciales de R. de R. V. En la composición poética el autor que vivió el drama, evoca, nostálgico, la figura de Mariana y enfrenta a Pedrosa con la mujer en su pertinaz esfuerzo por arrancarle su secreto:

Cede, Mariana; el pérfido decía,
Mira por ti, declara, que aún es tiempo;
Tendrás mi amor, mi protección, mi todo;
Y saldrás del apuro en que te has puesto,
Te alcanzará la gracia de la vida,
Si los nombres me das de los sujetos
Que siguen tus ideas en Granada.

(1) Se editó en Madrid en la Imprenta de la Compañía Tipográfica. En 1842 se hizo una reimpresión sin el nombre del autor, hecha en Albacete, y otra completa hecha en Granada en el año 1870.

El autor termina afirmando:

Mariana vivirá perpetuamente
En la noble memoria de los buenos,
En la tierna y querida de sus hijos
Y en la de todos cuantos conocieron
Su amor ardiente y fino por la Patria.

No se equivocaba el poeta. A partir de este año, en cada celebración del aniversario se dedican a la heroína toda clase de composiciones poéticas, que el Ayuntamiento granadino recogía en un folleto que publicaba con la descripción de los actos celebrados.

El estilo de las numerosas odas, poemas, sonetos e himnos dedicados a Mariana, responde plenamente a la época romántica en que acaece la tragedia. Todo el romanticismo del siglo lo encontramos en esta lírica. Su temática llega a convertirse en tópico: la atracción de la mujer inaccesible para el juez, y la virtud hecha silencio o el silencio hecho virtud en Mariana, entre impulsivas expresiones patriótico-políticas. A través de la poesía quedamos percatados de la trascendencia que llegó a alcanzar esta figura. Año tras año, en la función-aniversario, las manifestaciones se renuevan delirantes en las que palpita el recuerdo vivo de quienes la vieron ir al patíbulo con el secreto de unas vidas a cambio de la suya, y así lo dicen por boca de Mariana:

Patricios —exclama—, no temo la muerte,
Estoy satisfecha: mis votos cumplí.
Sucumbo al impulso de bárbara suerte;
Empero mil vidas se libran por mí.

Todos los acontecimientos y vicisitudes que sucedieron en torno a la heroína quedan recogidos cada año. La figura de Mariana estuvo siempre en el espíritu del pueblo. Hasta nosotros han llegado romances de comparsas de los Carnavales de 1906, entre ellos el titulado *Las colegialas*, que recorrió las calles granadinas en el año de 1906:

Valerosos españoles,
Darle una vuelta a la historia
Veréis sus brillantes páginas
Todas cubiertas de gloria.
El campeón Garibaldi,
Aquel noble defensor
Que con la espada en la mano
Publicaba la razón.
Y la heroína de Granada:
La infeliz perdió su vida
Por bordar una bandera
En fervor de su ideología
Tan sólo por el delito
Que no acabó de bordar
La palabra sacrosanta
De viva la libertad.
Tan sólo un héroe nos queda
Que defienda la nación,
Y este gran hombre se llama
Don Nicolás Salmerón.

Pero es Federico García Lorca quien evocó a la heroína liberal con la más genuina emoción popular. Granadina como el poeta, fue la heroína una sombra amiga de su infancia, con la que llegó a sentirse en deuda.

«Vestida de blanco —escribía Federico a su amigo Fernández Almagro—, con el cabello suelto y un gesto melodramático hasta lo sublime, esta mujer ha paseado por el caminillo secreto de mi niñez con un aire inconfundible. Mujer entrevista y amada por mis nueve años, cuando yo iba de Fuentevaqueros a Granada en una vieja diligencia, cuyo mayoral tocaba un aire salvaje en una trompeta de cobre.

Si tengo miedo de hacer este drama, es precisamente por enturbiar mis recuerdos delicadísimos de esta viudita rubia y mártir» (1). Más tarde, en unas declaraciones a un periodista en la Argentina, con motivo del estreno de su drama en aquel país, Federico completó su idealizada visión infantil de la heroína: «Mariana de Pineda fue una de las grandes emociones de mi infancia. Los niños de mi edad, y yo mismo, tomados de la mano, en corros que se abrían y cerraban rítmicamente, cantábamos con un tono melancólico que a mí se me antojaba trágico:

¡Oh!, qué día tan triste en Granada
que a las piedras hacía llorar
al ver que Marianita se muere
en cadalso por no declarar.

Marianita sentada en su cuarto,
no paraba de considerar:
"Si Pedrosa me viera bordando
la bandera de la Libertad."

»Marianita, la bandera de la libertad, Pedrosa, adquirían para mí contornos fabulosos e inmateriales de cosas que se parecían a una nube, a un aguacero violentísimo, a una niebla blanca en copos, que venía a nosotros desde Sierra Nevada y envolvía al pequeño pueblo en una blancura y un silencio de algodón.

»Un día llegué, de la mano de mi madre, a Granada: volvió a levantarse ante mí el romance popular, cantado también por niños que tenían las voces más graves y más solemnes, más dramáticas aún que aquellas que llenaron las calles de mi pequeño pueblo, y con el corazón angustiado inquirí, pregunté, avizoré muchas cosas, y llegué a la conclusión de que Mariana Pineda era una mujer, una maravilla

(1) A. Gallego Morell. García Lorca, cartas, postales, poemas y dibujos. Madrid, 1968. Pág. 55.

de mujer, y la razón de su existencia, el principal motor de ella, el amor a la libertad.

»Sobre estas dos cruces de dolor y de dicha, clavadas en estos dos espejismos, creados por los dioses para dar a la vida del hombre su contenido de esperanza, Mariana Pineda se me antojaba un ente fabuloso y bellísimo, cuyos ojos misteriosos seguían con inefable dulzura todos los movimientos de la ciudad. Materializando aquella figura ideal, antojábaseme la Alhambra una luna que adornaba el pecho de la heroína: falda de su vestido, la vega dorada en los mil tonos de verde, y la blanca enagua, aquella nieve de la sierra, dentada sobre el cielo azul, puntilla labrada a la dorada llama de un cobrizo velón» (1).

Así vivía «la bella de Granada» en el espíritu del poeta: era una emocionada visión juvenil de novio que contempla a su amada desde el balcón, día tras día, porque Federico, desde su casa granadina veía «su estatua frente a mi ventana que miraba continuamente. ¿Cómo no había de creerme obligado, como homenaje a ella y a Granada, a cantar su gallardía?» Mariana de Pineda, como tantos héroes del siglo XIX, tenía su estatua en una plaza, pero no habían cantado con la nota exacta y la palabra justa su gesta y el adolescente Federico, desde que siente nacer en él la imperiosa vocación literaria se creyó obligado a «exaltarla», aunque Mariana de Pineda como figura excepcional de la galería femenina española ya estuviera consagrada por el pueblo en romances que se cantaron por toda España. Una estatua puede ser ofrecida oficialmente a mucha gente, pero un romance no, porque un romance nace del pueblo llano, y éste sólo lo dedica a las personas que, de un modo u otro, dejaron huella profunda en el alma de ese pueblo, cuya intuición es proverbial. En una entrevista que le hace el granadino Francisco Ayala, en 1927, le dice: «Es obligación mía exaltarla. Y sentía ese imperativo. Porque ella es una figura esencialmente lírica» (2). Tenía que ser, irremediablemente, una de sus primeras piezas teatrales. Como tónica peculiar

(1) *Ob. cit.*, 173-178.
(2) *La Gaceta Literaria*. Madrid, 1 de julio de 1927, pág. 5.

de la dramaturgia lorquiana, el tema palpita en la masa popular, cargado de esencias románticas y trágicas. El poeta empezó a trabajar en la obra en 1923. El 23 de junio confiaba a su amigo y paisano Antonio Gallego Burin, su proyecto de hacer un gran romance teatral sobre Mariana de Pineda y añadía: «...ya lo tengo resuelto, con gran alegría de Gregorio y Catalina, que ven las posibilidades de una "cosa fuerte"». Gallego Burin preparaba entonces un estudio histórico sobre la heroína y Federico le pedía noticias de la vida de Mariana, de la conspiración, del ambiente de Granada en la época...

Su pensamiento era llevar a escena los últimos días de la mártir, aunque, «...cuando ella decide morir, está ya muerta, y la muerte no la asusta lo más mínimo», decía Federico, que pondrá esta declaración en su boca:

¡Ya estoy muerta, Fernando! Tus palabras me llegan
a través del gran río del mundo que abandono.
Ya soy como la estrella sobre el agua profunda,
última débil brisa que se pierde en los álamos.

El interés de Federico por la obra es radiante. La carta a Gallego Burin rebosa de aquel entusiasmo característico que brotaba del poeta: «Antonio —le apremia—, no sabes con qué alegría espero tu carta, pues estoy deseando de ponerme a trabajar.» Tres meses más tarde tiene resuelta la obra e incluso ha concebido el escenario en que se desarrollará y el ambiente traspasado de romanticismo con que quiere rodear a su heroína. En carta Fernández Almagro le expone su proyecto. Es una de las cartas más bellas de Federico. Para completar la atmósfera de su descripción le dibuja y colorea la estancia en que Mariana reflexiona si borda o no la bandera de la libertad. Es una serie de cortinas rojas, de volantes, consola, cornucopia, fanal, sofá de tres respaldos, elementos en los que más tarde insistirá en su proyecto de decoración para la obra y que conserva en su recuerdo de viejas casonas granadinas, y en su propio hogar: «Marianita, en su casa de Granada, medita si borda o no la bandera de la libertad. Por la calle pasa un hombre vendiendo "alhucema fina de la sierra" y otro que ofrece "...naranjas, naranjitas de Almería", y los árboles recién plantados de la placeta de Gracia saben ya, por los pájaros y por el pino del seminario, que un romance trágico y lleno de color ha de dormirlos en la noche de plenilunio turquesa de la vega. ¡Si vieras qué emoción tan honda me tiembla en los ojos ante la "Marianita de la leyenda"!

Marianita salió de paseo
y a su encuentro salió un militar...

»Yo quiero hacer un drama procesional —continúa Federico—, una narración simple y hierática, rodeada de evocaciones y brisas misteriosas, como una vieja madona con su arco de querubines.

»Una especie de cartelón de ciego estilizado. Un crimen, en suma, donde el rojo de la sangre se confunda con el rojo de las cortinas. Mariana, según el romance y según la poquísima historia que la rodea, es una mujer pasional hasta sus propios poros, una "posesa", un caso de amor magnífico de andaluza en un ambiente extremadamente político (no sé si me explico bien). Ella se entrega al amor, mientras los demás están obsesionados por la libertad, siendo en realidad (según incluso lo que se desprende de la historia) víctima de su propio corazón enamorado y enloquecido. Es una Julieta sin Romeo y está más cerca del madrigal que de la oda. En el último acto ella estará vestida de blanco y toda la decoración en este mismo tono. Ni el romance ni la historia me vedan en absoluto que yo piense así... Es más: mi madre me ha dicho que estas cosas se murmuraban por Granada...» (1).

Sin perder tiempo, el 11 de setiembre de 1923, Fernández Almagro le comunica su entusiasmo: «Queridísimo Fede-

(1) *Ob. cit.*, págs. 55-56.

rico: Tu carta última me ha conmovido profundamente. Primero, la estampa era deliciosísima. Luego el texto era de una intuición sorprendente. Mariana Pineda no pudo ser de otra manera. La historia con aparato documental, no te daría la razón. Pero ello no te importa. Tú no pretendes recoger la verdad histórica, y sí la verdad poética. Que coincide de seguro con la verdad psicológica de Mariana Pineda. Fue así en efecto: una Julieta del año 30, mejor que una heroína a la manera clásica de Judith o Virginia. Está más cerca del madrigal que de la oda (¡Admirable!) y no sería difícil intentar a base de tu intuición una teoría explicativa de nuestros movimientos políticos del siglo XIX. Nuestros abuelos no eran gentes de ideas claras y distintas sino de sensibilidad vehemente. Y a cuenta del amor —y del odio— hay que cargar las idas y venidas de nuestros conspiradores, revolucionarios y cabecillas» (1).

En efecto, el poeta somete en la acción el tema político al sentimental. Ve en la heroína «una figura esencialmente lírica». El interés del drama —escribe Federico a Gallego— «...está en el carácter que yo quiero construir y en la anécdota, que no tiene que ver nada con lo histórico, porque me lo he inventado yo». Así, el autor no enfoca «el drama épicamente» sino que funde en un mismo momento circunstancial la fuga de Sotomayor, ocurrida en 1828, y el fracaso de Torrijos, que acaeció en diciembre de 1831, siete meses después de la ejecución de Mariana. Lorca buscó la teatralidad de la huida del capitán, vestido de fraile, y el interés real del suceso revolucionario. Al poeta no le interesaba la versión histórica, «...sino la legendaria, deformada por los narradores de placeta».

Durante mucho tiempo Federico sostuvo una lucha íntima entre una visión de Mariana heroína y la Mariana entrañable del romancillo popular «...que cantaban en las calles las voces puras y graves de los niños, y terminaban musitándose tras las celosías y de las rejas en un tono de oración que arrancaba lágrimas:

(1) Archivo particular de la familia García Lorca.

¡Oh, qué día más triste en Granada,
que a las piedras hacía llorar...!

Más tarde el poeta lo habría de explicar así: «A los personajes creados por los autores del Siglo de Oro que leía con emoción vivísima, juntaba yo el de Mariana Pineda vistiéndolo con todo el ímpetu de una pasión heroica; Mariana Pineda hubiera salido de mi intelecto y de mis manos de entonces vestida con los arreos del Gran Capitán y matando con su larga espada a todos los que no aceptaron como esencia fundamental de la vida el amor a la libertad.

»Envuelta en altisonantes endecasílabos, acrósticos y octavas reales, surgía constantemente Mariana Pineda cubierta de férrea armadura, en mi imaginación, mientras el corazón me decía suavemente «que no era aquello»; Mariana Pineda llevaba en sus manos, no para vencer, sino para morir en la horca, dos armas, el amor y la libertad: dos puñales que se clavaban constantemente en su propio corazón.

»Pero me decía a mí mismo también que para crear este ente fabuloso era absolutamente necesario falsear la historia, y la historia es un hecho incontrovertible que no deja a la imaginación otro escape que el de vestirla de poesía en la palabra y de emoción en el silencio y en las cosas que lo rodean.

»Y ya consciente de mi obligación, obligación que me había impuesto de ofrecer a Granada, la del agua cantora y cristalina, el homenaje de mi cariño y de mi admiración, inicié mi labor con el romance popular» (1).

Al final venció, tenía que vencer en el poeta «la emoción y la dulce poesía que surge de los niños, de las monjitas, del silencio de los conventos, la poesía recia y varonil que acompaña a aquellos caballeros románticos del amor y de la libertad del siglo XIX, la que recoge la muerte bellísima

(1) *Ob. cit.*, pág. 1.738.

de Torrijos, contraste de aquella otra que pinta una corrida de toros en Ronda la Vieja, toros con barbas y toreros con patillas en las mejillas y en las sienes; conspiradores y enamorados, aire de libertad y argolla de opresión, y por encima de todos esta admirable mujer, que con el ala rota de su amor le basta con la otra de la libertad para conquistar el espacio y coronarse con la gloria de la inmortalidad» (1).

Mariana abraza la causa de la libertad por el amor de Pedro, para ser así la amante absoluta:

Mariana, ¿qué es el hombre sin la libertad? ¿Sin esa luz armoniosa y fija que se siente por dentro?
¿Cómo podría quererte no siendo libre, dime?
¿Cómo darte este firme corazón si no es mío?

Y la amorosa mujer para no compartir al hombre con nadie se declara ella misma la Libertad:

¿Amas la Libertad más que a tu Marianita?
¡Pues yo seré la misma Libertad que tú adoras!

Y los dos en plena armonía física e ideológica expresan sus anhelos y sueños por una España cubierta de espigas y rebaños:

PEDRO: *No es hora de pensar en quimeras, que es hora*
de abrir el pecho a bellas realidades cercanas
de una España cubierta de espigas y rebaños,
donde la gente coma su pan con alegría
en medio de estas anchas eternidades nuestras
y esta aguda pasión de horizonte y silencio.

(1) *Ob. cit.*, pág. 1.739.

MARIANA: *Y yo soy la primera que lo pido con ansia.*
Quiero tener abiertos mis balcones al sol
para que llene el suelo de flores amarillas
y quererte, segura de tu amor sin que nadie
me aceche, como en este decisivo momento.

Y al final, cuando Mariana, herido su corazón por el abandono de los hombres, sale camino del patíbulo, dice:

¡Yo soy la Libertad porque el amor lo quiso!
¡Pedro! La Libertad por la cual me dejaste.
¡Yo soy la Libertad, herida por los hombres!
¡Amor, amor, amor, y eternas soledades!

Mariana Pineda es la primera obra del autor granadino que ha sufrido purgatorio. Quizá debido a la ligereza de ciertos críticos que tomaron al pie de la letra las palabras del dramaturgo: «Mi drama es obra débil de principiante, y aún teniendo rasgos de mi temperamento poético, no responde ya en absoluto a mi criterio sobre el teatro.» No obstante se trata de una de las obras más elaboradas de García Lorca, de la que llegó a escribir tres versiones, y en la que el gran dramaturgo y el alto poeta que llegaría a ser, están presentes en ella, no como anticipación, sino como una realidad, en donde el autor descubre su propio lenguaje dramático. Con *Mariana Pineda* se abren nuevas vías a un teatro histórico progresista, frente al tópico y reaccionario teatro «imperial» que había hecho Francisco Villaespesa y hacía Eduardo Marquina o los pastiches populistas de los Machado, dice José Monleón. Aunque *Mariana Pineda* pertenezca al teatro histórico en verso que por entonces cultivaba, sobre todo Marquina, García Lorca rompía el molde tópico, llevando «...hasta las últimas consecuencias, desde una perspectiva moderna, el viejo concepto estilista de la estampa. Si nos atenemos al lenguaje, nos encontramos con una serie de romances y descripciones intercaladas, que, lejos de ser el acostumbrado y torpe desahogo lírico de nuestro "teatro poético" —que congela involuntariamente la acción dramática— constituye un instrumento encaminado a situarnos frente y no dentro del conflicto» (1).

Torrente Ballester, espectador de la obra en 1927, en sus años estudiantiles en Oviedo, ha evocado la desorientación que provocó en el público la novedad de las imágenes lorquianas; porque nadie supo ver no sólo la revelación de un gran poeta lírico, sino la nueva temática que apuntaba para el teatro histórico español: «Dos filas de butacas y alguna gente arriba —escribe— ¿Quién fue Mariana Pineda y quién es García Lorca? Una niña vestida de blanco, con pollera corta, canta un romance en un escenario cuyas decoraciones, al mismo tiempo que llaman la atención, previenen al espectador de la naturaleza inusual del espectáculo... Al cuarto verso, los escasos espectadores arrugan la frente y se miran...» «Una herida de cuchillo sobre el aire.» Y cuando un poco más adelante doña Angustias dice que a Mariana «se le ha puesto la sonrisa casi blanca —como vieja flor abierta en un encaje», el despiste es general. A mi lado, cuchichea un señor: «Debe de ser una cosa escrita por uno de esos poetas de ahora.» Unos minutos después, Carmen Carbonell, que era entonces una mocita preciosa, recitó el romance de la fiesta de toros en Ronda, y cuando llegó a aquello de «parecía que la tarde / se ponía más morena», el estupor cuajó como un cristal de hielo, y, acto seguido, los espectadores se desentendieron de la obra. Al terminar había uno que aplaudía en el patio de butacas y otro, no se quién, en las alturas.

«Creo sin embargo que aquella tarde de otoño murió en Oviedo el siglo XIX literario. Es probable que los señores que podían pagarse una butaca de patio o una platea siguieran algunos años más sin comprender que la tarde pudiera ponerse morena y, lo que es peor, intentando entenderlo; pero doy fe que en el patio de la Universidad y en los salones del Ateneo unos cuantos muchachos llevaban la inquietud

(1) José Monleón, *Mariana Pineda*, colección *Voz e Imagen*, núm. 22. Edit. Aymá, S. A. Barcelona, 1975, págs. 24-25.

en el corazón y en la mirada despierta el entendimiento de de la nueva poesía.»

Sin embargo, no en todas partes las imágenes lorquianas provocaron impresiones confusas y yermas. La autorizada voz de Margarita Xirgu, cuenta en unas memorias dictadas al periodista Valentín de Pedro: «*Mariana Pineda* se estrenó en Barcelona con un público en el que predominaba el elemento joven, que fue dispuesto a dar la batalla, como los románticos en el estreno de *Hernani*. Pero no hubo batalla, porque la obra gustó a todo el público, o por lo menos no hubo protestas.

»No obstante se temía —decía la actriz—, que un público chapado a la antigua no entendiera la obra. Para probarlo, la dimos en un día de abono a cargo de una de esas instituciones tradicionales que tenían fama de reunir a la gente más rancia de la población. Y también le gustó, tanto, que salió Federico a la terminación de todos los actos a recibir los aplausos. Y mientras saludaba al público, apretándome la mano, me decía por lo bajo: "¡Hasta las viejas aplauden... ¡Hasta las viejas aplauden...!"» (1).

El estreno de *Mariana Pineda* tuvo lugar la noche del 24 de junio de 1927, en el barcelonés «Teatro Goya». García Lorca dirigió personalmente el ensayo del coro de niños y niñas que cantaban el romance con el que da comienzo y finaliza la obra. El poeta trató de inculcar a las voces infantiles, de marcado acento catalán, las flexibilidades y ecos melancólicos de aquellas otras que habían llenado en su infancia los aires de su pequeño pueblo. Para acentuar el carácter de vieja estampa de plazuela, la obra comenzaba con un romance, que las voces infantiles coreaban tras un cartel que representaba la granadina Puerta de Elvira:

¡Oh, qué día tan triste en Granada,
que a las piedras hacía llorar
al ver que Marianita se muere
en cadalso por no declarar!

(1) Valentín de Pedro, «El destino mágico de Margarita Xirgu». Revista *¡Aquí está!* Buenos Aires, 16-5-1949, pág. 14.

García Lorca escribió su drama *Mariana Pineda. Romance popular en tres estampas,* para la compañía de Gregorio Martínez Sierra, de la cual era director-empresario, con Catalina Bárcena como primerísima actriz. Pero cuando el dramaturgo les entregó la obra, el temor a las consecuencias políticas que podía provocar, apagaron el encendido entusiasmo que inspirara en ellos, llegando a prever un éxito como el de Zorrilla, con su Tenorio. Creía Martínez Sierra que, dada la situación del país podía crearse un malentendido bajo la sospecha de un velado ataque a la dictadura primorriverista. «La obra —declararía Federico— recorrió varios teatros y en medio de los más calurosos elogios me la devolvían, unos, por atrevida; otros, por difícil.» Es la gran actriz catalana Margarita Xirgu, quien la lleva a escena en el barcelonés «Teatro Goya», el 24 de junio de 1927, con decorados de Salvador Dalí. En Madrid se estrenó la noche del 12 de octubre del mismo año, en el «Teatro Fontalba».

Al año siguiente, 1928, se publicaba el drama en la colección «La Farsa», con ilustraciones de García Lorca. El autor lo dedicó: «A la gran actriz Margarita Xirgu.»

En Granada, pese a la expectación que existía por conocer la obra, no se estrenó hasta el 29 de abril de 1929, en el «Teatro Cervantes». Con este motivo se tributó un homenaje a Margarita Xirgu y a Federico García Lorca, el día 5 de mayo, en el «Hotel Palace Alhambra». Tras los discursos de varios amigos, Federico dijo: «Públicamente y en Granada, donde duerme su sueño de amor mi distinguida heroína, he de manifestarle mi agradecimiento —a Margarita Xirgu— y expresarle de manera fría y razonada la profunda admiración que siento por su labor en el teatro de nuestro país; porque ella es la actriz que rompe la monotonía de las candilejas con aires renovadores y arroja puñados de fuego y jarros de agua fría a los públicos dormidos sobre normas apolilladas...

»Por eso se vistió de Mariana Pineda. En la muchedumbre de las sombras poéticas, Mariana Pineda venía pidiendo justicia por boca de poeta. La rodearon de trompetas y ella era una lira. La igualaron con Judith y ella iba en la sombra buscando la mano de Julieta, su hermana. Ciñeron su garganta partida, con el collar de la oda, y ella pedía el madrigal libertado...

»Yo he cumplido mi deber de poeta oponiendo una Mariana viva, cristiana y resplandeciente de heroísmo frente a la fría, vestida de forastera y librepensadora del pedestal. Margarita ha cumplido su deber de actriz llenando con su voz y con su gesto apasionado la bella sombra desgraciada, médula y símbolo de la libertad» (1).

El músico francés Louis Saguer, convirtió el drama de Lorca *Mariana Pineda,* en ópera, obteniendo el premio de composición musical de Mónaco en 1968. En 1970, fue montada por Louis Ducreux, en Marsella, con decorados de Bernard Daydé.

Otro granadino, el dramaturgo José Martín Recuerda, se ha inspirado en los últimos días de Mariana de Pineda, para escribir *Las arrecogías del beaterio de Santa María Egipciaca* (Fiesta española en dos partes). La obra se estrenó el 11 de febrero de 1977, en el «Teatro Comedia» de Madrid. Interpretó el papel de Mariana, la actriz Concha Velasco, bajo la dirección de Adolfo Marsillach. El autor ha explicado a José Monleón el *por qué Mariana de Pineda otra vez:* «Porque yo nací en Granada y desde que tuve uso de razón, Mariana de Pineda está en la tradición granadina. Así, de niño, no solamente mi madre me cantaba las coplas de Mariana, que a su vez, las cantaban sus antepasados, sino que, en varios lugares de Granada hay recuerdos de la heroína: la estatua que existe actualmente en la plaza que lleva el nombre de Mariana de Pineda, la tumba de la misma en la catedral, el lugar de ejecución en la explanada del Triunfo, su casa en la calle del Águila, los restos del beaterio donde pasó los últimos días..., todo esto, unido a las canciones que aprendí de mi madre y que pueden oírse en boca de cualquier granadino, llegó a ejercer en mí una atracción grande y un deseo de saber lo que pudiera haber de histó-

(1) *El homenaje a Margarita Xirgu y a Federico García Lorca,* en *El Defensor de Granada,* 7 de mayo de 1929.

rico o legendario en el famoso personaje.»

El crítico José Monleón, ha escrito en la revista *Triunfo*: «La pieza deja de ser, por las asociaciones que propone entre aquella época y la nuestra, una evocación histórica, una estampa heroica, para provocar en el espectador una serie de respuestas intelectuales y emocionales ligadas a nuestros días. El tono de arenga, de discursos, y hasta de súplica, se sobrepone a lo que solicitaría un tratamiento más distanciado de los personajes. El drama, en última instancia, por más que sean históricos sus datos fundamentales —la existencia, la detención en el Beaterio de Santa María Egipciaca y la ejecución de la granadina Mariana Pineda por sus conspiraciones liberales—, deja, pues, de asentarse en el análisis e interpretación de unos hechos, en la interrogación sobre los procesos internos de unos personajes, para llanamente, convertirse en un grito que solicita la adhesión de los espectadores.»

APÉNDICE DOCUMENTAL

I

PARTIDA DE BAUTISMO DE MARIANA DE PINEDA

En la ciudad de Granada, en dos de setiembre de mil ochocientos y cuatro; el Muy Rvdo. P. frai Juan María Hinojosa, Lector de Teología y Calificador del Santo Oficio, del Convento de San Francisco Casa grande de esta ciudad, de mi licencia bautizo solemnemente en esta mi Iglesia de Señora Santa Ana, a Mariana, Rafaela, Gila, Judas Tadea, Francisca de Paula, Benita, Bernarda, Cecilia, que nació el día primero de dicho mes y año, hija natural del señor D. Mariano Pineda, coronel retirado, bautizado en la ciudad de Guatemala, en la América; y de doña María de los Dolores Muñoz y Bueno, bautizada en la Iglesia de San Mateo de la ciudad de Lucena; fue padrino, con licencia de su prelado, el hermano Joseph Povedano, Donado en el expresado convento de San Francisco y Testigos, Dr. Ramón de los Reyes Caparrós, cura teniente, Dn. Joseph Obiedo, escribano del Número de esta citada Ciudad de Granada, y lo firmé y firmo. — Señor Juan M. Hinojosa (rubricado). — Dn. Juan Joseph de Vargas.

Archivo parroquial de Santa Ana, de Granada. Libro 11 de Bautismos, fol. 112 v.

II

PARTIDA DE BAUTISMO DE DON MARIANO DE PINEDA

En el año del Señor, de mil settezienttos zincuenta y quatro, en nuebe días del mes de junio el Muy Rvdo. P. predicador general fray Pedro Calistto de Ressa Provincial del Sagrado Orn. de Predicadores, con Lizencia del Señor provisor y vicario general de este Arzobispado, hibo los exsorzismos, puso el Santo óleo, y Chritma a un Infante, que nació el día seis de mayo de estte presentte año, aquien en caso de nezecidad Baptizó el Bachiller Dn. Joseph Vicaro, y puso por nombre, Mariano, Juan, Josepr, Rapuhael, hijo legítimo del señor licenciado D. Joseph de Pineda Tabares, Caballero del Orden de Santiago del Consejo de Su Majestad Oidor, y alcalde de Corte de estta Real Audiencia de la Ciudad de Guatemala, y natural de la villa y Cortte de Madrid; y de D.ª María Josepha Ramírez Maldonano, natural de la Ciudad de Luzena; fue su madrina D.ª Mariana Muñoz Barba, Casada con el maesttre de Campo Dn. Estanislao Croquer de los Cameros, alcalde mayor y thenientte de capitán general de los partidos de Arattan y Jacate; y para que costte dicho Revdo. padre Provincial lo firmó con el Señor cura semanero. — Fr. Pedro Calistto de Ressa. — Dr. Dn. Sevastián Manuel de Salogaistoa.

Archivo de Capitanía General del Departamento de Cádiz. Estado Mayor. Ministerio de Marina. Expediente del señor de Pineda.

III

PARTIDA DE BAUTISMO DE DOÑA MARÍA DE LOS DOLORES MUÑOZ

En la ciudad de Luzena en diez y siete días del mes de febrero de mil setecientos, y ochenta y quatro, Yo Dn. Fernando Ramírez de Luque, cura de las Iglesias desta ciudad en la mayor Parroquial del Señor San Mateo de ella; baptizé solemnemente a María de los Dolores, Fausta, Josefa, que nació el día quinze del corriente, hija lejítima de Francisco Muñoz, y de Francisca Bueno su muger, Abuelos paternos Cristóbal Muñoz, y Isabel Cornejo; Maternos Juan Agunstín Bueno y Josefa Salido, desta vecindad; Padrinos Francisco López y Dionisia López a quienes advertí el parentesco espiritual y demás obligaciones, testigos Juan de Madrigal, y Juan García, y lo firmé. — Fernando Ramírez de Luque (rubricado).

Archivo parroquial de San Mateo, de Lucena (Córdoba). Libro 66 de Bautismos, fol. 408 v.

IV

TESTAMENTO DE DON MARIANO DE PINEDA

Yo el infrascripto escribano del rey Nuestro Señor Receptor de la Real Chancillería de esta Ciudad y notario de número de la Curia Eclesiástica de este Arzobispado &.ª.—Doy Fe; que por Dn. José de Mesa vecino de esta ciudad como tutor y curador ad bona de D.ª Mariana de Pineda se me ha conferido unos autos de posesión de la que a nombre de ésta tomo del mayorazgo o vínculo que heredó por fin y muerte del señor Don Mariano de Pineda su padre, cuya pieza de autos se compone de veintinueve fojas útiles y al folio siete vuelto de ella se alla un testimonio de testamento vajo cuya disposición falleció éste, que copiado a la letra es del tenor siguiente.—Testamento; En el nombre de Dios Todopoderoso amén.—Notorio sea a los que esta ppc.ª carta de testamento última y final voluntad vieren cómo yo Dn. Mariano de Pineda, capitán de navío retirado de la Marina Real de España, Caballero del Orden de Alcántara, hijo lejítimo de lejítimo matrimonio de los muy Ilustres Señores Dn. José de Pineda y Tavares que fue del Consejo de Su Majestad su oidor de la Real Chancillería de esta Corte y de D.ª Josefa Ramírez y Maldonado ya difuntos, dicho señor natural que fue de la villa de Madrid y dicha señora de Lucena, y yo lo soy de la ciudad de Guatemala, en el Reino de Nueva España, y hoy vecino de esta ciudad de Granada a la parroquial de Señora Santa Ana, hallándome gravemente enfermo en cama, en mi buen juicio, memoria y entendimiento natural, creyendo como firmemente creo en los misterios de la Santísima Trinidad y en todos los que cree, confiesa y enseña Nuestra Santa Madre Iglesia, tomando e invocando por mi intercesora a la Serenísima Reina de los Ángeles María Santísima Madre de Dios y Señora Nuestra, a los Santos de mi devoción y al glorioso Patriarca Señor san José para que impetren de Nuestro Señor Jesucristo el perdón de mis culpas y que lleve mi alma a gozar de su beatífica presencia, temeroso de la muerte que es natural y precisa a toda criatura cuya hora es incierta y para que cuando ésta llegue no me halle desprevenido en las cosas pertenecientes al descargo de mi conciencia, otorgo, hago y ordeno mi testamento último y final voluntad en la forma siguiente. 4.ª Declaro para descargo de mi conciencia hace más tiempo de dos años, saqué de mi casa y llevé en mi compañía desde la ciudad de Lucena, su patria, a D.ª María de los Dolores Muñoz, siendo soltera, es hija de D. Francisco Muñoz y de D.ª María Bueno, y hoy está avecindada en Granada, en la Parroquia de Nuestra Señora Santa Ana; que he tenido con ella amistad tan íntima que ha producido dos hijos, el uno llamado Rafaela, que nació en Sevilla y falleció en Granada y está sepultada en Santa Ana, y el otro es el que tiene en el vientre por cuanto se halla embarazada y próxima al parto, y por ser yo también de estado soltero, lo declaro por mi hijo o hija natural, y atendiendo a los perjuicios que he inferido a la D.ª María de los Dolores Muñoz, la doto en la mitad de diez o doce mil pesos fuertes que me debe la casa de los señores Bolois, de la Habana, de que tengo documentos entre mis papeles, y aun cuando no consta mi crédito de los autos del concurso que formaron, y si esta deuda fuere fallida, se le dará lo que mi hermano Dn. José estime, deduciéndolo de mi caudal libre. Todo lo que declaro para que conste en descargo de mi conciencia y mando se cumpla por ser mi última voluntad.—18. Por el presente, revoco y anulo, doy por ninguno de ningún valor ni efecto, otro cualesquiera testamento, codicilos, poderes para testar u otras disposiciones que antes de éstas hubiere hecho u otorgado por escrito, de palabra u en otra forma, porque quiero no valgan ni hagan fe en juicio, ni fuera de él y sólo el presente, que es el que determino sea y se tenga por mi testamento último y final voluntad, el cual ahora hago, otorgo y ordeno ante el infrascripto escribano de Su Majestad público en sus Cortes y Reino y Señoríos, vecino de esta ciudad en cuyo registro lo firmo por ser otorgado en Granada a seis de agosto de mil ochocientos quatro siendo testigos Dn. Juan de Orejón, Dn. Agustín García, Dn. Santiago de Sierra Fuente y Dn. Francisco Martínez, vecinos de esta ciudad, a quienes y el señor otorgante y el escribano de Su Majestad doy fe, conozco y firma también el doctor Agustín García, que por su profesión de Medicina y asistir al señor otorgante, haber presenciado su voluntad durante la estensión de este instrumento encontrándolo en su cabal juicio, memoria y discernimiento se acredita así, en este estado es voluntad del señor otorgante que los señores Albaceas partidores, elijan de sus bienes lo que gusten y desde luego les mando, en reconocimiento y premio de travajo que considera tendrán, y si dichos señores no quisieren elegir, los premie el señor Dn. José de Pineda, su hermano, con el honor que tiene de costumbre.—Testigos los mismos, fecha ut-supra y de ello yo el escribano de Su Majestad doy fe. Mariano de Pineda.—Licenciado, Dn. Agustín García.—Ante mí Pedro M.ª de Plazas.

Archivo General Militar de Segovia. Inserto en el expediente matrimonial de don Casimiro Brodett.

V

CESIÓN DE DERECHOS SOBRE MARIANA DE PINEDA A FAVOR DE SU MADRE

...Y mediante a que su penosa enfermedad incurable lo imposibilita de la recta educación y crianza, que como padre natural debe dar a la referida su hija, doña Mariana de Pineda; por tanto, y para que reciba la más completa y sabia de la expresada su madre, capaz de sembrar las más cristianas ideas, cuyo acierto y seguridad se promete; el susodicho señor don Mariano quiere hacer cesión y traspaso de su acción y derecho que, como a padre, le compete de la persona de la insinuada su hija, a su citada madre; y en su defecto, confesando, como confiesa, la relación que antecede por verdadera, de que releva su prueba, y en aquella vía y forma que mejor derecho puede y ha lugar: Otorga que cede, renuncia y traspasa su acción que como padre le compete, de la mencionada su hija, a su madre doña María de los Dolores Muñoz, desde ahora para siempre, sin que el señor otorgante pueda en tiempo alguno pedir a la susodicha su hija, ni poner pleito para ello; y para mayor validación, fuerza y firmeza, hace entrega en este acto el señor otorgante a la referida doña María de los Dolores, de la expresada su hija natural, doña Mariana de Pineda; y dicha su madre, que se halla presente, la recibió y dio por entregada y aceptó en todas sus formas, de que doy fe...

Documento publicado por don José María Caparrós y Lorencio, en la *Revista del Centro de Estudios Históricos, Granada y su Reino*. Granada, 1912, año II, n. 4.

VI

DEMANDA DEL SEÑOR DE PINEDA CONTRA DOÑA MARÍA DE LOS DOLORES MUÑOZ

El coronel don Mariano Pineda y Ramírez, caballero del orden de Alcántara, capitán de navío retirado, domiciliado en esta capital, con el debido respeto a Vuecencia expone: Que teniendo en su casa a doña María de los Dolores Muñoz y Camargo, natural de Lucena, soltera y en quien tuvo una hija natural, bautizada en la parroquial de Santa Ana, de esta ciudad con el nombre de Mariana, y por hija del exponente y la referida, y tratando de contraer legítimo matrimonio con ésta; lo que ha estorbado la dificultad de obtener la correspondiente licencia, respecto a lo ilustre de la casa del exponente y graduación militar; aprovechándose la doña María del sumo amor del exponente a su hija, y de los estorbos que al bien de ésta podían ocasionar las dificultades en verificar el matrimonio, lo sedujo a otorgarle escritura, cediendo a la niña una hacienda de viña, en la villa de Monturque, unos créditos contra vecinos de la ciudad de la Habana y aun el sueldo de retirado que goza el exponente; en cuyo punto resplandece más la maldad de la doña María; pues habiendo de permanecer con el exponente e hija, era inútil la cesión de dicho sueldo y verificada esta cesión por escritura de su satisfacción, a quien gratificaría para que autorizase un instrumento tan irritante, ha cometido la vileza mayor, pues se ha ausentado de la casa del exponente, llevándose ropas, muebles y cuanto ha querido y alhajas que, en los últimos días, con el dinero que tomaba del exponente y constituyéndose en casa aparte para casar con uno que estaba preso al fiado, y es del río de Almanzora, con quien intenta retirarse precipitadamente. En lo que es este enlace y su resultado, ningún estorbo pone el exponente; antes aventajará mucho, porque el suceso le ha dado a conocer la infidelidad de una mujer a quien tanto ha favorecido, y a quien desde luego desata de la obligación esponsalicia, que tenía con el exponente; debiéndose igualmente desatar toda obligación escripturada por éste a favor de aquélla y reintegrársele de todo lo que ésta ha extraído, por causa a que ella ha faltado; pero lo que no puede mirar con indiferencia y a lo que excita la superior de Vuecencia, es el robo y hurto de la hija natural del exponente, partícipe de su honor y fuero, y digna de educarse al lado de un padre ilustre y de ningún modo abandonarla a los desastres e inconsecuencias de una madre precipitada, de extracción igual al padrastro que intenta darle, y en quienes sería una víctima harto dolorosa para un padre de sentimientos cristianos y de honor. La indicada niña, aunque sólo tiene unos quince meses y medio, no la lacta su madre y sí una ama, que igualmente estaba en casa del exponente y ha acompañado en la fuga; por lo cual no tiene la madre la única excusa que pudiera alegar de la lactancia, sin la cual perecería la hija; y aunque diga que por madre le corresponde la educación, es preferible el derecho del padre que, aunque natural, es cierto y reconocido e incapaz de negarse por la madre; y en la perdición de ésta urge más las restauración de la hija, que debe sin demora trasladarse de la casa de aquélla, a la del exponente con más acuerdo; y como en unas personas sin respeto que las contenga es de temer una acción perversa y fatal, no da arbitrio a la menor dilación; en cuyos términos, y dejando para después los demás puntos, mediante a que gozando la hija natural de todos los derechos, honores y distinciones del padre es el fuero de esté; el cual y su legítimo Juez ha de extraerla en donde quiera que se halle y restituirla a la casa de su padre, de donde fue extraída, cuyo legítimo modo y la sólida esperanza de que inmediatamente se realice, detiene al exponente en tomar por sí el que pudiera: Suplico a V. E. se digne mandar al ayudante de la plaza con el auxilio de tropa conducente, pase incontinenti a la casa que provisionalmente ha tomado la citada doña María Muñoz y extraiga a la niña doña Mariana Pineda con el ama que la lacta y la traslade a casa del exponente; dejando en ésta un soldado que evite todo acometimiento que pueda ocasionarse; y que en caso de ocultarse por la doña María o otra persona a la citada niña, dejando a aquélla y a su pretenso marido centinelas que impidan su fuga, averigüe el paradero de la niña y del ama, hasta conseguirlas y verificar dicha traslación; dándose por V. E., en las concurrencias que incidan, las providencias más activas a un caso tan interesante, cual espera el exponente de la justificación de V. E.

Documento publicado por don José María Caparrós y Lorencio, en la *Revista del Centro de Estudios Históricos, Granada y su Reino.* Granada, 1912, año II, n. 4.

VII

DEMANDA DE DOÑA MARÍA DE LOS DOLORES MUÑOZ CONTRA EL SEÑOR DE PINEDA

Doña María de los Dolores Muñoz, natural de la ciudad de Lucena, y vecina de éste de Granada, puesta a la disposición de V. E., con el mayor respeto dice: que como aparece de la copia de escritura que acompaña, don Mariano de Pineda, Caballero del Orden de Alcántara y capitán de navío retirado, declaró tener reconocida por su hija natural, habida en la exponente, a doña Mariana de Pineda, menor, y que aunque tenía practicada solicitud para la licencia a efecto de contraer matrimonio con el exponente, no se había realizado, además de hallarse inapto para dicho estado; y que mediante a que su incurable enfermedad le imposibilitaba la educación y crianza, como padre natural de la dicha su hija, por tanto, y para que recibiera la más completa de la exponente, su madre, quería el don Mariano hacer cesión y traspaso de su acción y derecho que como a tal padre le competía, de la persona de su hija a la citada su madre y en efecto cedió, renunció a traspaso su acción a la exponente, sin que pudiera el don Mariano en tiempo alguno pedir a la susodicha la nominada su hija, ni poner pleito para ello; y para mayor validación entregó a la exponente la dicha niña, que se dio por entregada de ello, de lo que dio fe el escribano; y por la obligación que dijo don Mariano tener de alimentar a la expresada su hija, durante su vida y, fallecido, dejarle cuantos bienes libres poseía, como a justa sucesora de ellos, como quiera que se separaba de la administración y crianza de la dicha su hija, por haber traspasado todo su derecho a la exponente, la que no tenía bienes algunos, cedió a su hija, por vía de alimentos, una suerte de viña de diez aranzadas y una cuarta parte de otra, que expresó tener en la villa de Monturque, cuya finca era su voluntad la hiciera suya, desde la fecha de dicha escritura, dando facultad a la exponente para que la administrase, cambiase, vendiese o enajenase, en caso necesario y con ella alimentase a la dicha su hija, sin que el don Mariano, ahora ni en tiempo alguno, pudiere vender la dicha posesión, ni percibir sus réditos; y si lo hiciese se sujetaba a un despojo, del cual se hiciere restitución; y pareciendo el Dn. Mariano ser cortos los réditos de la dicha niña cedió el sueldo de 500 y más reales que gozaba mensualmente, por tener con qué mantenerse; sujetando esta cantidad a la administración de la exponente; y que para ello se entregase copia de la escritura, sin que el don Mariano, ahora ni en otro tiempo, pudiese invalidarla, aun cuando la exponente llegare a tomar estado, pues por esta causa ni por otra la removería de la posesión de todo lo que hay expuesto; y que si lo intentase, no quería ser oído. Pues es así que no obstante del dicho contrato, pacto, cesión y obligación, ha experimentado la exponente la novedad de que en la mañana del día de ayer, doce del corriente mes, se presentó en la casa de la exponente, un ayudante con bastante tropa, solicitando de orden de V. E. que se le entregue la referida niña, su hija, a la que acompañase el ama que la cría; y sin embargo de no alcanzar el motivo que hubiere para este despojo, obedeció la exponente e hizo la dicha entrega; pero después ha llegado a entender que fueron conducidas a la casa de don Mariano de Pineda. Y mediante a que por el contenido de la nominada escritura, no tiene éste acción ni derecho alguno a llevarse a la dicha su hija, porque todo lo cedió y traspasó en la exponente, aun cuando ésta tomase estado, por ello en la instancia que haya hecho el don Mariano ha cometido un verdadero despojo, que él mismo previno, de que si lo hacía se decretase la restitución y que no fuese oído, suplicándolo así a los señores que entendieren del asunto; por lo cual, concurre la exponente a V. E., suplicándole que, en vista de la dicha escritura y de lo expuesto, se digne mandar se le restituya a sus casas inmediatamente la dicha su hija y ama, y que se le haga entender a don Mariano cumpla con las obligaciones que pacte y no haga pretensiones siniestras que ocupen la atención de V. E., ni de otros magistrados, y es favor que se comparte con la justicia, etc.

Documento publicado por don José María Caparrós y Lorencio, en la *Revista del Centro de Estudios Históricos, Granada y su Reino.* Granada, 1912, año II n.º 4.

VIII

PARTIDA DE DEFUNCIÓN DE DON MARIANO DE PINEDA

El señor don Mariano Pineda y Ramírez, de estado soltero, capitán retirado de la Marina Real de España, Cavallero del Orden de Alcántara, hijo legítimo de los Muy Ilustres señores don Joseph Pineda y Tabares, del Consejo de Su Majestad, su oidor que fue de la Real Chancillería de esta Corte, y de doña Josefa Ramírez y Maldonado, feligreses de esta Iglesia Parroquial de mi Señora Santa Ana, falleció y se enterró en el enterramento destinado a esta Parroquial con caja propia, el día dos de enero de mil ochocientos y seis: otorgó su testamento ante don Pedro María de Plazas, escribano de Su Majestad, que ha de protocolar en el oficio del número de don Feliz Vesarano Martínez, en seis de agosto de mil ochocientos y quatro, por el cual mandó se digesen por su alma e intención, trescientas misas rezadas, su limosna a quatro reales cada una, que sacada la quarta parroquial las demás se digesen a voluntad de sus albaceas, que nombró a su tío don Francisco Maldonado, Cavallero Maestrante de esta ciudad, y al licenciado don Josef Joaquín de Arjona, abogado en esta Corte, a ambos juntos, y a cada uno insolidum. Hízosele el oficio mayor de Misa y Vigilia; el novenario de Misas rezadas, setenta y cinco de quarta, y dos acheros. Se verá su cumplimiento en el libro de colecturía a fojas veinte y quatro vuelta; y para que así conste lo firmé.—Don Luis Martín.

Archivo parroquial de Santa Ana, de Granada. Libro 11 de Defunciones, fols. 125 v. y 126.

IX

PARTIDA DE BAUTISMO DE DON MANUEL DE PERALTA Y VALTE

En la Iglesia mayor de Señora Santa María de esta Ciudad de Huéscar en veinte y quatro días del mes de setiembre de mil setecientos noventa y tres; yo don Ginés Casildo Prieto, cura propio de dicha Iglesia, bauticé un niño que nació el día veinte y uno de dicho mes y año. Hijo de don Fermín de Peralta y Vázquez y de doña Juana Valte, legítimamente casados, naturales y vecinos de esta dicha ciudad y mis parroquianos, a el que le puse por nombre: Manuel, María, Matías: Abuelos paternos don Juan de Peralta y Aguirre, y doña Juana Vázquez Castillas, maternos: don Pedro Valte y doña Salvadora Domínguez, todos naturales de esta dicha ciudad, a excepción de el don Pedro, que lo es de Villa de Rasín en Nuestro Obispado de Pamplona. Fueron sus padrinos don Manuel de el Río y Vívar, corregidor de esta dicha ciudad, y doña María Gerónima Navarro, a los que advertí el parentesco espiritual que contraxeron, y demás obligaciones y firme.—Don Ginés Casildo Prieto.

Archivo parroquial de Santa María, de Huéscar (Granada). Libro 25 de Bautismos, fol. 75 v.

X

LICENCIAMIENTO DE DON MANUEL DE PERALTA

Testimonio de la licencia núm. 1.468.—Don Eugenio Eulalio Portocarrero, etc. conde de Montijo y de Baños, marqués de Leiva, etc., etc., dos veces grande de España de primera clase, etc., etc. teniente general de los Reales Ejércitos, capitán general del Ejército, reino y costa de Granada y de los Presidios menores de África, inspector de las compañías de Infantería fijas de esta costa, etc., etc. Por quanto don Manuel Peralta, cadete de la tercera compañía de Infantería fija en Almería, una de las de esta Costa, se halla inútil para continuar en el Servicio, según me ha manifestado en la instancia que me ha dirijido con fecha 20 del actual, el coronel primer comandante de ellas: Por tanto he venido en expedirle la presente licencia absoluta, para que pueda retirarse a su casa, o a donde más le convenga. Dada en Motril a 22 de julio de 1818. P. A. D. S. C.—Olanion.—Bernardo Sánchez Valverde.—Hay un sello.—Está conforme sustancialmente con su original, a que me remito, el qual entregué al interesado contenido en él, que firmó su recibo. Granada, siete de octubre de mil ochocientos diez y nueve.—Manuel de Peralta (rubricado).—Don Antonio Martín Montijano (rubricado).—Don Ramón de los Reyes García Caparrós.

Archivo de la Curia Eclesiástica de Granada. Expediente matrimonial. Sig. 258 C.

XI

HOJA DE SERVICIOS DE DON MANUEL DE PERALTA Y VALTE

Regimiento de Vélez Málaga, Infantería Ligera

El cadete don Manuel de Peralta, su edad, veinte y un años; su país, Huéscar; su calidad, noble; su salud, robusta; sus servicios y circunstancias, los que se expresan:

TIEMPO EN QUE EMPEZÓ A SERVIR LOS EMPLEOS

Empleos	*Días*	*Meses*	*Años*
Cadete	3	Abril	1810

TIEMPO QUE HA QUE SIRVE, Y CUÁNTO EN CADA UNO

Empleos	*Años*	*Meses*	*Días*
De Cadete	»	1	27
Total hasta fin de mayo de 1810	»	1	27

Regimiento en que ha servido:

En éste de Vélez.

Campañas y acciones de guerra en que se ha hallado:

No se le ofrecieron.

Don José Moreno, capitán primero y sargento mayor interino del Regimiento de Vélez Málaga, Infantería ligera, del que es coronel el brigadier don José Antonio de Sans, caballero de justicia de la orden de San Juan, etc.

Certifico que la hoja de servicios que antecede es copia a la letra del original que queda en el libro de esta oficina de mi cargo, y para que conste firmo ésta en Orihuela a primero de junio de mil ochocientos diez.

José Moreno *(rúbrica)*

Visto bueno
Joseph Antonio de Sans *(rúbrica)*

Informe del Inspector
[(en blanco)]

Notas del Coronel

Valor: se ignora
Aplicación: se halla en el colegio de Murcia
Capacidad: regular
Conducta: regular
Estado: soltero

Sans *(rúbrica)*

XII

SOLICITUD DE LICENCIA MATRIMONIAL DE DON MANUEL DE PERALTA Y VALTE

Granada, 5 de octubre de 1819.—Señor Provisor.—Don Manuel María de Peralta y Valte, de estado mancebo, vecino de esta ciudad; a V. S. con todo respeto, digo: tengo tratado contraer matrimonio según Orden de Nuestra Santa Madre Iglesia con doña Mariana Rafaela de Pineda, de estado soltera, de esta vecindad, para el cual ambos nos hallamos habilitados según previenen las Reales Órdenes, como aparece en estos documentos que presento; pero debiendo celebrarse sigilosamente por las gravísimas causas que intervienen y reservadamente se han comunicado a V. S., le suplico se sirva mandar se practiquen las diligencias previas y correspondientes, concediéndonos licencia para el desposorio; y dispensando las tres amonestaciones que debían preceder; en el seguro de que de esto no se seguirá perjuicio de tercero, ni otro inconveniente. Así lo espero de la notoria justificación de V. S. por cuya vida ruega.—Manuel Peralta (rubricado).—(Al margen): Granada, 5 de octubre de 1819.—Por presentados los documentos que refiere, y mediante lo que de ellos aparece, darse comisión al infrascripto notario mayor para que reciba de ambos contrayentes sus confesiones e información de sus libertades en el modo práctico, y con el correspondiente informe de sus Párrocos, se da cuenta.—Por mandado del Señor Provisor.—Don Antonio Martín Montijano (rubricado).

Archivo de la Curia Eclesiástica de Granada. Expediente matrimonial. Sig. 258 C.

XIII

CONFESIÓN DE LA CONTRAYENTE

Confesión de la contrayente.—En la ciudad de Granada en cinco de octubre de mil ochocientos diez y nueve: en cumplimiento de lo que se manda en el decreto antecedente, yo el Infrascripto notario mayor, recibí juramento según lo establecido por dicho de la contrayente contenida en estos autos, la qual lo hizo estando en las casas de su morada, ofreciendo decir verdad en lo que fuese preguntada y siéndolo en el modo gracioso dijo: se llama doña Mariana Rafaela Pineda, que es de edad de quince años cumplidos, hija natural de don Mariano Pineda y de doña María de los Dolores Muñoz y Bueno, difuntos, natural de esta ciudad, bautizada y siempre feligresa de su Parroquial de Santa Ana, en que asiste. Que es de estado doncella y libre para contraer matrimonio, pues no ha hecho voto de castidad, religión, ni dado palabra de casamiento a otra persona que a don Manuel María de Peralta y Valte, de estado mancebo, de esta vecindad, a quien con licencia y permiso de su tutor judicial don José de Mesa, se la quiere cumplir y casarse con el susodicho, con quien no tiene impedimento alguno que se lo estorbe. Siendo lo que deja manifestado la verdad en cargo de su juramento, y lo firmó de que doy fe.—Mariana Rafaela de Pineda (rubricado). Don Antonio Martín Montijano (rubricado).

Archivo de la Curia Eclesiástica de Granada. Expediente matrimonial. Sig. 258 C.

XIV

CONFESIÓN DEL CONTRAYENTE

Enseguida yo el Infrascripto notario mayor recibí juramento según lo establecido por derecho del contrayente contenido en estos autos, el qual lo hizo ofreciendo decir verdad en lo que fuese preguntado, y siéndolo en el modo gracioso dijo: se llama don Manuel María Peralta y Valte; que es edad de veinte y seis años cumplidos, hijo legítimo de don Fermín de Peralta y Bafgner, y de doña Juana Valte: natural de la ciudad de Huéscar, Obispado de Almería, bautizado en su Iglesia Mayor de Santa María, vecino de esta de Granada, desde su menor edad, habiendo permanecido en ella, y feligresía del Sagrario hasta de presente, según el tiempo que ha servido a S. M. en las compañías de Infantería de la costa, de que se retiró hace más de dos años, con la competente licencia absoluta, que tiene exhibida. Que es de estado mancebo, y libre para contraer matrimonio, pues no ha hecho voto de guardar castidad, religión, ni dado palabra de casamiento a otra persona que a doña Mariana Rafaela Pineda, de estado soltera, de esta misma vecindad, y a quien sin embargo del defecto con que se halla, de no ser hija legítima de matrimonio, se la quiere cumplir y casarse con la susodicha, con quien no tiene impedimento alguno que se lo estorbe. Siendo lo que deja manifestado la verdad en cargo de su juramento, y lo firmó de que doy fe.—Don Antonio Martín Montijano (rubricado).—Manuel Peralta (rubricado).

Archivo de la Curia Eclesiástica de Granada. Expediente matrimonial. Sig. 258 C.

XV

PARTIDA DE CASAMIENTO

En la ciudad de Granada, en nueve días del mes de octubre de mil ochocientos diez y nueve, yo don Ramón de los Reyes García Caparrós, cura teniente de esta Iglesia Parroquial de mi Señora Santa Ana, en virtud de comisión del Señor provisor y vicario general de este Arzobispado, despachada por ante don Antonio Martín Montijano, notario mayor del despacho ordinario y Matrimonial en la Audiencia Arzobispal, su data en Granada a ocho de dicho mes y año, desposé por palabras de presente, que hacen y celebran verdadero y legítimo matrimonio, según Orden de Nuestra Santa Madre Iglesia, a don Manuel de Peralta y Valte; hijo legítimo de don Fermín de Peralta y Bázquez y de doña Juana Valte, natural de la ciudad de Huéscar, Arzobispado de Toledo; con doña Mariana Rafaela Pineda; hija natural del señor don Mariano Pineda, coronel retirado y Cavallero del Orden de Alcántara, y de doña María de los Dolores Muñoz y Bueno, natural de esta ciudad y ambos contrayentes vecinos de ella, la referida mi feligresa haviendo confesado sacramentalmente, y constado de sus voluntades, libertades, habilitación competente de la Real pragmática, y dispensados que fueron de las tres proclamas que dispone el Santo Concilio de Trento, con atención a ciertas graves causas que representaron, y otras justas que a ello movieron a dicho señor provisor; a que fueron testigos presenciales don José de Mesa, don Francisco Gutiérrez, de esta vecindad, y lo firmé.—Don Ramón de los Reyes García Caparrós (rubricado).

Archivo parroquial de Santa Ana de Granada. Libro 7 de Desposorios, fol. 157.

XVI

PARTIDA DE BAUTISMO DE JOSÉ MARÍA DE PERALTA Y PINEDA

En la ciudad de Granada en dos días del mes de abril de mil ochocientos veinte, yo don Ramón de los Reyes García Caparrós, cura teniente de esta Iglesia Parroquial de mi Señora Santa Ana, bauticé solemnemente en ella a Josef María, Balbino, Bernardino, Gregorio, Cecilio, que nació el día treinta y uno de marzo, Viernes Santo, a las siete menos cuarto de su noche; hijo legítimo de don Manuel Peralta, bautizado en la parroquial de Santa María de Huéscar de Baza; y de doña Mariana Pineda y Muñoz, bautizada en esta de Señora Santa Ana, ya referida; fueron padrinos don Josef de Mesa y doña Úrsula de la Presa: Testigos don Miguel de la Presa, don Gregorio de la Presa y don Domingo de Leiba, de esta vecindad y lo firmé.—Don Ramón de los Reyes García Caparrós.

Archivo parroquial de Santa Ana, de Granada. Libro 12 de Bautismos, fol. 29 y 29 v.

XVII

PARTIDA DE BAUTISMO DE ÚRSULA MARÍA DE PERALTA Y PINEDA

En la ciudad de Granada en veinte y seis de agosto de mil ochocientos veinte y uno: Yo don Cristóbal Espinosa, teniente de cura de la Parroquial de Santa María Magdalena de esta ciudad, bauticé solemnemente en ella a Úrsula, María, Fabriciana, Sinforiana que nació en veinte y dos de dicho mes y año, hija legítima de don Manuel de Peralta y doña Mariana Pineda, naturales y bautizados, el primero en Huéscar, y la segunda en Santa Ana de esta ciudad, Padrino don José de Mesa, a quien previne el parentesco y obligaciones, testigos: don Miguel de la Presa, don Gregorio de la Presa y don Balbino de la Presa, vecinos de ésta y la firmé.—Don Christóbal Espinosa Básquez-Cura.

Archivo parroquial de Santa María Magdalena, de Granada. Libro 20 de Bautismos, fols. 370 v. y 371.

XVIII

PARTIDA DE DEFUNCIÓN DE DON MANUEL DE PERALTA Y VALTE

En la ciudad de Granada, en doce días del mes de mayo de mil ochocientos veinte y dos, fue conducido al enterramento designado a la Iglesia parroquial de Santa María Magdalena, el cuerpo de don Manuel Peralta, marido que fue de doña Mariana Pineda, natural de Huéscar; testó ante don Francisco Aranda, en veinte y tres de abril de este año; dejó por su alma cien misas a cinco reales y por albaceas a dicha su mujer; Úrsula de la Presa y don José de Mesa.—Pedro Roldán (rubricado).

Archivo parroquial de Santa María Magdalena, de Granada. Libro 11 de Defunciones, fol. 273 v.

XIX

SOLICITUD DE REAL LICENCIA DE DON CASIMIRO BRODETT PARA CONTRAER MATRIMONIO CON MARIANA DE PINEDA

Señor.—Don Casimiro Brodett, de edad de 31 años, capitán de Infantería, y teniente del extinguido Regimiento de Infantería de Valencia, con licencia indefinida en esta Plaza, puesto a los Reales Pies de Vuestra Majestad, expone: Tener tratado su matrimonio con doña Mariana Pineda de estado viuda y vecina de la ciudad de Granada, elevando a Vuestra Majestad adjuntos los competentes documentos, y en vista de ellos: Suplica a Vuestra Majestad se sirba darle su Real Licencia para contraer el referido matrimonio. Gracia que espera recibir de la piedad de Vuestra Majestad.—Burgos, 8 de setiembre de 1824.—Señor a los Reales Pies de Vuestra Majestad.—Casimiro Brodett (rubricado).—(Al margen) Señor.—El capitán don Casimiro Brodett solicita de la piedad de Vuestra Majestad se digne concederle su Real permiso para contraer matrimonio con doña Mariana Pineda, de estado viuda. Dicho oficial acompaña todos los documentos prevenidos por Vuestra Majestad en el reglamento de primero de enero de 1796, por cuya razón lo considero acreedor a la gracia que impetra Vuestra Majestad no obstante se digne resolver lo que fuere de su soberano agrado. Madrid, 15 de setiembre de 1824.—Señor.—José Aymerich (rubricado).

Archivo General Militar de Segovia. Expediente personal de don Casimiro Brodett.

XX

HOJA DE SERVICIOS DE DON CASIMIRO BRODETT

Regimiento Infantería de Valencia, 16 de línea

El teniente con grado de capitán don Casimiro Brodett, su edad, veinte y seis años; su país, Malta; su calidad, hijo de capitán; su salud, buena; sus servicios y circunstancias los que expresa.

TIEMPO EN QUE EMPEZÓ A SERVIR LOS EMPLEOS

	Días	*Meses*	*Años*
Soldado distinguido	26	Agosto	808
Cadete	10	octubre	808
Subteniente	19	marzo	809
Teniente	15	marzo	810
Grado de Capitán	30	mayo	815

TIEMPO QUE HA QUE SIRVE, Y CUÁNTO EN CADA UNO

	Años	*Meses*	*Días*
De soldado distinguido ...	»	1	14
De Cadete	»	5	9
De Subteniente	»	11	26
De Teniente	5	2	15
De Grado de Capitán	5	10	1
Total hasta fin de marzo de 1821	12	7	5

Regimientos donde ha servido y clasificación de sus servicios con arreglo a la Real orden de 26 de noviembre de 1814

	Años	*Meses*	*Días*
En el de Infantería, Voluntarios de Córdoba...	1	6	20
En el de la Princesa	9	4	15
En el del Rey	1	7	»
En este de Valencia	»	1	»

Clasificación del aumento de años de servicio en la pasada guerra con arreglo al decreto de Su Majestad, de 20 de abril y Real orden de 11 de junio de 1815

	Años	*Meses*	*Días*
En la clase de tropa	»	6	23
En la de oficial	5	6	»
Total de servicios deducido el pasivo	18	7	28

Campañas y acciones de guerra donde se ha hallado:

Campaña de 808: en las acciones de Durango en 31 de octubre; en las de Valmaseda el 5 y 7 de noviembre, y en la de Espinosa el día 10 y 11 del mismo; Campaña de 809: ataque del 17 de enero en las Barcas de San Esteban de Sil; en el de Villafranca el 18 de marzo; en el de Lugo el 19 y 21 de mayo; en el de Medina del Campo el 23 de noviembre y 28 del mismo; en Alba de Tormes, de donde salió contuso. Se halló en la acción de 5 de julio de 810 sobre Jerez de los Caballeros. Expedición a Portugal a las líneas de Lisboa; en el sitio de Badajoz 15 días y salida que hizo de dicha plaza el 7 y 10 de febrero a la toma de las baterías enemigas y rechazo del puente de Evora; en la del 19, a las inmediaciones de dicha plaza donde fue hecho prisionero de guerra con la mayor parte de su regimiento y permaneció en el depósito de Mâcon hasta 17 de enero de 1814. Se halló en el movimiento hecho sobre Bayona desde el 17 de agosto de 1815 hasta 5 de setiembre del mismo. Por diplomas expedidos en 28 de diciembre de 1820 y 3 de enero de 1821, disfruta de las cruces de distinción concedidas por la toma de Villafranca del Bierzo y la del Ejército de la izquierda.

Joaquín de Loyzaga *(rúbrica)*

José de Ozava *(rúbrica)*

Notas del Coronel
Valor acreditado

Notas del inspector

[En blanco]

Aplicación } tiene
Capacidad }
Conducta: Buena
Estado: Soltero

Ozava *(rúbrica)*

XXI

CONCESIÓN DE LA REAL LICENCIA PARA CONTRAER MATRIMONIO

Consejo Supremo de la Guerra en la Sala de Gobierno a 6 de diciembre de 1824.—Acordada en 27 de noviembre último.—Es de parecer, que Vuestra Majestad puede conceder al capitán graduado don Casimiro Brodett, teniente que fue del extinguido Regimiento Infantería de Valencia, y en la actualidad con licencia indefinida en Burgos, la real licencia que solicita para casarse con doña Mariana Pineda, con opción la contrayente a los beneficios del Monte Pío Militar, siempre que dicho oficial se purifique con sugeción a las vaces establecidas.—Don Pedro Díaz de Rivera (rubricado).—(Al margen) Como parece.—Resuelto en 12 de diciembre de 1824.—Consejo Pleno de 19 de diciembre de 1824. —Publicada y comuníquese.—Fho. en 19 del mismo.—22-6-2.ª m.

Archivo General Militar de Segovia. Expediente matrimonial de don Casimiro Brodett.

XXII

HOJA DE SERVICIOS DE DON FERNANDO ÁLVAREZ DE SOTOMAYOR

Campañas y acciones de Guerra en que se ha hallado.—Años. 1819. Se halló en la epidemia de la ciudad de San Fernando.

1820. En dicha ciudad siendo parte del Ejército que a las órdenes del general don Antonio Quiroga proclamó la Constitución política de la Monarquía de 1812. En el cordón sanitario del campo de Gibraltar.

1821. En la persecución del cura Merino en Castilla la Vieja con su regimiento.

1822. Con igual destino en los confines de la provincia de Burgos, Bilbao y Vitoria, habiéndose encontrado en cinco acciones de guerra, mandado la de la Venta de Gamilaz, que con sólo 107 hombres batió a 500, habiéndole concedido por el particular mérito que contrajo la Cruz de San Fernando. En la de Aibar y Lumbier el 14 de diciembre, Sacabra el 16 de ídem y en la de Puente la Reina el 18 del mismo.

1823. En Sanguenza el 19 de enero: Albarrura el 25 de ídem: toma del fuerte de Irati el 5 de febrero, Aguilar, Arnedo, Ágreda y Titero el 23, 24, 25 y 26 del mismo; en las alturas de San Cristóbal frente a Pamplona el 26 de marzo; en el sitio de esta plaza asistiendo a varias salidas que se hicieron hasta su rendición, que fue conducido prisionero a Francia.

Vicisitudes y comisiones.

Regresó de prisionero de Francia en 1824 y obtuvo su licencia indefinida: Fue comprendido en el Real Decreto de amnistía a virtud de providencia definitiva de la sala primera de la Real Chancillería de Granada, fecha 10 de julio de 1833, y clasificado de excedente a reemplazo por S. M. en 20 de agosto de 1834.

Fue confirmado en su empleo de capitán con la antigüedad de 9 de enero de 1820 por real despacho de 20 de abril de 1835.

En fin de diciembre de 1834 fue dado de baja por haber sido nombrado tesorero de ventas de la provincia de Ávila.

Por real despacho de 20 de enero de 1836 se le concedió el retiro con el uso de uniforme de retirado, sin otro fuero que el que le corresponda por su nueva carrera de rentas.

En 1820 fue ayudante de campo del general don Antonio Quiroga.

Desempeñó catorce meses el encargo de profesor de una de las clases de matemáticas en la real academia de la ciudad de San Fernando.

Condecoraciones.

Disfruta de la Cruz de San Fernando y dos escudos de distinción por sus servicios en campañas.

Don Juan de Llano, caballero de cruz y placa de la real y militar orden de San Hermenegildo condecorado con varias cruces de distinción por acciones de guerra, coronel de infantería y jefe de la redacción de hojas de servicio de esta provincia.—Certifico: que la anterior está formada a virtud de decreto del Excmo. Sr. capitán general de este distrito de 21 de mayo último, con presencia de la antigua. Documentos que me ha presentado el interesado. Madrid, seis de junio de mil ochocientos cuarenta y uno.—Juan de Llano.—V.º B.º.—Chacón.

Archivo General Militar de Segovia. Expediente personal de don Fernando Álvarez de Sotomayor.

XXIII

INFORME DE DON RAMÓN PEDROSA DE LA FUGA DE DON FERNANDO ÁLVAREZ DE SOTOMAYOR

Gobierno de las Salas del Crimen de la Real Chancillería de Granada.—Excmo. Señor.—En ejecución a lo que V. E. se sirve mandar, en su respetado oficio del 4 del corriente mes y cerca de que con presencia de la copia de la exposición que ha dirigido a S. M. Diego de Sola, alcayde que fue de la Cárcel de esta Corte, relativa a que por los fundamentos que en ella manifiesta se le reponga, en su empleo le informe lo que resulte, ofrezca y parezca sobre el contenido de la enunciada exposición, expresándole cuantas fugas de presos de la mencionada cárcel se han verificado en el tiempo que el Sola fue su alcayde, debo manifestar: Que es bien notoria la fuga que al anochecer del día 26 de octubre de 1828 hizo de la cárcel de esta Corte don Fernando Álvarez de Sotomayor, preso en la misma por causa de infidencia, conspiración y asesinatos en la Venta de Gamila, provincia de Álaba, de la que conocía el señor don Ramón de Pedrosa en Virtud de Real orden, en ocasión de hallarse un reo en la Capilla. Por más exquisitas que fueron las diligencias que practicó el mencionado señor don Ramón Pedrosa para averiguar el modo, circunstancias y cómplices que pudiese haver en la anunciada fuga, sólo pudo justificarse, que al anochecer del citado día, hallándose el sota alcayde Manuel Pertíñez sentado en la entre-puerta de la cárcel, acompañado de otro sota, José Garzón y de un preso denominado Francisco Asensio, llamaron al rastrillo de la jaula que media entre el rastrillo principal y primer patio estando ya las luces encendidas, dos religiosos capuchinos que venían de auxiliar al reo en la Capilla, y abierta la puerta salieron a el entre-puertas, y desde este sitio a la calle: Que al poco tiempo llamó otro religioso al parecer capuchino, se le abrió el primer rastrillo y el segundo, en cuya ocasión manifiesta el sota alcayde Pertíñez sospechó que el tal religioso se parecía a don Fernando Álvarez de Sotomayor por lo cual dispuso se llamara por los dependientes de la cárcel, mas no encontrándole se confirmó en que el que había salido era el mencionado don Fernando Álvarez de Sotomayor disfrazado en el hábito de religioso capuchino, lo que dio motibo a que el alcayde señor Diego de Sola diese cuenta al señor don Ramón Pedrosa, refiriéndose a la noticia que le dio el sota alcayde Pertíñez manifestando el Sola que se encontraba en su habitación, descansando por el mucho trabajo que había tenido en aquel día. Ello es que no pudo averiguarse el modo con que se le introdujo el hábito de religioso capuchino al Sotomayor, ni si en efecto se verificó tal introducción, porque hacerca de estos hechos se expresaron en sus declaraciones el sota alcayde y el llavero, el jaulero encargado de abrir el rastrillo que da al patio, y los presos que acompañaban en la habitación al don Fernando Álvarez de Sotomayor, de tal manera que se obscurecen las razones de probabilidad para que se verificase la fuga, sin que todos ellos o al menos los principales encargados de la custodia de los reos y tenencia de la puerta principal de la cárcel, dejaran de tener intervención en la introducción del hábito y en la salida de Sotomayor. De cualquier modo que ésta sucediese, siempre resulta justificado ser costumbre antigua en la cárcel, recomendaba su observación por los señores jueces, que en los días que se coloca algún reo en Capilla para sufrir el último suplicio, todos los presos se encierran en sus respectibos aposentos, con objeto a evitar que, al tiempo de entrar y salir los sugetos que dan pasto espiritual al reo colocado en la Capilla o a los que entran a subministrar al mismo la comida, pueda verificarse la fuga de alguno de los presos e igualmente resulta justificado que en el citado día 26 de octubre, los presos constituidos en la Sala tubieron libertad al pasearse en el primer patio y su corredor a ciencia y paciencia de su alcayde Diego de Sola, expresando el sota alcayde Manuel Pertíñez que la apertura de tales habitaciones se hizo por disposición del dicho alcayde Sola, bien que éste lo niega y en ello no convienen los demás dependientes de la Cárcel. En el cargo que se le hizo a Diego de Sola, negó haber intervenido en la fuga de don Fernando Álvarez de Sotomayor y aunque se le reconvino con que era el inmediato responsable de ella, porque a su cargo estaban todos los presos de la mencionada cárcel, trató de eludir esta reconvención en que en el expresado día 26 de octubre y hora en que se dice se verificó la fuga, se encontraba en su habitación descansando por estar indispuesto; cuyo hecho sugetó a prueba y lo contestaron varios testigos y en el mismo término trató de justificar con varios certificados los servicios que había hecho a S. M. en tiempo de la Guerra de la Independencia y en el del extinguido sistema Constitucional y padecimientos que en éste sufrió. Cuando la causa tubo estado, dio en ella providencia definitiba el señor don Ramón Pedrosa, imponiendo varias penas a todos los tratados como reos, y a Diego de Sola le impuso seis meses de suspensión de su Oficio de alcayde y le condenó en su cuarta parte de costas, consultada esta providencia a la Sala Primera de las del Crimen, dio auto en 17 de febrero de 1829 por el que impuso a los reos, las penas que tubo por conveniente y con respecto a la del alcayde Diego de Sola, se reservó hacerlo en la Sala de más Señores. En efecto se verificó la vista en la Segunda Sala del Crimen y en ambas Salas, en 20 del mismo mes, condenaron al Diego de Sola en privación perpetua del oficio de alcayde. Esta providencia aunque se le hizo saberlo la reclamó, por lo cual en 4 de marzo del propio año, se declaró por pasada en autoridad de cosa purgada. De esta resolución, se dio cuenta a V. E. como presidente de este Superior Tribunal, con fecha del mismo día 4 de marzo, para que se sirviera hacerla presente al Real Acuerdo a fin de que por dicho Tribunal se adoptasen las providencias que estimase, en uso de sus atribuciones. Consiguiente a ello se ha nombrado alcayde de la misma cárcel de Corte...

(Sigue una relación de las fugas de presos ocurridas en la cárcel desde que Sola es alcayde.) ... Por todo lo que aparece de las causas expuestas, a mi entender debe desestimarse la solicitud del Diego de Sola y llevarse a fecto lo ejecutoriado por ambas Salas del Crimen. Sin embargo, V. E. resolverá lo que sea de su superior agrado.—Dios guarde a V. E. Granada 13 de setiembre de 1830.—Excmo. Sr. José de la Vega Carballo.—Excmo. Sr. capitán general de estos Reynos y Costa.

Copia en el archivo particular de don **Antonio Gallego** Morell. Granada.

XXIV

RELATO DE LA FUGA DE DON FERNANDO ÁLVAREZ DE SOTOMAYOR

Acordamos hacer un hábito de capuchino, y nos valimos de una señora pobre y muy patriótica que lloraba la reciente pérdida de un pariente, víctima sangrienta del despotismo, la cual nos sacó del apuro lo menos mal que pudo, haciéndole de paño pardo, y creo se lo cortó un sastre de buenas ideas, aunque ignorando el objeto.

También me proporcionó Mariana un gorro negro, un rosario, el cordón y unas barbas, llevándome algunos de estos efectos por sí misma, y remitiéndome los otros por su criado.

La barbas las facilitó una cómica (cuyo nombre ignoro), y antes de una hora de haberme fugado, ya estaban en su sitio en el vestuario del teatro, sin que nadie hubiese notado su falta. Cuando la generosa actriz supo el objeto para que habían servido, no quiso aceptar ninguna recompensa, y nos costó mucho que admitiese una fineza (un corte de vestido) en muestra de agradecimiento.

Las referidas barbas me estaban muy pequeñas, y las añadí con mil trabajos en las madrugadas de los días 25 y 26 de octubre.

Me había fingido algo enfermo, me acostaba temprano, y cuando los compañeros de prisión que tenía en la sala principal de la torre de santa Bárbara se acostaban, que era después de la segunda requisa que nos la hacían a media noche, espiaba yo el momento en que se dormían para levantarme a mis preparativos de fuga, que dejaba tan luego como me advertía el ruido de las llaves que venían a la tercera requisa.

Dicho día 25 pusieron en capilla a un desdichado, para ajusticiarlo por robo de vasos sagrados. Entonces sólo me faltaba el hábito para el completo de mi disfraz, y al fin lo concluyeron el 26: mi buen amigo don Pedro Ambel, sentenciado a presidio por seis años, por sospechoso de haber tenido en su casa a una persona perseguida por causa de conspiración, estaba rebajado del correccional de Granada por sus dolencias. Vivía en casa particular, y como tenía en su poder alguna ropa mía fue el encargado de recoger y remitirme el hábito envuelto en una tohalla, con una mandadera que fue de parte mía pidiéndole mi capa, a pretesto de que había refrescado el tiempo, y de este modo se introdujo felizmente a las cuatro de la tarde.

Hasta entonces había yo reservado el secreto aun de mis mayores amigos, cuando éstos no podían contribuir al éxito. Siempre que se ponía un reo en capilla, todos los presos estaban encerrados en sus calabozos o habitaciones, sin poder salir a los corredores ni patios: a media tarde abrían las puertas de las salas para limpiar los vasos inmundos y llevarnos agua fresca y las cenas; entretanto salíamos a los corredores. Un realista, preso por cómplice en el asesinato de un liberal, se entró en mi sala, tan luego como la abrieron, y estuvo larguísimo rato hablando con una muger por la ventana, en términos de apurarme la paciencia. Luego que salió, tropezé con otra dificultad; mis compañeros de sala estavan entretenidos en hacer alfileteros de paja de colores, y no se movían. Eran personas decentes y de bastante honradez, y tuve que fiarles mi proyecto, aconsejándoles que se fuesen a otra sala para no estorbarme y quedar comprometidos. Empezaron a objetarme dificultades, y sin explicarles mis medios, les dije era cosa resuelta, y que me dejasen solo, como lo verificaron. Tuve en el mismo día que descubrirme a otros dos presos por delitos políticos, para lo que diré después.

Principié a vestirme precipitadamente y a lo mejor entró un criado con los sillicos limpios sin darme lugar más que para envolverme en la cortina, que tenía puesta en la ventana, que bajaba hasta el suelo, salvando de este modo el peligro. Luego que se fue, acabé de vestirme, y me puse mi gorro para sostener caído el cabello en forma de cerquillo, raspándome lo necesario. A poco rato vino un sirviente (del que tenía motivos para no fiarme) y me entrega un papelito, que no sé por qué efecto de aturdimiento, me lo remitía sin verdadero objeto mi amigo Ambel. Por fortuna la mujer que lo llevaba, me llamó anticipadamente desde la calle, y me dijo de paso a qué venía, lo que me dio lugar a esconder la capucha, abrir mi catre de tijera, descolgar la colcha de mi cama, y tenderme cubierto con ella. El criado me preguntó que tenía, respondíle que mis males ordinarios; puso la esquelita sobre la mesa, y se salió a la puerta de la sala.

Entró en aquel momento otro compañero de infortunio preguntándome por mi salud y si necesitaba alguna cosa: viéndole que insistía en sus preguntas, le manifesté la necesidad de que se retirase al momento, y de que alejase bajo cualquier pretesto a aquel testigo importuno. En efecto, salió y mandó al criado que le subiese un cántaro de agua fresca. Los otros dos, de quienes antes hablé, suscitaron una disputa y apostaron algun vino que de antemano habíamos introducido, convidaron a beber a todos los demás presos de las salas, y se fueron a la de la torre de Santiago: entretanto había yo completado mi disfraz poniéndome además un pedacito de caña entre el labio superior y la encía, y una bolita de cera en cada ventanilla de las narices, lo más gruesas pue pude, para contribuir a desfigurar la cara y la voz.

La cárcel tiene dos departamentos que por el piso inferior se comunican solamente por la jaula. Así se llama una pequeña división formada de fuertes rejas y rastrillos con tres puertas de golpe una a la sala de entre-puertas otra al departamento inferior contiguo a la Chancillería, en cuyos bajos está la la Galera y otros aposentos destinados a la clase ínfima; y a la estremidad de los altos la Capilla, y la otra puerta va al departamento superior, cuyo piso alto forman las salas donde, a costa de buen dinero, colocan a los presos de distinción. Por el piso alto había comunicación a los corredores del departamento inferior, y daba la puerta cerca de la de la Capilla, pero había otras cinco puertas intermedias cerradas. Intenté abrirlas con un pedazo de alambre muy grueso, cuyas puntas dobladas me servían maravillosamente al intento, según tenía probado, y aprovechando los momentos en que la golosina del vino tenía desiertos los corredores, me dirigí a la primera, quedándome sorprendido al encontrármela abierta, y viendo allí al sota-alcaide que no estaba de guardia. Retrocedí pues, y medité un momento sobre la dificultad de salir de un parage a donde no tenían que entrar los religiosos, y si bien mi salida por aquella puerta desusada junto a la Capilla, me ofrecía mucho riesgo, era mayor la dificultad presente. Se me ocurrió que algunas veces entraba uno u otro reverendo con motivo de visitar a cualquier preso conocido suyo, y que podía sorprender bajo esta idea a mis celosos guardianes; salgo, pues, saludando a los muchos presos que paseaban ya por los corredores; doi mi mano a besar a un devoto muchacho que me la pidió en la escalera, llego a la jaula y mando abrir los rastrillos para pasar a la capilla. Todo me salió perfectamente, pero me detuvo en el camino la idea de que los capuchinos que asistían al reo, me harían preguntas, al desconocerme, y descubrirían el fraude. Esperé con el fin de hacerme encontradizo con el primero que bajase para salir, fuese eclesiástico, hermano de caridad, etc., y entretanto empezaron a cerrar las salas habitadas, que eran cuatro, y ya debían notar mi falta. Entonces me dirijí solo a la jaula, murmurando de lo mal alumbrada que estaba una escalera de malísimo paso, que era necesario subir para llegar a ella, y mandé al jaulero, que me abriese; obedeció mirándome con atención, y llamé al rastrillo de la entrepuerta; franqueómela el sota-alcaide de guardia, y se quedó tan perplejo al verme, que se me puso delante observándome de pies a cabeza, como asombrado; yo me detuve muy sosegado, hablándole del abatimiento del reo, tan diferente de la entereza que el día anterior mostraba, y haciéndole reflexiones sobre el caso, y al fin para evitar que acabase de reconocerme, o que bajase buscándome al otro sota que cerraba las salas, mandé que me abriese la puerta para retirarme a rezar el oficio divino, y descansar un rato, pues que debía volver con el objeto de auxiliar a aquel desgraciado el resto de la noche.

Salí sin más dificultad, y pasé por delante de la guardia riéndome de los sarcasmos y dicharachos de los soldados; subí hacia S. Gregorio, y en la plazuela descubrí un amigo que me esperaba desde las cinco de la tarde, bien embozado, cuyos pasos seguí a cierta distancia. Íbamos por el pilar del Toro, cuando tocaron oraciones; poco más adelante me pareció que me seguían, lo advertí a mi conductor, y sin alterar nuestro paso, que era algo vivo, pero no precipitado, entramos por la izquierda en los callejones de S. Agustín, y por último salimos a la plaza de Bivarrambla por detrás de la Catedral, y de allí fuimos a la calle del Águila, entrando en una casa que estaban preparando para que se mudase a ella nuestra desventurada heroína. Su fiel criado nos aguardaba, y al momento se llevó las barbas, quitándome yo todo el disfraz, y poniéndome alguna ropa que saqué debajo del hábito con el doble objeto de librarla para mi uso, y esencialmente con el de desfigurar el cuerpo. Dije a mi buen conductor lo mal que me parecía aquella casa, y quedó en buscar otra donde pasar la noche.

El plan había sido salir al momento de Granada, mas no pudo realizarse por motivos que no son de interés.

Entretanto en la cárcel habían bajado preguntando por mí, por no estar en las salas, a tiempo que el sota-alcaide que me abrió las puertas, hablaba con el jaulero de la mucha semejanza del fraile conmigo, creyendo fuese hermano mío; entra en sospechas al momento; pasa a la capilla, preguntando por el capuchino que acababa de salir, le contestan y repiten no había salido ninguno en toda la tarde; reconoce el engaño, grita, jura, se lamenta de haberme él mismo abierto las puertas, y sale volando a darme alcance. Si tal hubiera hecho luego que bajaron preguntando por mí, hubiera podido ponerme en conflicto. En seguida fue a buscarme a casa de Mariana, y desde allí a las de otros amigos con quienes sabía estaba yo relacionado.

A poco rato de estar en la calle del Águila, vino el criado de Mariana y me avisó que lo siguiese, guiándome a casa del señor S..., que vivía en la calle de S. Antón. En veinte y siete días que permanecí en aquella ciudad, se desplegó tal energía para buscarme, que todos estaban amedrentados, y nadie se atrevía a darme asilo por más de veinte y cuatro horas. Mi ángel tutelar, que así llamaba yo al amigo que me esperó a la salida de la cárcel, se ocupaba en proporcionarme nuevo hospedaje, y al anochecer me buscaba, o bien salía yo a buscarle en un parage determinado.

La familia del señor S... me recibió diferentes veces, y el rector de la Inclusa, el dignísimo y benéfico presbítero D. Antonio de Linares (q. e. p. d.) me alojó en dos ocasiones; éste me propuso un plan para ocultarme por muchos meses en su casa, y después evadirme por la sierra; pero rehusé su favor, por no constituirme en prisión voluntaria. Los demás días los pasé en diferentes casas, sin que supiesen las familias quién era yo, y hubo dos en que sus propios dueños lo ignoraron, sabiéndolo únicamente una persona de cada familia.

Los liberales celebraban mi libertad con entusiasmo, y los serviles se reían del ardid, pudiendo asegurar, que con muy pocas excepciones, todo el mundo celebró mi fuga, pero eran raros los que tuvieron valor para protegerla.

El mencionado S... vio de mi parte a algunos amigos de Málaga para que facilitasen allí donde me ocultara por unos días, y buque donde me embarcase; mas siempre volvió aconsejándome mi permanencia en Granada, porque aquéllos oponían mil dificultades. Las que yo tenía para subsistir en Granada se aumentaban cada día, por lo que dirijí mi vista por otro punto.

Reinaba la fiebre amarilla en Gibraltar, y los cordones sanitarios aumentaban los obstáculos. En Granada se cambió el sello de sanidad como medida eficaz para atraparme; las partidas de caballería cruzaban por todas partes, y las requisitorias más ejecutivas habían corrido desde Ayamonte al reino de Valencia.

Escribí a un amigo que estaba en Gibraltar, incluyéndole una carta muy atenta para el juez Pedrosa, con fecha de aquella bahía y, calculado exactamente el día en que debía salir el correo de allí para Granada, le previne a dicho amigo, dirijiese la carta que le incluía, lo que verificó, y llegó puntualísimamente con todos los requisitos necesarios de fecha, sello, etc., capaces de persuadir me hallaba en salvo.

El 21 de noviembre a las ocho de la noche, que estaba clarísima con la luna, salí por el puente de Genil acompañado de mi ángel tutelar y del valiente y patriota capitán R..., hoy día comandante de batallón, quien sin conocerme fue de intento a Granada y procuró con tal eficacia adquirir noticias de mí, para ofrecerme su protección, que lo consiguió. A pocos pasos nos separamos, mi antiguo amigo regresó, el nuevo se dirigió a la venta en busca de un caballo y de un criado, que llevaba una mula para mí, y yo seguí despacio por el camino de Armilla; mi conductor creyó alcanzarme pronto, mas entretanto vino hacia mí una patrulla de caballería, cuyo encuentro evité, ocultándome por entre aquellas arboledas, y mi amigo pasó de largo con su criado. Volví a salir al camino, en que no era práctico, y retrocediendo con cuidado, reconocí el puente donde se separa el camino de Motril; allí me senté con la idea de que mi amigo volvería en mi busca, y en caso contrario tomar alguna resolución por la madrugada.

Tenía yo mi pasaporte y carta de seguridad comprados en blanco por media onza a un agente de Policía, que se ofreció a dar ambos documentos llenos con todos sus requisitos, y bajo el nombre que se le diese; pero no quise arriesgarme a que me vendiese, como hacía con su destino, y tuve la precaución de llenarlo como mejor me pareció, habiéndolo adquirido por tercera o cuarta mano, y dado a entender que era para otra persona.

Estaba yo vestido en traje de contrabandista, con marsellé, calzones bombachos, faja de estambre grana, zapatos y botines de becerro blanco, capa, sombrero calañés y un bulto de ropa blanca debajo del brazo: también había desfigurado mi persona, tiñéndome el pelo de negro (el mío es castaño y se me había encanecido mucho), el color, que lo tenía claro y muy pálido, me lo puse moreno encendido, me entresaqué cuidadosamente mis pobladas cejas, me puse grandes patillas, que jamás había usado, y me figuré una rija en un ojo. A las diez de la noche veo venir a un hombre montado en una mula, lo detengo, le hago mañosamente algunas preguntas y averigüo lo que deseaba: era el criado de R... y éste corría por el camino de arriba en busca mía. Tuve el gusto de encontrarle como a una legua y seguimos hasta Pinos del Valle, a donde llegamos a las dos de la madrugada.

Resolví no estar más tiempo oculto, y concerté con mi protector recorrer las Alpujarras y ganar tiempo: me llevó por todas las casas de sus parientes, me dio a conocer a algunos de ellos, y a todos les debí la más generosa hospitalidad: me prodigaron las más finas atenciones, y los que sabían mi situación manifestaron el más vivo interés por mí; también me hizo conocer a varios otros patriotas, que se apresuraron a obsequiarme con la mayor cordialidad.

Anduve por aquellos pueblos fingiendo negocios que no tenía, y mi conductor se adelantó a Berja y Adra con el objeto de proporcionarme embarque en los buques franceses que iban a cargar de plomo en este puerto: pero dos amigos de quienes procuró valerse, tuvieron tanto miedo al saber que se trataba de mí, que le opusieron mil dificultades, y el generoso R... volvió lleno de despecho. Entonces determiné separarme de él, y me despedí para Albuñol, en cuyo término vivían unos parientes suyos, y me envió con un recado de recomendación a un primo, a cuyo hijo mayor me confié. Allí permanecí hasta mi salida de España: llegué a mitad de diciembre y desde luego me ocupé en saber si algún barco de contrabandistas saldría para Gibraltar: averigüé que uno de la Rábita se preparaba a llevar vinos, y llegué a su patrón para ver si admitiría diez botas de mi cuenta: me ajusté con él, y le ponderé la necesidad de salir pronto.

Yo había cambiado de pasaporte y refrendos, para poner a cubierto a mis amigos en caso de una desgracia y que no siguiesen mi rastro por los pueblos donde realmente había estado, y también varié algunas señas personales, sustituyendo otras, como la de la rija, mudada en algo defectuoso de la pierna derecha.

Por todas partes me presentaba en lo más público, y hubo pueblo donde cumplimenté, anoté y contesté un despacho del insigne Pedrosa, como subdelegado de Policía, por habérmelo suplicado así los alcaldes, en razón de estar ausente el secretario del Ayuntamiento.

El barco tardaba mucho en alistarse, y por haber faltado dos de los otros compradores, tuve yo que añadir algunas botas de vino, quedándome casi sin dinero, y a pesar de esta añadidura reunimos poco más de media carga, cuando el 16 de enero por la noche recibí una esquelita de un amigo, diciéndome que al momento me pusiese a salvo, pues importaba mucho a la seguridad de mi persona, y a la de mis amigos. Inventé un pretexto para marchar a la madrugada siguiente; pasé la noche con bastante inquietud, por ignorar el fundamento de aquella prevención, y habiendo de marchar al mismo tiempo un primo del que me daba el aviso al punto donde éste residía, conociendo yo su probidad, le hice confianza de todo, y le indiqué el paraje a donde yo pensaba dirigirme, rogándole que su pariente me enviase un hombre con razón exacta del motivo de aquel aviso, para obrar según las circunstancias. Reflexioné sobre si debería refrendar el pasaporte, o marchar con él sin refrendo, aunque llevaba más de un mes del último, lo que podía comprometerme, y a pesar de todo lo hice así, pues me ocurrió que mi confidente podía obrar con poca serenidad, y en tal caso me sería fácil volver allí, cuya entrada me cerraba si falsificaba el refrendo. Esta resolución me salvó como se verá después.

Salí acompañado de la única persona que poseía mi secreto, marché a Rubite, hablé al capitán don J..., a quien había tratado mucho en el Ejército y me desconoció completamente; me descubrí a él, y le pedí recomendación para un hermano suyo que estaba en el cortijo de la Herradura a orillas del río Cádiar con una señorita hermana suya, pero sin que les dijese quién era yo: estuvo finísimo conmigo, medió la recomendación, y sus hermanos me agasajaron a porfía, lo mismo en Rubite que en el cortijo, a donde llegué aquella noche y manifesté la necesidad en que me hallaba de permanecer tres o cuatro días. El 19 principiaron a pasar muchas gentes de los pueblos del Barranco para Orgiva, una legua distante de allí, con motivo de las funciones que hacía a san Sebastián, patrono del pueblo, y nos estimulaban a que fuésemos con ellos: mis huéspedes vacilaban, y conociendo yo que mi presencia era el único impedimento, los animé y fuimos juntos, sin que ocurriese nada notable. Volvimos, y yo no recibía ningún aviso, por lo que el 22 mandé un hombre con una esquela para que me aclarasen mis dudas, y mi confidente me contestó, hallaría la respuesta en el paraje de donde había partido: regresé pues el 23 y vi que su temor provino de una requisitoria que circularon con mucha urgencia contra una persona que había robado al corregidor de Ugijar, y cuyas señas individuales eran idénticas a las mías, el traje el mismo, el caballo igual, y sólo se diferenciaban los arreos; el nombre no se expresaba.

Tomo al momento mi pasaporte, y voy a refrendarlo para embarcarme, pues al mismo tiempo me avisó el patrón estaba ya listo, y me presento al secretario de Policía: éste lo examina prolijamente, lo mira al trasluz, medita sobre él, y por último me dice que no puede refrendarlo. Le pregunto el inconveniente, me da contestaciones muy confusas, y por último me dice, que aunque le diera una onza de oro por cada letra no me lo refrendaría. Seguí la conversación mañosamente y le arranqué su secreto. Había circulado el bendito Pedrosa una orden para detener y examinar prolijamente a todos los que llevasen pasaporte fechado en 1828, y si ofrecían alguna sospecha se les arrestase, o en caso contrario les recogiesen los pasaportes, dándoles otros nuevos. Díjele entonces, que aquellas medidas se dirigían a sacarnos algunas pesetas más, y que con una mía superaríamos tamaña dificultad, que él no quería vencer ni con una onza por cada letra. Viendo mi serenidad y sin concebir de mí la menor sospecha, se puso de acuerdo con el encargado de Policía, y me refrendaron al fin. Aquí se ve con cuánta felicidad discurrí para no refrendar el día 18.

El 31 de enero por la tarde teníamos ya todo pronto, y el viento era favorable: acordé con el patrón que a la mañana siguiente después de misa, por ser domingo, se botaría el barco al agua, y nos haríamos a la vela...

Peña y Aguayo. *Ob. cit.*, págs. 37-78.

XXV

DEMANDA DE MARIANA DE PINEDA CONTRA DON FERNANDO ROMERO Y PINEDA

M. P. S.—José Antonio Ávila Pulido, en nombre de doña Mariana Pineda Muñoz, vecina de esta ciudad y viuda de don Manuel Peralta, ante V. A. como más haya lugar en derecho, digo: que en el mes de julio del año de 1829, entabló mi parte contra don Fernando Romero y Pineda, demanda de reivindicación de una viña de diez aranzadas y cuarto situada en el partido de los Moriles, término de Monturque, que le correspondía por escritura de donación entre vivos, que le hizo su padre el coronel don Mariano Pineda, en tres de noviembre de mil ochocientos cinco, y además como heredera universal ex testamento, de todos los bienes que quedaron por su fallecimiento; por cuya razón, en el inventario, cuenta y partición que se hizo de sus bienes, se expresó así en la nota cuarta que aparece testimoniada en los autos originales que presentó y juró; mas es el caso, que como al fallecimiento de su padre quedó mi parte de cortísima edad y en poder y casa de su tío paterno don José, padre de la mujer del don Fernando Romero, se apoderó aquél de la viña como persona a cuyo cuidado estaba su sobrina; y después que ésta salió de su poder, para entrar en el de un tutor dativo, no le entregaron a ésta la dicha finca, ni los demás bienes que le pertenecían a su pupila y después acá no ha sido posible arrancárselos a doña Tomasa Guiral, tutora o curadora, que ha sido de su menor hija doña María de los Dolores Pineda, y cuando casada ésta con don Fernando Romero se ha demandado a éste de reivindicación de la referida viña, ha contestado que quien la posee en la actualidad es doña María Guiral, vecina de esta ciudad, a quien se le adjudicó por fallecimiento de su marido, don José Pineda, para pago de sus haberes dotales y otros derechos; y habiendo exigido que se fijara testimonio de esta contestación en la pieza de reivindicación de la referida viña que es la que queda presentada, acudo a V. A. a nombre de mi parte entablando por su caso de corte (que compete como viuda), la correspondiente demanda de reivindicación de la referida viña contra su actual poseedora doña María Tomasa Guiral; y en esta atención suplico a V. A. se sirva declarar que la suerte de viña de diez aranzadas y cuarta... toca y pertenece a mi parte y en su consecuencia condenar a doña María Tomasa Guiral, su detentadora, a que se le restituya con los frutos producidos y debidos producir, desde primero de enero de 1806, en que falleció el coronel don Mariano Pineda.

Revista del Centro de Estudios Históricos, Granada y su Reino. Granada, 1912, año II, núm. 4.

XXVI

OFICIO DEL JUEZ GIL DE LINARES DEVOLVIENDO LAS DILIGENCIAS DE LA BANDERA

A las dos de la tarde he recibido el oficio de V. A. de esta fecha, acompañado del tafetán y letras aprehendidas en casa de doña Mariana Pineda, con las diligencias en su razón formadas por el señor subdelegado de Policía; todo lo que se sirve V. S. pasarme en concepto de juez de Cuartel 1. de esta capital. Pero habiendo cesado en este encargo por la llegada en el día de ayer del señor juez propietario del mismo, don Gregorio Ceruelo, lo devuelvo a V. S. todo por el mismo conductor don Francisco de Callay, oficial mayor de la Secretaría del Real Acuerdo Criminal, para que se sirva disponer pase a dicho señor, o lo que fuese más conforme al mejor servicio del rey Nuestro Señor, que Dios guarde como a V. S. ms. as. Granada, 20 de marzo de 1831.—Fermín Gil Linares (rubricado).—Señor gobernador de las Salas del Crimen de esta Real Chancillería.

Archivo Municipal de Granada. Leg. «Varios», núm. 2. «Expediente formado en virtud de la aprehensión de un Estandarte revolucionario en las casas de Doña Mariana Pineda.»

XXVII

DEFENSA DE MARIANA DE PINEDA

Cierto es que el delito de que se trata es de los mayores y más graves, y que exige por las leyes el más ejemplar castigo; cierto es también que la llamada bandera, letreros y demás encontrado, son cuerpo de delito; e igualmente lo es que la aprehensión de todo ello se ejecutó en la expresada casa como va referido; pero no lo es que mis defendidos sean autores ni cómplices del atroz delito que se les imputa, porque sobre ello no hay una prueba cierta, y sí muchas dudas que imipiden la claridad que exigen las leyes del reino, para que se imponga la pena del último suplicio, ni la inmediata, sin embargo que sea por las mismas privilegiada la tal prueba, porque es bien sabido que ha de ser efectiva y cierta aunque de menos solemnidad, y que no bastan para ella en el caso propuesto, los meros indicios, sospechas, ni presunciones que resulten contra los procesados.

El hecho es que, en la tarde del 18 de marzo pasado de este año, se presentaron en la casa de doña Mariana Pineda, el celador de Policía don Pedro Fernández, el dependiente Juan Díaz con otros, y el escribano don Mariano Sánchez; que a su entrada encontraron sentado junto a la puerta de la antesala del piso principal, al sirviente de la doña Mariana, Antonio José Burel, y así permaneció, y a la doña Mariana en dicho piso y habitación principal; que al momento el dependiente Díaz subió al segundo piso, otro se colocó al lado del Burel en su custodia y observación, y el Fernández, escribano y demás, entraron en la habitación de la doña Mariana, y a presencia de ésta hicieron el más escrupuloso registro, y nada encontraron que indujese la menor sospecha: que según dice el Díaz, al subir él mismo al segundo piso, se le presentó doña Úrsula de la Presa que estaba en él (ésta es una señora mayor que crió desde niña a la doña Mariana, a quien ésta llamaba madre). Rogándole que por Dios la favoreciera, y le daría hasta la vida, y preguntándole sobre qué, le contestó que era una poca de la tela que tenía, y sacó de una sombrerera un lío de papeles con un pedazo de tafetán, los que guardó el Díaz, y le dejó el tafetán a la doña Úrsula, creyendo fuese algún trapo suyo; que la misma lo tiró inmediato a la sombrerera de donde había sacado el lío; que concluido el registro de la habitación principal, subieron al segundo piso el celador Fernández y escribano, e instruidos por el Díaz de lo ocurrido, registró el Fernández, y sacó el mencionado tafetán de debajo de una hornilla; que dicho tafetán resultó ser morado, de dos varas y tercia poco más de largo, y vara y cuarta de ancho, con un triángulo de color verde fijado en el centro, y algunas letras a los lados de él; unas bordadas de seda color carmesí, y otras trazadas y sin bordar, y un vendo corrido a las orillas del tafetán con hilos pendientes, que demostraban estar recién quitado del bastidor de bordar; que los papeles recogidos por el dependiente Díaz eran tres con letreros con tinta encarnada, sus letras de igual tamaño que las bordadas y decían: Libertad, Igualdad, Ley; y demás otras letras sueltas de las que forman dichos letreros, y del mismo tamaño, hechas de cartón, como para modelo o molde del bordado, siendo las ya bordadas algunas de las de los dichos letreros. Que examinada por doña Úrsula declaró que estando en su cuarto en dicha habitación alta, leyendo en sus libros espirituales, cuando entró la Policía en la casa, oyó una voz (no sabe de quién) que dijo: Quite usted ese lío de ahí; que salió de su cuarto, pasó a la cocina y vio un lío sobre la cantarera, lo tomó y teniéndolo en la mano, subió el dependiente Díaz, a quien se lo entregó. La doña Mariana, el sirviente Burel y las dos criadas que había también en la casa, niegan en sus respectivas declaraciones haber dado ni oído la voz que expresa la doña Úrsula, e igualmente niegan haber visto en la casa el tafetán y letreros mencionados, y el que supiesen que existía en ella, ni quién los había llevado; resulta asimismo que la doña Mariana no sabe bordar, y que en la casa no había ni se halló bastidor alguno, pues además del mencionado registro se hizo embargo de cuanto existía en ella. A lo expuesto se agrega que al principio de la mañana del 21 de marzo se fue a la calle la doña Mariana, y que el dependiente Díaz, que estaba de guardia en la casa, salió en su busca, la encontró en la calle inmediata, y la hizo volver a la casa, en la cual se le constituyó después en el mismo día en formal prisión con dos alguaciles de guardia, retirándose los dependientes de Policía que habían estado hasta entonces; y que contra la doña Mariana y Burel su criado, había otro proceso pendiente por las relaciones que tenía aquélla con los anarquistas de Gibraltar y reos de conspiración, presos en las cárceles de esta ciudad, y contra el Burel porque era su confidente, y que le sacaba las cartas del correo que para la misma venían con sobres supuestos.

Con presencia de todo ello puede decirse con verdad, que lo primero que en toda causa o proceso debe resultar bien comprobado, que es el cuerpo del delito porque se procede, no lo está en la presente, puesto que no es indudable o cierto positivamente que el tafetán aprehendido constituya o forme una bandera, y bandera de alzamiento, conspiración o revolución; lo uno porque aún no estaba hecha bandera, y por consiguiente aún no lo era, y lo otro, porque el emblema del triángulo verde fijado en su centro demuestra que su destino era más bien para adorno de alguna logia francmasónica; y acerca de este delito que es de otra especie, sólo serán reos los que lo sean, y se reúnan, y los cojan, pero no los que formen, cosan o borden sus atavíos, y menos las mujeres, que así como no pueden ser obispas ni confesoras, tampoco pueden ser francmasonas, por lo mismo el calificar de bandera revolucionaria el tafetán aprehendido por sólo letreros, de los cuales sólo dos están principiados a bordar, es tan aventurado como lo sería estimar envenenado a todo difunto que tuviese las uñas moradas o alguna otra señal de las que produce el veneno; siendo así que muchos se mueren sin tomar otro que el que tenían en la masa de sus humores propios o el de las medicinas que les recetan; y porque hay muchas cosas que se equivocan con otras, así como el insultado con el muerto, el hipócrita con el hombre de bien, la venganza con la rectitud, la ignorancia y la cobardía con la prudencia, y la tontería con la santidad.

Todo esto es de presumir que lo tuvo presente el señor gobernador de las salas del crimen, y que por ello usó la agudeza satírica de su oficio dirigido a V. S. con fecha 19 de marzo, de llamar al tafetán aprehendido, bandera tricolor, en lugar de revolucionaria, pues no podía ignorar S. S. que no toda bandera de tres colores es la llamada tricolor, porque los de ésta son azul, blanco y encarnado, y los que se ven en el tafetán son encarnado, morado y verde, y así también por igual razón no todo lo que forma tres, es trinidad, pues no lo son los tres números de un terno de lotería, ni los enemigos del alma, que eran tres antiguamente, aunque ya se cuentan por gruesas como los del cuerpo, y los de la tranquilidad y felicidad del género humano. A ello se agrega que para un alzamiento no hay necesidad de banderas, sino de armas y gentes, y si es que en las muchas revoluciones que contamos, unas por desgracia y otras por fortuna, no habrá quien diga con verdad que sirvió de señal ninguna bandera; y no habiendo en el caso presente ni armas ni gente dispuesta o alistada para alzarse o revolucionar, la llamada bandera es un trapo insignificante. Por otro concepto: el legislador trata de contener con las graves penas que establece contra los conspiradores la ambición de los hombres que las promueven para tomar destinos. ¿Y cuál podría esperar la doña Mariana Pineda, ni la vieja doña Úrsula? ¿Sería acaso por la iglesia, por la toga, o por la milicia? ¿Qué interés pues podía moverlas a tal atentado? A la verdad ninguno.

Mas sin embargo la parte fiscal acrimina severamente a una y otra.

(Habla el defensor del tanto de culpa de doña Úrsula y en seguida continúa.)

En cuanto a la doña Mariana Pineda, puede decirse que aún es menor, si cabe, la prueba que resulta de la criminalidad que se atribuye, porque ni la llamada bandera, ni los letreros se le aprehendieron en su persona, ni en cofre o cómoda suya, ni en su habitación, ni puede decirse con fundamento que sean obra de sus manos las letras bordadas del tafetán, porque no sabe bordar, y porque en la casa no se halló bastidor alguno, ni otro indicio de que allí se había bordado, cuya ocultación tampoco es de presumir, porque era inútil dejando el tafetán y letreros, y siendo más fácil y urgente esconder éstos, que no un mueble que por sí solo no producía sospechas; ni además se convence que la doña Mariana supiera existía en su casa el dicho tafetán y letreros, ni el que diese la voz o aviso que oyó la doña Úrsula para que ésta la ocultase; y sí más bien que no pudo ser aquélla, porque los dependientes de Policía que hicieron la aprehensión, no la perdieron de vista desde que entraron en la casa, y precisamente la hubieran oído o entendido, puesto que la doña Mariana estuvo en la habitación principal, y ellos también, y la doña Úrsula en la más alta que está sobre aquélla; y como pudo ser que la voz o aviso la diese otra persona de las que a la sazón había en la casa, no procede por ello legalmente contra la doña Mariana la sospecha de haberla dado. A ello se agrega que no hay prueba alguna de que el repetido tafetán fuese para formar con él la bandera llamada revolucionaria, ni aun cuando para ello fuese, que se niega, el haberse aprehendido en casa de la doña Mariana no constituye por su mera existencia el acto preparatorio de ejecución del grave delito de rebeldía contra nuestro soberano, ni el de conmoción popular de que habla el artículo 7.º del real decreto de 1.º de octubre del año próximo pasado, para que se pueda imponer la pena en él señalada a la doña Mariana Pineda, por dos razones; por la ignorancia de esta ley (de cuya noticia o conocimiento no se le ha interrogado), pues siendo como es mujer la referida, le basta sólo alegarla para que sea atendida y la excuse por derecho; y la segunda, porque los tales actos preparatorios deben ser de los necesarios a la rebeldía o conmoción popular, y no bastan los contigentes ni equívocos, y porque además han de ser completos o perfectos; pues ya está dicho que el tafetán aprehendido podría haberse formado con otro fin u objeto; esto es, para otro uso que el de bandera revolucionaria; que las tales banderas no son precisas ni aun necesarias para las revoluciones; y que aun cuando con el repetido tafetán se hubiese pensado en formar semejante bandera, se observa desde luego que no estaba formada, ni concluido el adorno o distintivo de sus lemas, pues faltaban por bordar más de la mitad de ellas, y por consiguiente que sin estarlo se quitó del bastidor, del cual es bien sabido que no se separa lo que se está bordando hasta que se concluye, porque se desperfecciona, y no puede después continuarse bien, faltando el primer atirantado que tenía la tela; y cuando se quitó a medio bordar, sería por algo seguramente. ¿Y no es posible que fuese porque el autor de esta obra se arrepintiera y desistiese de su empresa, y que tratara de conservar el tafetán para aprovecharlo descosiéndolo y quitándole lo que tenía bordado? Y si así fuese, porque es posible que lo fuera, y porque no hay prueba alguna en contrario, ni la hay tampoco de que por otra causa se quitase del bastidor el tafetán antes de concluir su bordado, ¿cuál sería el delito del que lo ejecutó? ¿Y cómo podrá bajo de estos supuestos tan racionales y prudentes constituir en buena filosofía acto preparatorio completo o perfecto de rebeldía ni de conmoción popular la mera existencia del tafetán aprehendido en la expresada forma? No es posible, sin embargo, de que se estime que hay alguna responsabilidad en la persona de cuyas manos se aprehendió. Así como no se estimaría tampoco, si no es disparatando, acto preparatorio completo o perfecto de un homicidio, el resolverse a ejecutarlo, tomar armas, dirigirse con ellas a buscar o a esperar en sitio fijo al que había de matarse, pero que arrepentido de ello el que lo hacía, se volvía sin haber llegado al sitio en que debía esperar o acechar, y en el camino, ya de vuelta, fuese aprehendido por la justicia; al contrario, con razón podría estimarse que el acto preparatorio del supuesto homicidio era completo, si habiendo llegado el figurado homicida armado al sitio en que había de esperar o acechar para ejecutar la muerte, se le aprehendiese en él, esperando o acechando con las armas preparadas. Y por otro concepto, los delitos y delincuentes, así como las virtudes, no se deben calificar por el exterior que presentan, porque no es lo mismo parecer criminal que serlo, así como tampoco es lo mismo ser justiciero que justo; pues entre uno y otro hay mucha diferencia. Mas sin embargo de todo ello, que es tan claro y sencillo, y tan fácil de comprender, la parte fiscal acrimina a la doña Mariana por dos conceptos, ambos en él, de presunciones de ley: el primero lo funda en el hecho de la aprehensión ejecutada, porque se hizo en la casa morada de la doña Mariana, y porque ésta como cabeza de ella debe responder, y para demostrarlo, hace comparación de lo prevenido en la ley del fuero y recopilación acerca del hombre muerto o herido que se hallare en alguna casa, y no se supiese quién lo mató o hirió; pero este argumento de comparación no podrá menos de observarse que no es tan exacto como se supone, por muchas y poderosas razones; entre otras, porque no es tan fácil matar sin veneno a un hombre en una casa sin que lo entienda el dueño de ella, y que pueda designar quién lo mató, como el introducir y colocar en algún sitio de ella un trapo y unos papeles de poco bulto o volumen, sin que lo vea ni entienda el dueño de la casa, bien sea por los domésticos de ella, o por otra persona de las que concurran a la misma, o por las dos cosas, porque la indicada prevención de la ley recopilada que produce la notada sospecha y el cargo a ella consiguiente, se ciñe y limita al homicidio de que trata; no se contiene en el real decreto citado de 1.º de octubre del año próximo pasado, y su ampliación de aquél a éste, y con tan diverso objeto, es improcedente y odiosa en derecho; y sobre todo porque la antedicha ley recopilada sólo ordena que el morador de la casa sea tenido de responder de la muerte, pero no que muera por ende ni por allende. Y la misma respuesta que podría dar el morador de la casa donde se halla el muerto, si aquél fuese manco de ambas manos, o estuviese de otro modo impedido y en imposibilidad de dañar a nadie, es la que debe dar doña Mariana Pineda a la reconvención que se le hace por «el medio muerto» que se halló en su casa, puesto que no puede ser obra suya porque no sabe bordar. A que se agrega que en ninguno de los artículos del citado real decreto se establecen reglas algunas para la calificación del delito de que se trata, ni para la de sus autores y cómplices: y por ello es visto que en esta parte debe estarse a las comunes establecidas por derecho. Según éstas, es bien sabido que no se conceptúa autor ni cómplice de delito al que no lo comete ni tiene parte en su ejecución; y para estimarle delincuente es necesario que se pruebe en bastante forma lo uno u lo otro, y también que tenía el debido conocimiento de lo que hacía, y la libertad necesaria, porque sin ésta ni aquél no hay verdadero delito ni delincuente, así como tampoco hay pecado con respecto a la conciencia: y de estas verdades que son bien sabidas, se podrían poner muchos ejemplos que fuesen a propósito en el caso presente; entre otros se ocurre uno que no sería muy difícil de presentarse; tal es el caso, en que bien la antedicha bandera u otro trapo semejante se hubiera aprehendido a una bordadora de ejercicio, estándole bordando por encargo de persona para ella desconocida, puesto que la había pagado su trabajo, y que ni la tal persona ni otra alguna le hubiese manifestado o descubierto el emblema y significado de lo que hacía, ni tampoco la dicha bordadora pudiera por sí entenderlo por no saber leer, puesto que para bordar letras no es preciso conocerlas, ni otra cosa más que tener su modelo; siendo el bordarlas, para quien no las entiende, lo mismo que bordar un adorno o una flor: en cuyo caso es bien claro que no podría estimarse en verdad y justicia autor ni cómplice a la tal bordadora, de tan grave delito: porque en la operación material de lo que hacía, faltaba en ella lo esencial de obrar a sabiendas, que se exige tan debida y necesariamente en todas las leyes penales para la calificación de los delitos, sus autores y cómplices.

Ahora bien, ¿qué prueba resulta contra la doña Mariana Pineda de ser autor ni cómplice del supuesto delito? ¿Cuál resulta tampoco de que supiera que el tafetán y letreros aprehendidos existían en su casa? A la verdad, ninguna; y por consiguiente falta con ello lo más esencial para poder estimarla legalmente autor ni cómplice del delito porque se procede. El segundo de los notados conceptos en que se funda también la acriminación fiscal contra la doña Mariana Pineda, consiste según lo alega, en que el mero hecho de haber emprendido su fuga de la prisión que le fue constituida en su casa, la presentaba confesa según la ley, en el delito de que procedía su prisión, y más porque intentó seducir o cohechar al dependiente Mariano Rodríguez que la custodiaba, y que la dio alcance en su fuga, como lo expresa él mismo en el parte que dirigió al señor subdelegado principal de Policía en el propio día de la ocurrencia 21 del citado marzo, exponiendo, que estando encargado en compañía del otro dependiente del ramo, Juan Díaz, en la custodia de doña Mariana y habiendo salido el Díaz en la mañana del citado 21 a comprar a la plaza con la criada, trató de fugarse la doña Mariana, verificando su salida por la puerta principal, que abrió con mucho silencio, valiéndose de la ocasión en que el Rodríguez miraba el empedrado que se estaba haciendo en el patio; que habiéndola echado de menos, salió en su busca a la callejuela vecina, en la cual habiéndola alcanzado, trató de convencerlo a que la dejase, ofreciéndole se fuese con ella, y lo haría feliz, a que respondió se dejase de ofertas, y la condujo otra vez a la casa; pero esto último no tiene más apoyo que el dicho del citado dependiente, y como además de ser singular, recae en favor suyo, porque pondera y recomienda su fidelidad y desinterés, y cede también en perjuicio de tercero, por uno y otro, no constituye prueba legal y en cuanto a la fuga, mi parte ha contestado que nunca trató de ejecutarla, y a la verdad si hubiera querido huirse tuvo según declara la misma, otras ocasiones de hacerlo con más probabilidad: aunque se agrega que para estimarla confesa según la ley, por el hecho propuesto de haber quebrantado la prisión, lo que no es tan corriente como se supone, era necesario que en ella se la hubiera constituido expresa y formalmente, y que esto se le hubiera notificado, y ni lo uno ni lo otro resulta de los autos, pues lo que aparece es que en el mismo día 21 de marzo en que se ejecutó el registro de la casa y la aprehensión del tafetán y demás, después de recibida declaración a la doña Mariana, doña Úrsula, Burel y sirvientas, se dio providencia mandando entre otras cosas que se arrestase en la cárcel de corte a Antonio José Burel, sirviente de la doña Mariana, encargando al alcaide lo tuviera incomunicado, y que por ahora atendiendo S. S. a que la doña Mariana no tenía persona propia que se encargase de su casa, subsistiera en ella así como la doña Úrsula y las dos criadas, con dos dependientes que las custodiasen a costa de las primeras, los que impidieran toda comunicación con personas de afuera; pero ni éste es auto formal de prisión, ni aun cuando lo fuera, resulta que se le notificase a la doña Mariana. Cierto es que después de ello, y pasada la causa al señor don Gregorio Ceruelo, proveyó otro auto S. S. en el 21 del propio marzo mandando entre otras cosas, se condujese a la cárcel de corte a la doña Mariana Pineda, doña Úrsula de la Presa y sus dos criadas; mas tampoco resulta que este auto se notificase a la doña Mariana, y sí que habiendo pasado en seguida el mismo señor con los dependientes de su juzgado y otras personas a la habitación en que se hallaba la doña Mariana, se encontró que estaba en cama al parecer enferma según manifestó, e imposibilitada de levantarse; por lo cual se manifestó se reconociera por facultativos, quienes expresaran si estaba en estado de ser trasladada a la dicha cárcel: en seguida de esta providencia, se recibió declaración a la doña Mariana, en la cual se le preguntó si sabía o presumía el motivo de hallarse arrestada, y si sabía o presumía el motivo por el que se le iba a recibir dicha declaración; y al final de ella se le preguntó también si alguna vez había sido presa o procesada, y contestó que lo había sido una sola, por una declaración falsa en la causa que se seguía por la Policía, titulada de infidencia: a seguida se recibió otra declaración a la doña Úrsula: acto continuo declararon los facultativos, y se proveyó auto por dicho señor juez en que dijo que mediante a lo que manifestaban dichos facultativos en su anterior declaración, se suspendiese por ahora la traslación a la cárcel de corte de la doña Mariana Pineda y doña Úrsula de la Presa, las que quedaron en clase de presas e incomunicadas en la casa donde se hallaban: que se les hiciera saber el método que les habían impuesto los facultativos (con otros particulares), y que para seguridad de las mismas, quedasen de guardia en sus casas dos alguaciles del juzgado, retirándose los dependientes de Policía que lo habían estado hasta entonces: a seguida, y según diligencia del receptor, se hizo saber a la doña Mariana y doña Ursula el particular del auto que antecede, en cuanto a ellas correspondía, y a continuación se condujeron a la cárcel de corte a las sirvientas María Román y Carmen Sánchez, y se recibió en ella declaración al Antonio Burel y a las mismas.

Todo lo referido se practicó como queda expresado en 21 de marzo, y a continuación se une a los autos el antedicho parte que había dirigido al señor subdelegado principal de Policía, el dependiente del ramo Mariano Rodríguez, con fecha del mismo día 21, según queda ya referido; y con presencia de todo ello se descubre bien claramente que no hay la fuga de arresto o prisión que se supone, puesto que la salida que la doña Mariana hizo de su casa en la mañana del propio día 21, y a la hora de estar su criada y el dependiente Díaz comprando en la plaza la vianda, precedió al citado auto de prisión, que se proveyó después en el mismo día: lo cual se convence con sólo atender a las muchas actuaciones que se obraron en dicho día en la casa de doña Mariana, estando ésta desde el principio de ellas postrada en cama, de la cual no volvió a levantarse, y que a la conclusión de dichas diligencias, y después de proveerse el mencionado auto de prisión, se encargó la custodia de la doña Mariana y doña Úrsula a los alguaciles Pedro García, Francisco de León, Feliz Merino y Fernando de Cámara, para que cada día quedasen de guardia dos de ellos; se hizo saber también acto continuo su despedida a los dependientes de Policía Juan Díaz y Mariano Rodríguez, y a seguida fueron conducidas a la cárcel de corte la María Román y Carmen Sánchez, por los alguaciles Pedro García y Francisco de León, quedando por consiguiente de guardia en las casas de la doña Mariana, los otros dos alguaciles Feliz Merino y Fernando de Cámara: por consiguiente también antes que esto sucediera ni que se relevase a los dependientes de Policía, fue cuando ocurrió que la doña Mariana saliese de su casa, puesto que el Mariano Rodríguez, uno de estos dependientes, fue el que la aprehendió y trajo otra vez a la casa, y por último se convence más, que antes de dicha salida no estaba la doña Mariana constituida por providencia en formal prisión ni arresto, y que éste ni aquélla estaban decretados en el antedicho primer auto de 18 de marzo, o que al menos se estimó así, puesto que se proveyó después la expuesta prisión en el otro citado de 21 del propio marzo.

Se funda también la acusación fiscal con respecto a la doña

Mariana, en el mérito de la otra causa formada y pendiente contra la misma por su exaltada adhesión al sistema constitucional revolucionario, y por sus relaciones y contactos con los anarquistas expatriados en Gibraltar: mas acerca de esta aserción sólo puedo o debo decir que es cierta la formación de dicha causa, pero que no se tiene a la vista, y que si en ella está el mérito que se alega por la parte fiscal, en la misma se halla también por escrito la defensa de la doña Mariana Pineda, y sin tener presente ni uno ni otro, sería aventurado cuanto aquí expusiese con referencia a aquella causa: mas sin embargo, no debo omitir, en primer lugar, que no sería tan grave como se pondera el mérito de aquella causa, puesto que estando aún pendiente se hallaba la doña Mariana en libertad al tiempo de formarse la presente, o al menos disfrutaba de ella públicamente. Y en segundo, que ciertos acontecimientos y circunstancias fatales son los que han hecho que a la referida se le tenga por algunos en un concepto que no merece. Por deber y por caridad ha dado pasos y gestionado la misma en favor de algunos desgraciados; y por no haber accedido a pretensiones de otros sujetos se ha adquirido y tiene algunos enemigos, y no sería extraño que éstos se hayan propuesto llevar su resentimiento y venganza hasta el extremo de arruinarla.

(Concluye diciendo que no merece su defendida la pena pedida por el señor fiscal, y pasa a hablar de los demás procesados.)

Peña y Aguayo. *Ob. cit.*, págs. 117-166.

XXVIII

REAL ORDEN COMISIONANDO A DON RAMÓN PEDROSA LA VISTA EXCLUSIVA DE LAS CAUSAS POLÍTICAS DEL DISTRITO DE LA CHANCILLERÍA DE GRANADA

He dado cuenta al rey Nuestro Señor del oficio de V. S. de 19 de marzo último, y del que con la propia fecha ha dirigido también el subdelegado de Policía don Ramón Pedrosa, participando la aprehensión de un estandarte revolucionario con lemas subversivos, verificado por éste en la casa de doña Mariana Pineda, vecina de esa ciudad, haber pasado las diligencias principiadas por el mismo al gobernador del crimen de ese Tribunal y haber encargado la instrucción de esta causa al juez del cuartel don Fernando López Sagredo. Asimismo he hecho presente a su Soberana consideración cuanto el expresado subdelegado manifiesta en otro oficio posterior de 22 del propio mes, en comprobación de que los revolucionarios no desisten de sus abominables planes, y de su resolución a ponerlos en ejecución por medio de asesinatos de las Autoridades que temen puedan frustrar aquéllos por su energía y fidelidad. Penetrado pues S. M. de la urgente necesidad de adoptar medidas vigorosas y extraordinarias para el pronto descubrimiento y castigo de tan horrendos crímenes, y atendiendo a las recomendables cualidades del esmerado celo por su real servicio, de acreditada actividad y energía, y de extremos conocimientos de las maquinaciones y planes de los revolucionarios, que concurren en el expresado don Ramón Pedrosa, alcalde del crimen de esta Chancillería, ha tenido a bien autorizarle especialmente, para que por ahora, y mientras duren las actuales críticas circunstancias conozca de todas las causas de los revolucionarios que se hallen pendientes en ese Tibunal, y deban formarse en adelante por tramas e inteligencias sospechosas con los mismos por conspiraciones abiertas contra la seguridad del Estado y los legítimos derechos del trono, o por emigración a países extranjeros para armarse e incorporarse a las filas de los revoltosos: para que la sustancie a la brevedad posible, acortando los términos que establecen las leyes según le dicte su prudencia y justificación; y para que las sentencie con arreglo a las penas establecidas para la expresada clase de delitos en el real decreto de 1.º de octubre último; haciendo ejecutar desde luego las que imponga en sus fallos, a no ser la capital, en cuyo caso la consultará con remisión de la causa original a S. M. para la resolución que fuese de su real agrado; sin que obste para esta especial comisión lo resuelto por el real decreto de 1.º de octubre de 1829, por el que se sometió a la junta de ministros del consejo real, el conocimiento privativo de esta clase de delitos en todo el reino. En consecuencia de cuya soberana resolución quiere asimismo S. M. que disponga V. S. se pase inmediatamente al expresado don Ramón Pedrosa la referida causa contra doña Mariana Pineda y sus demás cómplices y demás de igual naturaleza para que las continúe y determine según queda antes prevenido. Lo que de real orden digo a V. S. para la inteligencia de ese tribunal y su cumplimiento. Dios guarde a V. S. muchos años. Madrid, 5 de abril de 1831. Calomarde (rubricado). —Sr. regente de la Chancillería de Granada.

Archivo particular de don Eduardo Molina Fajardo. Granada.

XXIX

INFORME FACULTATIVO SOBRE MARIANA DE PINEDA Y ÚRSULA DE LA PRESA

En la ciudad de Granada en el referido día 25 de marzo de 1831 y hora de las ocho de su noche, por ante su señoría el señor juez que conoce de esta causa parecieron los profesores de medicina don Ramón Sánchez del Águila y don Francisco García Malo de Molina y bajo del competente juramento que prestaron por Dios y a una cruz según derecho; dijeron: que en la visita de la mañana hallaron a doña Úrsula de la Presa peor que la noche anterior, y en la de esta hora lo mismo a corta diferencia: que doña Mariana de Pineda en ambas visitas seguía en el mismo estado y peligro que la noche anterior. Siendo cuanto dejan dicho la verdad en cargo del juramento fho, en que se afirmaron y ratificaron en ésta su declaración que dictaron por sí, estando en la edad manifestada y la firmaron y su Señoría rubricó: Doy fe.—José Ramón Sánchez del Águila.—Francisco García Malo de Molina.—Serafín Valiente.—Es copia.

Archivo Municipal de Granada. Leg. «Varios», núm. 2. «Expediente formado en virtud de la aprehensión de un Estandarte revolucionario en las casas de Doña Mariana Pineda», 1831.

XXX

RECONOCIMIENTO DE LA BANDERA APREHENDIDA, POR LOS MAESTROS DE LETRAS, DE SASTRE Y DE BORDADO

Dos maestros revisores de letras, vistos los papeles en que están pegadas las letras que se hallaban sueltas y los tres letreros encarnados, dijeron que las letras de éstos y las pegadas en papel común son todas de carácter romanillo, y comparadas con las bordadas en la bandera, son de parecer que todas están formadas por un mismo puño y pulso, hechas de mano y no de imprenta, ni tampoco con un exacto conocimiento de las reglas de dicho carácter, por cuanto tomada la correspondiente mensura, resulta alguna desigualdad en el ancho y grueso entre ellas mismas en lo que convienen con las de la bandera que se les objeta a la vista; no estar la tinta de mucho tiempo, por el vivo color que presentan sin poder decir por quién ni dónde están formadas.

Dos maestros sastres reconocieron el pedazo de tafetán y los vendos embastados, que demuestra cómo haber sido quitado de un bastidor, manifiestan según sus conocimientos que dichos tafetanes son de fábrica del reino y según el estado en que se encuentran, aunque parecen nuevos, no pueden fijar el tiempo que hará se cortaron de la pieza y principiaría a construirse el bordado ni tampoco el que habría en que sería cortado el morado del bastidor y que es probable que haya de dichos tafetanes en las más tiendas de comercio de aquella ciudad.

El maestro bordador dice, que las letras que se hallan bordadas en la bandera, lo están por personas de poca inteligencia y manejo en este arte y de ninguna suerte de mano de profesor. Que según el estado del tafetán y letras, manifiesta no haber mucho tiempo que se ha ejecutado esta obra o al menos que habrá estado bien custodiada, y que el bordado se conoce que está hecho en bastidor según lo demuestran los vendos que tiene cosidos, advirtiendo que la letra D que contiene uno de los dichos lados de la bandera no está concluida de bordar por haber cortado la seda.

Extracto de la causa de Mariana de Pineda. Copia en el archivo particular de don Antonio Gallego Morell.

XXXI

INFORME SOBRE EL ESTADO DE LA CAUSA DE MARIANA DE PINEDA Y CONSORTES

Juzgado de cuartel de esta Real Chancillería.—Después del parte que di a V. S. la noche del 22 del corriente, del estado de la causa que estoy siguiendo contra doña Mariana Pineda y consortes sobre la aprehensión en sus casas, de signos revolucionarios; no habiendo sido posible trasladarlas al beaterio de Santa María Egipciaca por su gran enfermedad y peligro a que se exponía su vida, según la declaración del facultativo don Francisco García Malo de Molina, se la puso en la misma noche del 22 una guardia de un cabo y tres soldados de la compañía de escopeteros de Andalucía además de los dos alguaciles de vista para su mayor seguridad; y en el 23 se le recibió su declaración al dependiente de Policía Mariano Rodríguez, se practicó reconocimiento por profesores de primeras letras, maestro de sastre, y de bordado, de la bandera y demás efectos aprehendidos, declarando los facultativos de medicina ser muy peligrosa a la vida de doña Mariana la conducción a la cárcel aun bajo todas las precauciones posibles. En el día 24 se examinaron a las personas que resultan de la causa frecuentaban las casas de las referidas, y declararon los expresados facultativos según aparece de la copia número 1.º; así mismo pasó oficio al señor subdelegado de Policía, uno para la detención de la correspondencia del correo a la doña Mariana y consortes; y el otro para que me remitiese testimonio del tanto de culpa de la causa que dicho señor ha seguido contra las mismas sobre infidencia. Y en el día de ayer 25 pasé otro oficio a dicho señor para que me informase acerca de la conducta moral y política de los cinco reos de esta causa, como también de la de don Antonio María del Pino, don Antonio Borja, el abogado, don Antonio María del Castillo y el escribano real don Francisco Ortiz: habiendo declarado en el propio día los facultativos, lo que aparece de la copia número 2. ; por cuya razón no ha podido tener efecto la traslación de la doña Mariana, a la que en la noche anterior se le amplió su declaración en razón de la fuga que según parte dado al señor subdelegado por el dependiente Mariano Rodríguez se dice haber intentado la doña Mariana la mañana del 21 del corriente. Sin que hasta ahora se haya podido descubrir ramificación alguna sobre este delito. Y es cuanto puedo manifestar a V. S. en cumplimiento de su oficio de 22 del mismo.—Dios guarde a V. S. muchos años. Granada, 26 de marzo de 1831.—Gregorio Ceruelo Velasco (rubricado).—Sr. gobernador de las Salas del Crimen de esta Real Chancillería.

Archivo Municipal de Granada. Leg. «Varios», núm. 2. «Expediente formado en virtud de la aprehensión de un Estandarte revolucionario en las casas de Doña Mariana Pineda», 1831.

XXXII

OFICIO EN EL QUE SE COMUNICA EL TRASLADO DE MARIANA DE PINEDA AL BEATERIO DE SANTA MARÍA EGIPCIACA

Juzgado de Cuartel 1.º de esta Real Chancillería.—Desde el último parte que di a V. S. con fecha 26 del corriente del estado de la causa que estoy siguiendo contra doña Mariana Pineda y consortes, sobre aprehensión en su casa de varios emblemas revolucionarios, se han practicado diferentes diligencias, habiendo sido trasladada la referida al beaterio de Santa María Egipciaca la noche del veintisiete. Posterior se han recibido otras declaraciones de personas citadas en el Sumario, el que queda ya concluido en el día de hoy, no faltando más que recibir sus confesiones a los reos para lo cual y hacerles los cargos que les resulten, estoy reconociendo la causa. Sin que por más diligencias que en ella se han practicado haya podido descubrir alguno de los cómplices del crimen de que se trata.—Dios guarde a V. S. muchos años. Granada, 30 de marzo de 1831.—Gregorio Ceruelo Velasco (rubricado).—Sr. gobernador de las Salas del Crimen de esta Real Chancillería.

Archivo Municipal de Granada. Leg. «Varios», núm. 2. «Expediente formado en virtud de la aprehensión de un Estandarte revolucionario en las casas de Doña Mariana Pineda.»

XXXIII

LA LLAVE DE LA CELDA DE MARIANA DE PINEDA

En el año de 1956 tuvo lugar el ensanchamiento de la granadina calle de Recogidas, obra necesaria para normalizar el tráfico en ese importante sector de la ciudad. El beaterio de Santa María Egipciaca resultó uno de los edificios afectados. Fue demolido, y un número considerable de metros cuadrados de su solar se convirtieron en vía pública. En este trozo se comprendía algo esencial: el sitio que ocupó la capilla y el patio alrededor del cual se agrupaban las celdas.

El edificio, si bien no tenía en sí carácter monumental, estaba ligado a la historia popular de la ciudad, y en él se conservaba la celda donde estuvo prisionera, los dos últimos meses de su vida, Mariana de Pineda. El patio ofrecía un encanto adormecido por los muchos años, retenido entre sus oscuras columnas de piedra. En la galería que lo rodeaba, en el piso alto, se hallaba la celda que ocupó la heroína, y que ahora, con la ampliación de la calle, forma ya parte de su calzada.

La autora de este estudio, al enterarse del comienzo de la demolición del beaterio, con la consiguiente desaparición de aquel recuerdo de la popular figura granadina, se trasladó al convento. Quería admirarlo antes de que sucumbiera bajo la piqueta de los peones, ajenos a la emoción histórica. Atravesando corredores, saltando sobre vigas y escombros, entre nubes de polvo y viejos ladrillos destrozados, logró cruzar el patio acompañada de la madre portera. La escalera que conducía al piso alto, era ya una rampa, por donde los albañiles corrían ágiles, sorteando los huecos desplomados. Con la ayuda de estos hombres, que improvisaron unos escalones, ascendió al corredor donde tenía entrada la celda. Acababan de quitar la reja de fuertes barrotes, el maderamen de las ventanas —¡Dios mío, cómo se pierde en la nada todo vestigio del pasado! ¿Quién sabrá, que sobre estos metros de asfalto actual, se levantaba la celda de una mujer fuerte que no perdió nunca ni el fervor ni la esperanza? Dentro de poco no quedaría nada. Unas horas más y todo habría sucumbido. Aquellas paredes que habían guardado los suspiros, los anhelos, la esperanza de una mujer maravillosa, se iban a convertir en escombros, con todas estas esencias de una vida—. Entonces quiso retener aunque fuese en un apunte rápido, algo de su forma. El maestro de obras don Mateo Peña Rubio, que estaba presente, accedió extrañado al deseo de la escritora, y con sus manos manchadas de tierra le dibujó un planillo con los huecos y las medidas de la celda.

La madre le señaló una enorme llave, que estaba metida en la cerradura de una puerta separada de su quicio. ¡Qué emoción! Aquella puerta y aquella llave pertenecían a la celda de Mariana. Era la llave que alzó un muro de libertad a la prisionera, la prueba real de su cautiverio. Y se iba a convertir, acaso, en chatarra, sin que nadie conociese en el futuro el significado que tuvo para la heroína. ¿Por qué no se hacía algo por conservarla? Y rápidamente le surgió la idea de poseerla.

Habló con la superiora del convento, sor Juana de Santa Teresita, y le expuso su deseo. La monja le advirtió que la puerta estaba ya regalada a una limpiadora del convento, para colocarla en un cortijillo de la vega. Pero que no tenía inconveniente en ofrecerle la llave, siempre que hiciera una nueva para la puerta.

Corrió a un cerrajero, y por 14 pesetas hizo otra parecida que abría la cerradura. La superiora le regaló la antigua, extendiéndole un certificado, en el que declaraba la autenticidad de la llave, que había cerrado la puerta de la celda de Mariana de Pineda. La madre Juana de Santa Teresita firmó el certificado junto con las dos monjas más antiguas de la comunidad. Así se rescató del olvido y destrucción un recuerdo emocionante de esta mujer granadina. He aquí la copia del certificado:

> Juana de Santa Teresita, reverenda madre superiora de la congregación de carmelitas descalzas misioneras; antiguo beaterio de Santa María Egipciaca (vulgo, recogidas).

Certifico: Que la presente llave entregada a la señorita Antonina Rodrigo corresponde a la cerradura que tuvo la puerta de la sala que sirvió de reclusión a doña Mariana de Pineda durante el tiempo que estuvo presa en el beaterio de Santa María Egipciaca hasta entrar en capilla para cumplir su condena de muerte en el cadalso. Dicha habitación ha desaparecido en el presente año al ser demolido el edificio para la ampliación de la calle de Recogidas. De lo cual doy fe, firmando conmigo como testigos, dos monjas de la comunidad.—Granada, 2 de febrero de 1956.—M. Juana de Sta. Teresita.—Testigo: hna. Jesús de T.—Testigo. hna. Mercedes de Sta. Teresita.

XXXIV

PODER ESPECIAL CON REVOCACIÓN DE OTROS DE MARIANA DE PINEDA A PROCURADORES DE LA REAL CHANCILLERÍA DE GRANADA

Doña Mariana Pineda y Muñoz, viuda y vecina de esta ciudad. Poder especial con revocación de otros a procuradores de la Real Chancillería.—En la ciudad de Granada en siete días del mes de marzo de mil ochocientos treinta y uno ante mí el escribano de S. M. notario de los Reynos y testigos que se expresarán pareció doña Mariana Pineda y Muñoz, viuda, y vecina de esta dicha ciudad; a quien doy fe conozco y otorgo que daba y dio todo su poder cumplido, bastante el que por derecho se requiere, y es necesario para más valer a don Miguel Soriano, procurador de la Real Chancillería de esta corte; especial para que a nombre de la otorgante y representando su propia persona, acción y derecho, se presente en el tribunal donde corresponde y entable por caso de corte que le compete por tal viuda, la correspondiente demanda de reivindicación de una viña de diez aranzadas y cuarto situada en el partido de los Moriles, término de la villa de Monturque, que le compete por donación que le hizo su padre el coronel don Mariano Pineda; y además como heredera universal de todos los bienes que quedaron por fallecimiento de dicho su padre; contra doña María Tomasa Guiral, de esta vecindad, su detentadora; revocando el poder que con fecha 22 de enero de el corriente año, ante el presente escribano tenía conferido a don José Antonio Abila Pulido, don Fabio Manuel Delgado y don Juan Nepomuceno Zegrí, también procuradores en la misma real chancillería de esta corte; dejándolos a todos en su buena opinión, de crédito y fama; y en general para que así en dicho asunto, como en todos los demás pleitos, causas y negocios civiles y criminales, eclesiásticos o seglares, cuestiones, o tuviera principiados o por principiar, con cualesquiera persona o comunidades y en cualesquiera tribunales, pueda hacer y haga pedimentos, requerimientos, protestas, querellas, nuevas demandas, súplicas, apartamientos, consentimientos y todos los demás autos y diligencias judiciales y extrajudiciales que convengan; ganando reales provisiones, cartas, sobrecartas, paulinas, censuras y otros despachos de los respectivos tribunales donde corresponda su data, que haga se lean, intimen y requieran con ellos a las personas contra quienes fuesen dirigidas; y finalmente haga y practique quantas diligencias sean conducentes hasta la conclusión de dichos asuntos, y con libres francas, y general administración, facultad de enjuiciar, jurar, probar, tachar, apelar, suplicar, recusar, se apartar, consentir, concluir, y que lo pueda sostituir; y con obligación y relevación de costas en forma: y en la referida así lo otorgó y firmó siendo testigos don Juan Antonio Sánchez, don José Mariño y don Salvador Teruel, vecinos de esta ciudad.—Mariana de Pineda (rubricado).—Ante mí Francisco Ortiz (rubricado).

Archivo de Protocolos del distrito Notarial de Granada, Protocolo de Francisco Ortiz. Leg. 2-53-22, fols. 50 v. y 51.

XXXV

CUENTA DE GASTOS OCASIONADOS POR ALIMENTACIÓN DE UN REO EN CAPILLA

Mariana de Pineda sólo pidió en el tiempo que estuvo en capilla unas naranjadas. Como curiosidad relacionamos los gastos ocasionados en aquel tiempo, por el sentenciado a la última pena, Domingo Galán, durante los días que permaneció en capilla. Estos gastos corrían a cargo de la orden seglar de los Hermanos de la Caridad:

	REALES	MARAVEDÍS
Vizcochos de los tres días	2	
Vino consumido	3	
Chocolate y buñuelos	3	28
Aceite, dos libras	4	8
Tabaco de humo	1	14
Papel sellado, un pliego		8

	REALES	MARAVEDÍS
Algodón para los faroles de la capilla, escalera que sube a ésta y cuerpo de guardia .	2	4
Cirio	2	12
Cera para las misas celebradas en la capilla.	2	
Al mozo de capilla por el cuidado y asistencia, cada día, cinco reales	10	
Coste de las camas traídas de San Juan de Dios	1	
Comida para dicho reo	40	
TOTAL . .	70	74

Más adelante, con objeto de evitar la conmoción popular, sufragaba estos gastos la junta municipal de beneficencia. Veamos el incidente que promovió don José María Alderete, presbítero y hermano mayor de la caridad, en ocasión de presentar una cuenta: «En cumplimiento de lo que está prevenido por la junta municipal de beneficencia en oficio de nueve de octubre último.» Con fecha 20 de setiembre de 1839 oficiaba la junta municipal al hermano mayor, participándole, que si la junta se había comprometido a pagar la asistencia en capilla de los reos fue «en concepto de que suprimiere salir por las calles en campanilla excitando la caridad del público, a fin de evitar a éste la aflicción natural que produce semejante recuerdo, y como quiera que no lo ha ejecutado así, la junta al hacer estos suplementos, no considera la corporación de abono los ciento cuarenta reales y dos maravedís que reclama, pero que religiosamente se cumplirá la oferta por la junta, siempre que se observe la condición bajo la que se comprometió a ello».

Archivo municipal de Granada. Leg. «Indiferentes», 1868. «Expediente de antecedentes sobre sentenciados a muerte.»

XXXVI

PARTIDA DE DEFUNCIÓN DE MARIANA DE PINEDA

(Al margen) Doña Mariana Pineda de Tovares. Fav.ª 65.—Garrote.—En la ciudad de Granada en veinte y seis de mayo de mil ochocientos treinta y uno falleció en la comunión de nuestra Santa Iglesia doña Mariana Pineda de Tovares, natural de Lucena y viuda de don Manuel Peralta, natural de esta ciudad y en dicho día fue sepultada en el campo santo de Almengor, feligresía de esta parroquia de San Ildefonso. Se le hizo el oficio, dijéronsele misa y vigilia cantada, y lo firmé.—Don José de Morales (rubricado).

Archivo parroquial de San Ildefonso. Granada. Libro 17 de Defunciones, fol. 68.

XXXVII

OFICIO DE DON RAMÓN PEDROSA AL CORREGIDOR DE GRANADA, SOBRE EL PAGO DE LA EJECUCIÓN DE MARIANA DE PINEDA

El expediente que me ha remitido V. S. con oficio de 16 del corriente, para que sean abonados los gastos causados en la ejecución de la sentencia de garrote que sufrió doña Mariana Pineda; lo he pasado al señor alcalde mayor 2.º para que se sirva disponer que de los efectos y bienes embargados a dicha doña Mariana se satisfagan aquéllos, según lo solicita V. S. en su citado oficio.—Dios guarde a V. S. muchos años. Granada, 21 de junio de 1831.—Ramón Pedro y Andrade (rubricado).—Sr. corregidor de esta Capital.

Archivo particular de don Eduardo Molina Fajardo. Granada.

XXXVIII

DON JOSÉ PERALTA Y PINEDA, BECARIO EN EL REAL COLEGIO DE SAN BARTOLOMÉ Y SANTIAGO

Don José Peralta.—1834.—En la ciudad de Granada a 18 días del mes de octubre de 1834 el señor rector precedido del juramento de costumbre vistió beca de jurista a don José Peralta y Pineda, natural de Granada. Hijo legítimo de don Fermín Peralta y doña Mariana Pineda, cuya partida firma el señor rector.—Doctor Almerá (rubricado).—Exercicio.—Probó Lógica y se incorporó a física general y particular, estudió con aplicación y examinado a fin de curso mereció la nota de bueno.—El segundo año cursó metafísica y ética, impugnó en la clase a sus condiscípulos, fue examinado a fin de curso y mereció la nota de aprobado.—El tercero, estudió derecho natural y de gentes y principio de legislación, leyó, según costumbre, y examinado a fin de curso mereció la misma nota.—En el año siguiente no se presentó este interesado.—Casas (rubricado).

Libro 9 de entrada de colegiales del Real Colegio Mayor de San Bartolomé y Santiago, fol. 398.

1663. Don José Peralta y Pineda.—Natural de Granada.—Entrada y Facultad: jurista.—Hijo de doña Mariana Pineda, agraciado con beca entera de propiedad por R. O. de 29 de abril de 1833, firmada por el ministro de Fomento, conde de Ofalia.

Archivo del Real Colegio Mayor de San Bartolomé y Santiago. Libro 2.º: Catálogo de Colegiales. Número de Orden 1663.

XXXIX

CONCESIÓN DE PLAZA DE SUBTENIENTE A JOSÉ MARÍA PERALTA Y PINEDA

La reina doña Isabel II, y en su nombre doña María Cristina de Borbón, regente y gobernadora del reino.—Por cuanto para una subtenencia de la quinta compañía del tercer batallón del regimiento infantería de África, séptimo de línea vacante por ascenso de don Diego Pérez, tuve a bien nombrar por mi resolución de diez y ocho de junio próximo pasado a don José Peralta y Pineda.—Por tanto mando al capitán general o comandante general a quien tocare, dé la orden conveniente para que precedido el juramento que debe prestar el expresado don José Peralta y Pineda conforme a lo prescrito por la constitución, si ya no lo hubiese hecho, se le ponga en posesión del referido empleo, guardándole y haciéndole guardar las preeminencias y exenciones que le tocan y deben ser guardadas; y que el intendente u ordenador a quien perteneciere dé asimismo la orden necesaria para que se tome razón de este despacho en la contaduría principal o intervención, y en ella se le formará asiento con el sueldo que le correspondiere según el último reglamento, del cual ha de gozar desde el día de cúmplase del capitán o comandante general, según constare de la primera revista.—Dado en palacio a doce de julio de mil ochocientos treinta y siete (rubricado).

Archivo General Militar de Segovia. Expediente personal del subteniente José María Peralta y Pineda.

XL

DICTAMEN DE LAS CORTES CONCEDIENDO UNA PENSIÓN A JOSÉ MARÍA PERALTA Y PINEDA

La comisión ha examinado el expediente relativo a dicha solicitud, y habida consideración a su importancia, no ha dudado un momento en hacer justicia al sublime recuerdo de una eminente heroína, librando a su hijo de una mendicidad eventual. El mérito de las ilustres matronas que se sacrificaron en aras de la patria sellando sus labios ante el espectáculo de una muerte segura, habló con sobrada elocuencia a los amantes de la libertad, para no tributar a sus cenizas el homenaje de pensionar a las prendas más queridas de su alma. ¡Y qué podrá la comisión decir de doña Mariana Pineda, que no esté en el ánimo de la asamblea constitucional! La historia de la dominación absolutista escribió una de sus negras páginas con la sangre de la matrona cuyas preciosas manos bordaron el lábaro de la libertad granadina, y cuyo sublime ejemplo de lealtad la abrió paso al suplicio en que otros héroes debían expiar su liberalismo. Por tan insigne rasgo de magnanimidad, la patria agradecida inscribió su nombre en esas venerables lápidas que simbolizan la gratitud nacional, esculpiendo en mármoles eternos la virtud y el patriotismo de sus héroes. Pero los grandes hechos, además de inscribirse, deben venerarse en sus destellos; y las cortes de 1837 respetaron este principio concediendo una pensión de 6.000 reales a doña Luisa, y hija y fiel retrato de la que fue ídolo y delicias del partido liberal, recomendando a la nación los adelantos y el porvenir de don José, hijo también de la simpática y extraordinaria doña Mariana Pineda. ¡Y seremos los hijos de la revolución menos justos con la gran heroína de nuestra historia liberal! La comisión no lo espera de las Cortes, porque son harto elocuentes los hechos que pasa a exponer.

Habiendo fallecido doña Luisa, la comisión debía concretar a don José toda su solicitud; y al hacerlo bajo la impresión del heroísmo, no ha dudado en concederle una pensión que, estimulando su laboriosidad y abriéndole un porvenir de gloria, le ponga al abrigo de una destitución violenta o de una pobre cesantía. Hacer lo contrario, fuera imponer al tesoro el tributo de la holganza, o entregar el hijo de una gran matrona a las iras de los partidos y a los reveses del favor. Y en verdad que si el expediente no acreditase que don José Peralta y Pineda ha sido condenado a la miseria por la inconsideración de algunos gobiernos, la comisión fiaría la suerte de hijo tan predilecto al cuidado nacional. Pero al ver que desde 1837 en que principió a servir al Estado ha sido ocho años cesante; al observar que el único patrimonio con que cuenta es el sublime recuerdo de su invicta madre, y al comprender la trascendencia de ingratitud tan insigne, la comisión ha creído justo el someter a la aprobación de las cortes el siguiente.—Proyecto de Ley.—Artículo 1.º Se concede a don José Peralta y Pineda una pensión vitalicia de 8.000 reales anuales.—Artículo 2.º Percibirá esta pensión mientras no disfrute sueldo del Estado que sea igual o mayor que la pensión.—Artículo 3.º Cuando cese en el servicio público por destitución o jubilación, y no perciba del Tesoro sueldo igual o mayor que la pensión, disfrutará la gracia de ésta.—Artículo 4.º En los casos de los artículos 2.º y 3.º no se considerará sobresueldo la pensión y sólo percibirá por ella lo que falte hasta completar los 8.000 reales.—Artículo 5.º. Si con ocasión de sus comisiones o empleos públicos fuese procesado y condenado a pena grave, cesará en el percibo de la pensión.—Palacio de las Cortes, 2 de abril de 1856.—El marqués de Tubuérniga.—José Trinidad Herrero.—Antonio Maestre.—Antonio Méndez Vigo.—Francisco Salmerón y Alonso, secretario.

Diario de las Sesiones de las Cortes Constituyentes, 2 de abril de 1856.

BIBLIOGRAFÍA

Acusación fiscal contra Mariana Pineda, en *El Defensor de Granada,* 26 de mayo de 1882.

Alcalá Galiano, Antonio: *Memorias* de D. Antonio Alcalá Galiano publicadas por su hijo Antonio. Madrid, 1886.

Alocuciones a los nacionales de Granada, en 19 de mayo de 1836, s. l. ni a.

Alocución en el aniversario de Mariana Pineda. Granada, mayo 1842.

Alocución en el aniversario de Mariana Pineda. 1 de junio de 1869, s. l. ni a.

Alocución en el aniversario de Mariana Pineda. Granada, «Imp. de Indalecio Ventura», 24 de mayo de 1870.

Alocución y programa para el aniversario de Mariana Pineda. Imp. y Lib. de «Reyes y Hermano», plaza del Carmen, 15. 24 de mayo de 1873.

Alocución y programa para el aniversario de Mariana Pineda. Sin imp., 23 de mayo de 1874.

Álvarez de Salamanca, Miguel: *Yo he visto sonriente a Mariana Pineda,* en *El Defensor de Granada,* 19 de abril de 1931.

Álvarez de Salamanca, Miguel: *El 26 de mayo de 1831 da gloria a Mariana Pineda,* en *El Defensor de Granada,* 24 de mayo de 1931.

Álvarez de Salamanca, Miguel: *Mariana Pineda potente filón de grandezas espirituales,* en *El Defensor de Granada,* 24 de mayo de 1931.

ÁLVAREZ DE SALAMANCA, Miguel: *Se acabaron las fiestas y ahora empieza el verdadero homenaje*, en *El Defensor de Granada*, 29 de mayo de 1931.

ÁLVAREZ DE SALAMANCA, Miguel: *Datos históricos de doña Mariana Pineda Muñoz*. Tipografía Luis F. Piñar Rocha. Granada, 1931.

Aniversario celebrado por el Excmo. Ayuntamiento Constitucional en los días 25 y 26 de mayo de 1841, en memoria de la ilustre granadina doña Mariana Pineda, y las demás víctimas que fueron sacrificadas por el despotismo. Granada, Imp. de «Moreno y Ruiz», julio de 1842.

Aniversario por doña Mariana Pineda y demás víctimas que inmoló la tiranía. Año duodécimo del sacrificio de la heroína y octavo de esta solemne conmemoración. Imp. de «Puchol», 11 de mayo de 1843.

Aniversario celebrado por el Excmo. Ayuntamiento Constitucional en los días 24 y 25 de mayo de 1855 en memoria de la ilustre granadina doña Mariana Pineda y demás víctimas inmoladas por la tiranía. Granada, 1855.

Aniversario celebrado por el Excmo. Ayuntamiento Constitucional en los días 30 y 31 de mayo de 1856, en memoria de la ilustre granadina doña Mariana Pineda y demás víctimas inmoladas por la tiranía. Granada, «Imp. de D. Francisco Ventura y Sabatel», 1856.

Aniversario del sacrificio de la ilustre patricia Mariana Pineda. Actos de la Comisión especial. *El Album Granadino*, 8 de julio de 1856.

AGUADO BLEYE, Pedro: *Manual de Historia de España*, t. III, «Espasa Calpe», 1959.

Árbol genealógico de don Mariano Pineda. Archivo Histórico Nacional. Órdenes Militares, leg. 1186.

BALLESTEROS Y BERETTA, Antonio: *Historia de España y su influencia en la historia universal*, t. VII, Barcelona, 1919.

BAREA, Arturo: *Lorca, el poeta y su pueblo*. Buenos Aires, 1957.

BAROJA, Pío: *Memorias de un hombre de acción. Los caminos del mundo. La ruta del aventurero. Con la pluma y el sable*. Madrid, 1913.

BARRIOS, Manuel: *Proceso a la Historia. La libertad no tiene bandera*. Edit. Plaza & Janés. Barcelona, 1983.

BEDMAR, Melchor: *La heroína del siglo XIX. Reflejos*. Granada, 1931.

BELZA Y GÓMEZ, Juan: *La soberanía nacional o el último suspiro de un trono*. Gran colección de cuadros históricos víctimas del despotismo de los reyes y del fanatismo religioso. Con un principio de Antonio Altadill. Barcelona, 1873.

CAMBRONERO, Carlos: *Cosas de Antaño,* en *Revista Contemporánea,* t. II. Madrid, junio de 1899.

CAMPO, J. M. del: *A Mariana Pineda en la traslación de sus restos,* en *Aniversario* celebrado por el Ayuntamiento Constitucional en los días 30 y 31 de mayo de 1856, en memoria de la ilustre granadina doña Mariana Pineda y demás víctimas inmoladas por la tiranía. Granada, 1856.

CANO, José Luis: *García Lorca.* Edit. Destino. Barcelona, 1962.

CAÑETE, Manuel: *A la memoria de doña Mariana Pineda,* en *Descripción* del aniversario celebrado en el presente año de 1840 por el Excmo. Ayuntamiento Constitucional de Granada en memoria de doña Mariana Pineda y demás ilustres víctimas sacrificadas por su amor a la libertad. Granada, 1840. Folleto.

CAPARRÓS y LORENCIO, José María: *Documentos referentes a Mariana Pineda,* en *Revista del Centro de Estudios Históricos, Granada y su Reino.* Granada, 1912, año II, núm. 4.

CARNERERO, José María: *Cartas Españolas.* Madrid, 1831-1832.

CASTELLANOS y VELASCO, Julián: *La ciega del Manzanares o los hijos del ajusticiado.* Novela de costumbres. Madrid, s. a., 2 vols.

CASTILLO GARCÍA, Eduardo del: *Primera fecha histórica que celebrará la república. Mariana Pineda, mártir de la libertad,* en *El Defensor de Granada,* 19 de mayo de 1931.

CASTRO Y MUÑOZ, Manuel de: *A Mariana de eterna memoria,* en *Aniversario* celebrado en los días 23 y 24 de mayo por el Excmo. Ayuntamiento Constitucional, en honor y memoria de doña Mariana Pineda, y las demás víctimas que fueron sacrificadas por el despotismo. Granada, 1842 (folleto).

El centenario de Mariana Pineda, en *Informaciones,* Madrid, 27 mayo de 1931.

Circular del Ayuntamiento de Granada de 18 de julio de 1836, instando a suscribirse para la erección del monumento a Mariana Pineda, s. l.

Las Colegialas. Romance de una comparsa de 1906.

Conferencias en Granada sobre Mariana Pineda, en *El Liberal,* 23 de mayo de 1931.

CONSTANCIO: *Silueta del día,* en *El Defensor de Granada,* 5 de mayo de 1929.

CONTE, Augusto: *Recuerdos de un diplomático.* Madrid, 1901-1903.

CONTRERAS, María del Pilar: *Mariana Pineda,* soneto, en *Reflejos.* Granada, mayo de 1931.

CÓRDOBA ZALDÍVAR, Jesús: *Heroísmo de Mariana Pineda.* Drama histórico en tres actos, en prosa. Editorial «Artes Gráficas Granadinas». Granada, 1927.

COUFFON, Claude: *Qui était Mariana Pineda?*, en *Les Lettres françaises*, París, 6 de agosto de 1964.

CUCALÓN Y ESCOLANO, Luis: *Fanteón de los mártires españoles sacrificados por la libertad e independencia,* Madrid, 1848-1849.

CUSTINE, Alphonse. Marqués de CUSTINE: *L'Espagne aux jours de Ferdinand VII.* París, 1838, 4 vols.

D'AYOT, Manuel Lorenzo: *Mariana Pineda.* Canto VI del poema en prosa *La Iberiada,* Madrid, 1893.

Descripción de la función fúnebre que en memoria de doña Mariana Pineda y demás víctimas sacrificadas por el despotismo de esta ciudad se ha celebrado por disposición del Excmo. Ayuntamiento y a expensas del Sr. gobernador civil, su digno presidente e individuos que lo componen en los días 24, 25 y 26 de mayo de 1836. Granada, 1836.

Descripción de la función fúnebre que en memoria de doña Mariana Pineda y demás víctimas sacrificadas por el despotismo en esta ciudad se ha celebrado por disposición del Excmo. Ayuntamiento y a expensas del Sr. gobernador civil, su digno presidente e individuos que lo componen en los días 24, 25 y 26 de mayo de 1836. Granada, reimpreso en la imprenta de «Benavides» en junio de 1841.

Descripción del aniversario celebrado en los días 24, 25 y 26 de mayo de 1839 por el Excmo. Ayuntamiento Constitucional, en honor y memoria de la ilustre hija de Granada doña Mariana Pineda y demás víctimas sacrificadas por el despotismo. Granada, 1839.

Descripción del aniversario celebrado en el presente año de 1840 por el Excmo. Ayuntamiento Constitucional de Granada en memoria de doña Mariana Pineda y demás ilustres víctimas, sacrificadas por su amor a la libertad. Granada, 1840.

Descripción del aniversario celebrado en el presente año de 1843 por el Excmo. Ayuntamiento Constitucional de Granada en memoria de doña Mariana Pineda y demás ilustres víctimas sacrificadas por su amor a la libertad. Granada, 1843.

DÍAZ MARTÍN DE CABRERA, José: *La urna de Mariana,* en *Noticiero Granadino,* enero, 1931.

DÍAZ MARTÍN DE CABRERA, José: *Las tardes del Archivo,* en *Noticiero Granadino,* 25 de enero de 1931.

DÍAZ-PLAJA, Guillermo: *Federico García Lorca.* Buenos Aires, 1955.

Dictamen aprobado por las Cortes Constituyentes de 1837 sobre pensiones a los hijos de Mariana Pineda, en *Diario de Sesiones de las Cortes Constituyentes,* núm. 356. Madrid, 31 de octubre de 1837.

Dictamen de la comisión concediendo una pensión a don José María Peralta y Pineda, en *Diario de Sesiones de las Cortes*

Constituyentes. Apéndice décimo, núm. 412. Madrid, 2 de abril de 1856.

Diccionario de Historia de España. Madrid, 1952.

En honor de Mariana Pineda. El programa de los actos del centenario, en *El Defensor de Granada*, 10 de mayo de 1931.

Enciclopedia Universal Ilustrada. Barcelona, «Hijos de S. Espasa», 1905.

ESCALERA, Evaristo, y Manuel GONZÁLEZ: *La España del siglo* XIX; *sus hombres y acontecimientos más notables*, t. I. Madrid, 1864-65.

ESCALÓN Y ESCOLANO, Luis: *Panteón de los mártires sacrificados por la libertad e independencia*. Madrid, 1951.

ESPOZ Y MINA, Francisco: *Memorias*, publicadas por su viuda, la condesa de Espoz y Mina, Madrid, 1851.

ESTEBAN, María Encarnación, *La lucha por la libertad*, en *El Socialista*, 30 de mayo de 1931.

El estreno de «Mariana Pineda», en *El Defensor de Granada*, 28 de abril de 1929.

EZQUERRA DEL BAYO, Joaquín: *Retratos de mujeres célebres del siglo* XIX. Madrid, 1924.

F. V. A.: *A la ilustre víctima de la libertad doña Mariana Pineda*. Oda. Granada, 1836.

FERNÁNDEZ ALMAGRO, Melchor: *El centenario de Mariana Pineda*, en *La Voz*, Madrid, 25 de mayo de 1931.

FERNÁNDEZ ALMAGRO, Melchor: *Mariana Pineda y el romanticismo*, en *La Publicidad*. Granada, mayo de 1931.

FERNÁNDEZ ALMAGRO, Melchor: *Fiestas en Granada. El centenario de Mariana Pineda*, en *La Publicidad*, Granada, mayo de 1931.

FERNÁNDEZ ALMAGRO, Melchor: *Granada en la literatura romántica española*. Madrid, 1951.

FERNÁNDEZ Y GONZÁLEZ, Manuel: *Vidas ejemplares del siglo* XIX. Madrid, 1931.

FERRER, Miguel R.: *A un cabello de la sacrificada que he debido a la amistad de un individuo de la Comisión*, en *Aniversario* celebrado por el Excmo. Ayuntamiento Constitucional en los días 25 y 26 de mayo de 1841, en memoria de la ilustre granadina doña Mariana Pineda y demás víctimas inmoladas por la tiranía. Granada, 1841 (Folleto).

FORD, Richard. *Granada*. Traducción y notas de Alfonso Gámir. Granada, 1951.

FUENTE, Narciso de la: *Mariana Pineda*, en *El Defensor de Granada*, 30 de abril de 1929.

FUENTE, Narciso de la: *Una conmemoración del sacrificio de*

Mariana Pineda, en *El Defensor de Granada,* 26 de mayo de 1931.

GALLEGO Y BURÍN, Antonio, y Francisco MARTÍNEZ LUMBRERAS: *Unos años de historia granadina, 1814-33,* en *Revista del Centro de Estudios Históricos de Granada y su Reino,* núm. 1-2, t. XIII. Granada, 1923.

GALLEGO Y BURÍN, Antonio: *Plazas granadinas,* en *Boletín del Centro Artístico.* Granada, 1924.

GALLEGO Y BURÍN, Antonio: *«Mariana Pineda», de García Lorca,* en *El Defensor de Granada,* octubre de 1929.

GALLEGO Y BURÍN, Antonio: *Guía de Granada.* Granada, 1946.

GARCÍA CARRAFFA, Alberto, y Arturo: *Enciclopedia de Genealogía Hispano Americana.* Salamanca-Madrid, 1948.

GARCÍA ENCINAS, José: *Mariana Pineda.* Breve reseña biográfica de esta ilustre víctima de la libertad en el año 1831, por el ciudadano J. G. E. Granada, 1873.

GARCÍA QUESADA, José: *Mariana Pineda, mártir de la libertad.* Granada, 1931.

GARCÍA QUESADA, José: *A Mariana Pineda en su centenario.* Granada, 1931.

GARRIDO DEL CASTILLO, Antonio: *Ante el centenario de Mariana Pineda,* en *Granada Gráfica,* mayo de 1931.

GARCÍA LORCA, Federico: *Mariana Pineda.* Romance popular en tres estampas. Madrid, 1928. «La Farsa», año II, núm. 52.

GARCÍA LORCA, Federico: *Mariana Pineda* (artículo), 7 de mayo de 1929.

GARRIDO, Fernando: *La España contemporánea, sus progresos morales y materiales en el siglo* XIX. Barcelona, 1865.

GARRIDO DEL CASTILLO, Antonio: *La urna de Mariana Pineda,* en *El Defensor de Granada,* 15 de mayo de 1931.

GARRIDO DEL CASTILLO, Antonio: *Ante el centenario de Mariana Pineda,* en *Granada Gráfica,* mayo de 1931.

GÓMEZ MORENO, Manuel: *Guía de Granada.* Granada, 1892.

GONZÁLEZ, C.: *El aniversario de Mariana Pineda,* en *El hombre.* Granada, 12 de junio de 1869.

HERNÁNDEZ GIRBAL, F.: *Una vida pintoresca. Manuel Fernández y González.* Madrid, 1931.

HERNÁNDEZ GIRBAL, F.: *José de Salamanca, marqués de Salamanca.* Madrid, 1960.

El heroísmo de una señora. Drama impreso en Lisboa en 1837, citado por L. de la Vega.

El homenaje a Margarita Xirgu y a Federico García Lorca, en *El Defensor de Granada,* 7 de mayo de 1929.

HUERTAS LOZANO, José: *Yo he sido impío.* Madrid, 1892.

INGLIS, Henry David: *Granada en 1830.* Granada, 1955 (Traducción, prólogo y notas de Alfonso Gámir Sandoval).

J. S. M.: *A la memoria de la ilustre víctima de la libertad doña Mariana Pineda.* Granada, 1856.

L. V.: *Cuándo será ese cuándo,* en *El Paraíso.* Granada, 11 de octubre de 1863.

LAFUENTE ALCÁNTARA, Miguel de: *Historia de Granada.* Granada, 1907.

LAFUENTE, Modesto: *Historia General de España,* desde los tiempos primitivos hasta la muerte de Fernando VII. Barcelona, 1877.

LEGAZA HERRERA, Ignacio: *Muerte de Mariana Pineda,* en *El Defensor de Granada,* 26 de mayo de 1881.

LÓPEZ, Eduardo: *Doña Mariana Pineda,* en *Hoja del Lunes.* Granada, 12 de agosto de 1957.

LÓPEZ DÓRIGA: *Mariana Pineda, como cristiana y como granadina.* Conferencia, en *El Defensor de Granada,* 23 de mayo de 1931.

LLANA, Manuel G.: *Galería histórica y biográfica de las mujeres más notables desde Eva hasta nuestros días.* Madrid, 1868.

M. C.: *Soneto a Mariana,* en *Descripción* del aniversario celebrado en el presente año de 1840 por el Excmo. Ayuntamiento Constitucional de Granada, en memoria de doña Mariana Pineda y demás ilustres víctimas, sacrificadas por su amor a la libertad. Granada, 1840 (folleto).

Mariana Pineda. Personalidades históricas. Colección Bayer. Barcelona, s. a.

Mariana Pineda, en *Boletín Oficial de la Provincia de Granada.* Soneto, mayo de 1840.

Mariana Pineda. Descendencia, en *La Publicidad,* 26 de mayo de 1895.

Mariana Pineda, en *El Defensor de Granada,* 20 de mayo de 1902.

MARTÍN RECUERDA, José: *Las arrecogías del beaterio de Santa María Egipciaca.* (Fiesta española en dos partes.) «Primer acto», número 169, junio, 1974.

MARTÍNEZ OLMEDILLA, Augusto: *Don José de Salamanca.* Madrid, 1929.

MASSA, Pedro: *Mariana Pineda, figura de romance,* en *El Liberal.* Granada, 27 de mayo de 1931.

MENDOZA, Juan de: *Blasón ilustre genealógico de la Casa de los Pineda.* Biblioteca Nacional. Sección de manuscritos.

MENÉNDEZ PELAYO, Marcelino: *Historia de los Heterodoxos Españoles.* Madrid, 1881.

Los Ministros en España de 1800 a 1869. Historia Contemporánea por uno que, siendo español, no cobra del presupuesto. Madrid, 1869.

MOLINA FAJARDO, Eduardo: *Una cruz alzada*, en *Patria*, Granada, 8 de febrero de 1957.

MOLINA FAJARDO, Eduardo (Abenámar): *Recuerdo de Mariana Pineda a través de Antonina Rodrigo*, en *Trabajo*, Granada, 1 de junio de 1959.

MOLINA FAJARDO, Eduardo: *Cementerio de Almengor*, en *Patria*, Granada, 14 de setiembre de 1961.

MOLINA FAJARDO, Eduardo: *La cruz de Mariana Pineda, destruida*, en *Patria*. Granada, 22 de abril de 1962.

MORA GUARNIDO, José: *Federico García Lorca y su mundo*. Buenos Aires, 1958.

MORALES, María Luz: *Las románticas, 1830-1930*. Madrid, 1930.

MORENO BERNEDO, Vicente: *Mariana o el 26 de mayo de 1831 en Granada*. Descripción de la función fúnebre en memoria de doña Mariana Pineda. Granada, 1836 (folleto).

MORENO Y BERNEDO, Vicente: *A la gloriosa memoria de doña Mariana Pineda*. Soneto, en *Aniversario* celebrado por el Excelentísimo Ayuntamiento Constitucional en los días 25 y 26 de mayo de 1841 en memoria de la ilustre granadina doña Mariana Pineda. Granada, 1841 (folleto).

MORENO BERNEDO, Vicente: *Himno para cantarlo en el teatro en el aniversario de doña Mariana Pineda*, en *Aniversario* celebrado por el Excmo. Ayuntamiento Constitucional en los días 24 y 25 de mayo de 1885, en memoria de doña Mariana Pineda. Granada, 1885 (folleto).

MORENO BERNEDO, Vicente: *Recuerdo de doña Mariana Pineda*, en *La Alhambra*. Granada, 26 de mayo de 1939.

MORENO CASADO, José: *La ejecución de Mariana Pineda*, en *Mundo Gráfico*. Madrid, mayo de 1931.

MORENO GONZÁLEZ, M.: *Exequias de la heroína Mariana Pineda*, en *El Album Granadino*. Granada, 1 de junio de 1856.

MUÑOZ, Antonio: *Aniversario del sacrificio de la ilustre patricia Mariana Pineda*. Actos de la Comisión especial, en *El Album Granadino*, 1 de junio de 1856.

MUÑOZ, A.: *En Granada hasta el siglo* XIX *hubo cuatro cementerios. Los restos de Mariana Pineda*, en *Ideal*, Granada, 26 de setiembre de 1961.

MUÑOZ DE SALAZAR, Juan Bautista: *Murió la bella del Genil*.

NAVARRO PARDO, José: *Algo más sobre Mariana Pineda. El mito*, en *El Defensor de Granada*, 4 de mayo de 1929.

NAVARRO PARDO, José: *La Mariana de García Lorca*, en *El Defensor de Granada*, 30 de abril de 1929.

Nota oficial de la ejecución de Mariana de Pineda, en *Gaceta de Madrid*, 7 de junio de 1831.

OCERIN, Enrique de: *Índice de los expedientes matrimoniales de los militares y marinos, que se conservan en el Archivo General Militar de Segovia.* Consejo de Investigaciones Científicas, t. I. Madrid, 1959.

ORIOL CATENA, Francisco: *Impresiones. Mariana Pineda,* en El *Defensor de Granada,* 3 de mayo de 1929.

ORIOL CATENA, Francisco: *Consideraciones sobre la Revolución Española en torno a la figura de Mariana Pineda.* Conferencia, en *El Defensor de Granada,* 23 de mayo de 1931.

ORTIZ DE VILLAJOS, Cándido G.: *Doña Mariana Pineda. Su vida. Su muerte.* Madrid, 1931.

ORTIZ DE VILLAJOS, Cándido G.: *Mariana Pineda,* en *Ahora,* Madrid, 24 de mayo de 1931.

ORTIZ DE VILLAJOS, Cándido G.: *Retrato,* en *El Defensor de Granada,* 26 de mayo de 1931.

PADIAL MARTOS, Eduardo: *A la memoria de Mariana Pineda,* en *Aniversario* celebrado por el Excmo. Ayuntamiento Constitucional, en los días 30 y 31 de mayo de 1856, en memoria de la ilustre granadina doña Mariana Pineda. Granada, 1856.

PALANCO ROMETRO, José: *El ambiente histórico en el período de Mariana Pineda.* Conferencia, en *El Defensor de Granada,* 26 de mayo de 1931.

PAREJA YÉBENES, José: *La heroína de la libertad. Vida y hechos de Mariana Pineda.* Conferencia, en *El Defensor de Granada,* 22 de mayo de 1931.

PASCUAL, Cristóbal de: *Mariana.* Romance en ocho cuadros que recuerda un suceso sangriento de la tercera década del siglo XIX. Lo dedica desde su prisión al pueblo progresista de Granada..., en *Descripción* del aniversario celebrado en el presente año de 1840 por el Excmo. Ayuntamiento Constitucional de Granada, en memoria de doña Mariana Pineda. Granada, 1840.

PASO Y DELGADO, Nicolás del: *Soneto,* en Aniversario celebrado por el Excmo. Ayuntamiento Constitucional en los días 25 y 26 de mayo de 1841, en memoria de la ilustre granadina doña Mariana Pineda. Granada, 1841.

PEÑA Y AGUAYO, José de la: *Doña Mariana Pineda.* Narración de su vida, de la causa criminal en la que fue condenada al último suplicio y descripción de su ajusticiamiento. Madrid, 1836. (Hay una reimpresión sin el nombre del autor, hecha en Albacete en el año de 1842, y otra, completa, hecha en Granada en 1870.)

PÉREZ GALDÓS, Benito: *Episodios Nacionales. Los Apostólicos.* Madrid, 1899.

PIDAL RODRIGÁLVAREZ, Luis: *Facetas. Mariana o la fortaleza cívica,* en *El Defensor de Granada,* 1 de mayo de 1931.

PIDAL RODRIGÁLVAREZ, Luis: *Mariana Pineda. Recuerdos de un liberal,* en *El Defensor de Granada,* 5 de mayo de 1931.

PRESA, Valentín de la: *A Mariana Pineda, al inaugurar la colocación de su estatua, en el aniversario de su muerte.* Oda, 26 de mayo de 1873, en *Descripción* del aniversario celebrado en honor de doña Mariana Pineda en el presente año de 1873. Granada, 1873 (folleto).

Programa del segundo concierto vocal instrumental que a beneficio del monumento de doña Mariana Pineda, y bajo la dirección del profesor don Bernabé Ruiz, se ha de verificar en el salón del Museo, situado en el extinguido convento de Santo Domingo, la noche del 28 de junio de 1841. Granada, 1841.

Programa de las exequias que en honor de la heroína doña Mariana Pineda y demás víctimas sacrificadas en esta ciudad por el despotismo se han de celebrar en el mes de mayo de 1855. Granada, 1855. «Imp. de Sabatel».

Programa de las exequias que en honor de la heroína Mariana Pineda y demás víctimas sacrificadas en esta ciudad por el despotismo se han de celebrar en el mes de mayo y año de 1856. Granada, 1856. «Imp. de Sabatel».

Programa del aniversario que ha de celebrarse el día 30 del actual mes y su víspera en honor de la heroína doña Mariana Pineda y demás víctimas sacrificadas por su amor a la libertad. Granada, 1870.

PUENTE, F.: *Programa del aniversario que ha de celebrarse en el día 10 de junio de 1869 y su víspera en honor de la heroína doña Mariana Pineda,* en *El Hombre.* Granada, 9 de junio de 1869.

PUENTE, F.: *Granada,* en *El Hombre.* Granada, 29 de junio de 1869.

QUIRÓS DE LOS RÍOS, Juan: *Mariana Pineda,* en *El Defensor de Granada,* 26 de mayo de 1901.

R. R. DE V.: *Mariana o el último día de la Hermosa de Granada.* Epicedio. Granada, 1836.

RADA Y DELGADO, Juan de Dios de la: *Mujeres célebres de España y Portugal.* Barcelona, 1868.

RADA Y DELGADO, Juan de Dios de la: *Crónica de la provincia de Granada.* Madrid, 1869.

RODRIGO, Antonina: *Azwi ha traducido al hebreo «Mariana Pineda» de García Lorca,* en *Patria,* Granada, 18 de noviembre de 1959.

RODRIGO, Antonina: *Durante un lustro los restos mortales de Mariana Pineda estuvieron enterrados en el cementerio de Almengor,* en *Ideal,* Granada, 17 de setiembre de 1962.

RODRIGO, Antonina: *Ante la restauración de la Cruz de Mariana Pineda,* en *Ideal,* Granada, 25 de noviembre de 1962.

RODRIGO, Antonina: *Mariana de Pineda y Eugenia de Montijo* (Dos mujeres granadinas del siglo XIX). Obra Cultural de la Caja de Ahorros de Granada, n.º 26, 1973.

RODRIGO, Antonina: *Mariana de Pineda,* «Editorial Alfaguara», Madrid, 1965.

RODRIGO, Antonina: *Mariana de Pineda. Heroína de la libertad.* Edit. Plaza & Janés, S. A. Barcelona, 1977.

RODRIGO, Antonina: *Mariana de Pineda. Federico García Lorca. Relación personaje-autor.* Université de Toulouse-le-Mirail. Service des Publications, 1982.

RODRIGO, Antonina, y MONLEÓN, José: *Mariana de Pineda.* Colección «Voz e Imagen», n.º 22. Edit. Aymà, S. A. Barcelona, 1976.

Romance anónimo del tiempo de la Primera República española.

ROMANONES, conde de: *Salamanca, Conquistador de riquezas, gran señor.* Madrid, 1962.

RUIZ DE MORALES, Joaquín: *Historia de la Milicia Nacional, desde su creación hasta nuestros días.* Madrid, 1855.

SÁENZ DE VIMEGRA DE TORRIJOS, Luisa, condesa de Torrijos: *Vida del general don José María de Torrijos y Uriarte,* escrito y publicado por su viuda. Madrid, 1860.

SALAZAR, Juan Bautista de: *Mariana Pineda.* Poema, en *Florilegio de la poesía castellana del siglo* XIX, de Juan Varela, t. II. Madrid, 1902.

SALOMÓN, R.: *Guía del viajero en Granada.* Granada, 1874.

SALVADOR DE SALVADOR, José: *En el aniversario de la heroína de la libertad doña Mariana Pineda,* en *Aniversario* celebrado por el Excmo. Ayuntamiento Constitucional en los días 24 y 25 de mayo de 1885, en memoria de la ilustre granadina doña Mariana Pineda. Granada, 1885.

SÁNCHEZ AGESTA, Luis: *Cara y cruz del liberalismo.* Madrid, 1961.

SÁNCHEZ ENTRALA, Máximo: *Con motivo del centenario de Mariana Fineda se pide la derogación de la pena de muerte,* en *El Defensor de Granada,* 26 de abril de 1931.

SALVADOR DEL RÍO, Manuel: *La viuda de Peralta doña Mariana Pineda antes de entrar en capilla.* Portfolio de Historia de España. Barcelona, 1920.

SAN JOSÉ, Diego: *Figuras históricas,* en *La Esfera.* Madrid, 7 de junio de 1919.

SECO DE LUCENA, Luis: *Mis memorias de Granada.* Granada, 1941.

SORIANO LAPRESA, José: *Mariana Pineda. Amor, Política y derecho.* Conferencia, en *El Defensor de Granada,* 22 de mayo de 1931.

TAVERA BAZ, José María: *Mariana Pineda.* Barcelona, 1951.

TONS DE CASTILLA, Alfonso: *Historia de las persecuciones políticas y religiosas ocurridas en Europa desde la Edad Media hasta nuestros días.* Barcelona, 1866.

TRESSERA, Ceferino: *Mariana Pineda. Crímenes célebres españoles.* Madrid, 1859.

Una gloria de Granada, Mariana Pineda, en *El Defensor de Granada,* 26 de marzo de 1892.

V. L.: *Mariana Pineda,* en *El Hombre.* Granada, 13 de junio de 1867.

VALLADAR Y SERRANO, Francisco de Paula: *Mariana Pineda,* en *La Alhambra.* Granada, 1902.

VALLADAR Y SERRANO, Francisco de Paula: *Mariana Pineda,* en *La Alhambra,* Granada, 1909.

VEGA, L. de la: *Mariana Pineda.* Drama en tres actos en prosa. Málaga, 1838.

VEGA, J. P., L. de la: *Mariana Pineda.* Drama en cuatro actos en prosa. Málaga, 1838.

VIDAL, Fabián: *Ya somos dignos de Mariana Pineda,* en *El Defensor de Granada,* 26 de mayo de 1931.

VILLA URRUTIA, marqués de: *Fernando VII rey Absoluto. La ominosa década de 1823-33.* Madrid, 1931.

VILLALBA, Carlos de R.: *En el centenario de Mariana Pineda. La heroína de la libertad, 26 de mayo de 1831.* Madrid, 1931.

VILLANUEVA Y MADRID, D. Francisco: *El heroísmo de una señora. Drama histórico original dedicado a la inmortal Mariana Pineda.* Lisboa, 1837. Edición facsímil, con motivo del 150 aniversario de su muerte, realizada por el Excmo. Ayuntamiento de Granada y la editorial Azur. Introducción de Francisco Izquierdo. Madrid, 1981.

VILLAR YEBRA, Enrique: *Estampas de Granada. El monumento de Mariana en la plaza de su mismo nombre,* en *Ideal,* Granada, 19 de mayo de 1963.

ZORRILLA, José: *Recuerdos del tiempo viejo.* Barcelona, 1880.

ZULUETA, Luis de: *Mariana Pineda, flor de la libertad.* Conferencia pronunciada en San Sebastián el 22 de febrero de 1930.

ÍNDICE

APÉNDICE DOCUMENTAL

Este libro se imprimió en los talleres
de GRÁFICAS GUADA, S. A.
Virgen de Guadalupe, 33
Esplugues de Llobregat.
Barcelona